지능기반 의료를 위한

헬스케어
애널리틱스

지능 기반 의료를 위한

헬스케어
애널리틱스

Healthcare Analytics Made Simple

비카스 쿠마르 지음
고석범 옮김

에이콘

에이콘출판의 기틀을 마련하신 故 정완재 선생님 (1935-2004)

나의 부모님 비렌과 사리타, 누나 모니카,
그리고 2018년에 내게 가장 중요한 사람인 툴리에게 바친다.

이제 애널리틱스^{analytics}는 헬스케어^{healthcare}의 핵심 요소로 자리매김했다. 헬스케어 애널리틱스는 치료를 최적화하고 결과를 개선하고 케어^{care}의 비용을 줄이는 데 도움이 된다. 생의학적 데이터, 헬스케어, 운영 등에 대한 빅데이터가 준비돼 병원과 헬스케어 관련 기관은 과거 데이터를 이용해 환자의 미래와 임상 경로$^{clinical\ pathway}$를 예측할 수 있게 됐다. 또한 예측 모델링과 헬스케어 데이터 과학을 통해 헬스케어 서비스 전달의 여러 측면을 효율적으로 구성할 수 있게 케어 패스웨이$^{care\ pathway}$와 운영 전략을 디자인하는 데에도 도움을 줄 수 있다. 이렇게 헬스케어 애널리틱스는 흥미로운 분야이지만, 이를 수행하려면 의학과 데이터 과학에 관한 지식 외에도 데이터베이스, 프로그래밍, 데이터 시각화, 통계, 머신러닝과 같은 기술이 필요하다. 헬스케어 영역과 애널리틱스의 도구 및 방법을 아주 깊이 설명한 여러 책이 있지만 이런 것들을 하나로 통합해 쉽게 읽을 수 있도록 한 책은 많지 않다.

이 책은 헬스케어, 컴퓨터 과학, 수학, 머신러닝의 핵심적인 학습 포인트를 융합해 설명하고 있다. 의사이자 데이터 과학자인 저자는 복잡한 의료 데이터를 보는 방법을 설명하고, SQL과 파이썬 언어로 헬스케어 애널리틱스의 여러 응용 사례를 소개한다.

이 책이 헬스케어 데이터의 핵심 개념을 이해하고 싶은 데이터 과학자의 서재에 꼭 있어야 할 책이 될 것이라고 확신한다. 임상 정보학이나 헬스케어 정보학 전문가들이 머신러닝 모델을 설계, 개발, 검증하기 위한 핵심 기술을 얻는 데도 꼭 필요한 책이라고 생각한다. 또한 헬스케어 애널리틱스가 어떤 것인지 이해하고 싶은 의사나 바이오 전공자들에게도 유용하다. 나는 이 책을 재미있게 읽으며 여러 사례도 흥미롭게 따라 해봤다. 결론적으로, 이 책은 완전하고 포괄적인 내용을 제공해 헬스케어 애널리틱스 분야의 빈 틈을 채워주고 있어 컴퓨터 과학자, 소프트웨어 엔지니어, 데이터 과학자, 헬스케어 전문가 모두가 쉽게 읽을 수 있는 다학제적인 책이 될 것이다.

― **샤미어 카더**[Shameer Khader] **박사**

헬스케어 데이터 과학 및 생물정보학 디렉터

노스웰 헬스[Northwell Health](뉴욕시)

| 지은이 소개 |

비카스 쿠마르 Vikas (Vik) Kumar

미국 뉴욕주 니스카유나Niskayuna에서 자랐다. 피츠버그 대학교에서 의학 박사 학위를 받았지만, 컴퓨터와 데이터 과학에 진정한 흥미를 느껴 그 분야에 뛰어들었다. 이후 조지아 공과 대학에서 컴퓨터공학 학위를 받았고 헬스케어와 비헬스케어 회사들에서 데이터 과학자로 일해왔다. 현재 조지아주 애틀란타시에 거주하고 있다.

이 책의 내용에 대해 조언해준 마크 브라운스테인Mark Braunstein, 제임스 쳉James Cheng, 샤미르 카더Shameer Khader, 브라이언트 멘Bryant Menn, 스리짓 무케르지Srijita Mukherjee, 밥 새비지Bob Savage 등에 감사한다.

| 기술 감수자 소개 |

승진 김^{Seungjin Kim}

현재 동영상 데이터를 지능화하고 분산화된 머신러닝 구조에 바탕을 둔 제품을 제공하는 아큘리스^{Arcules}의 소프트웨어 엔지니어로 일하고 있다. 이전에는 유전자 정보를 다루는 스타트업에서 고객들의 유전 정보에 접근할 때 높은 수준의 사용자 경험을 제공하는 일을 담당했다. 2015년 이스라엘 벤구리온 대학교^{Ben-Gurion University} 의과 대학에서 의학 박사 학위를 받았고, 2008년 캘리포니아 대학교에서 컴퓨터 과학 및 공학 과정을 수료했다.

| 옮긴이 소개 |

고석범

가톨릭대학교 의과 대학을 졸업하고, 서울성모병원에서 신경과 전문의 자격을 획득했다. 종합병원, 요양병원 등에서 봉직의로 근무한 경력이 있고, 시립 요양원 책임자를 맡기도 했다. 센터 관리자, 병원장 등과 같은 행정 경험을 하면서 여러 가지 의료 현장의 문제를 컴퓨터가 해결할 수 있음을 깨닫고 독학으로 컴퓨터를 공부하기 시작했으며, 시간을 쪼개 R 프로그래밍 언어와 헬스케어 관련 책들을 저술하고 번역했다. 액체 생검 바이오 벤처에서 일했고, 지금은 다시 의료 현장으로 돌아와 헬스케어 ICT를 통해 의료의 질과 효율을 향상시키는 데 기여하고자 노력 중이다.

│ 옮긴이의 말 │

머신러닝 알고리즘과 머신러닝의 미래를 잘 설명한 명저 『마스터 알고리즘』(비즈니스북스, 2016)에서 저자는 다음과 같이 말한다.

"내가 하는 일에서 머신러닝이 할 수 있는 것은 무엇이고, 할 수 없는 것은 무엇이며, 내가 일을 더 잘하기 위해 어떻게 머신러닝을 이용할 수 있을지를 이해해야 한다."

책을 쓴 컴퓨터 과학자는 '일'의 분야를 특정하지 않았다. 이 책은 그 일들 중 의료 분야를 다룬다.

이번 팬데믹을 통해 이제는 일반인들도 의료라는 자원이 한정된 것임을 알게 됐다. 서비스를 제공할 수 있는 자원도, 그에 대해 지불할 수 있는 자원도 한정돼 있다. 이렇게 한정된 자원으로 우리 사회의 건강이라는 목표를 달성해야 한다. 비록 이런 문제는 경제학에서 핵심으로 다루며 삶의 어디서나 나타나는, 아주 일반적인 것이다. 의료는 단순한 시장의 원리 또는 단순한 구호나 약속으로 그 목적이 달성되기 어려운 분야다.

이 책의 저자는 헬스케어의 3대 목표인 (1) 건강 결과에 대한 개선, (2) 비용 절감, (3) 의료의 질 보장을 달성하는 데 머신러닝이 기여할 수 있는 것을 파이썬 코드를 이용한 간단한 사례를 통해 보여준다. 어떤 장의 내용은 미국 의료제도에 다소 치우친 감이 있지만, 전반적으로 헬스케어 머신러닝이 무엇인지를 맛볼 수 있는 기회를 제공한다.

의료 분야 종사자들에게는 머신러닝을 통해 일의 수준을 향상시킬 수 있는 방법을 알려주고, 컴퓨터나 다른 분야 종사자들에게는 의료 현장에서 생기는 문제들이 어떤 것이며 의사들은 어떤 방식으로 사고하는지 엿볼 수 있는 기회를 제공할 것이다. 또한 의사들에게는 자신도 모르게 베이즈 추론 방법을 이미 습관처럼 사용하고 있었다는 사실을 깨닫게 해준다.

저자도 이야기하지만 헬스케어 애널리틱스가 헬스케어, 수학, 컴퓨터 과학이 융합된 분야인 터라, 이 작은 책에 그 내용을 모두 담아내기란 불가능하다. 특정한 기술적 관점에서 보면 이 책의 내용은 주제들을 피상적으로 다루는 것 같은 느낌을 줄 수도 있지만 SQL, 파이썬, 판다스pandas, 넘파이NumPy, 사이킷런scikit-learn 등을 다루면서 깊이 들어갈 때는 어떤 것을 공부해야 하고 왜 그런 것들이 필요한지 충분히 파악할 수 있을 것이다. 그리고 7장을 보면 머신러닝(데이터 과학)이 어떤 식의 작업을 하는지 알게 되는데, '데이터 전처리에 80%, 모델링에 20%를 쓴다.'는 말을 실감할 수 있을 것이다.

의료 인공지능에 대한 관심이 매우 높아진 상태에서 그 관심을 구체적으로 실현하는 방법을 제시하는 데 이 책이 유용할 것이다. 머신러닝, 인공지능 알고리즘이 의료에 참여하는 모든 이에게 유익할 수 있길 기원한다.

디지털 헬스케어를 ICT의 중요한 영역으로 판단하면서 공부의 방향을 알려주셨을 뿐 아니라 번역을 독려하며 기회를 주신 에이콘 권성준 사장님께 늘 감사드린다.

| 차례 |

5장   컴퓨팅의 기초, 파이썬 언어   147

7장 헬스케어 예측 모델 만들기

8장   헬스케어 예측 모델 리뷰   273

| 들어가며 |

이 책의 목적은 파이썬 패키지를 통한 데이터 분석이 어떻게 이뤄지는지를 설명하는 것이다. 전자 건강 기록^{Electronic Health Record}(EHR)에서 데이터를 임포트하고, 정제해 필요한 형태로 만드는 방법을 소개한다. 그리고 실제 세계의 사례를 통해 예측 모델을 만드는 방법도 살펴본다.

▎ 이 책의 대상 독자

파이썬이나 그와 비슷한 언어를 어느 정도 알고 있으면서 헬스케어 분야나 헬스케어 데이터를 사용한 예측 모델링에 관심이 있는 독자를 위한 책이다. 따라서 애널리틱스나 헬스케어에 관련된 컴퓨팅에 관심이 있다면 도움이 될 것이다. 또한 헬스케어에 사용될 수 있는 머신러닝을 공부하려는 학생들에게도 유용할 것이다.

▎ 이 책에서 다루는 내용

1장. 헬스케어 애널리틱스 개론 헬스케어 애널리틱스에 대한 개론으로 그 정의와 몇 가지 기초 주제, 역사, 실제 사례를 소개하고, 이 책에서 사용될 소프트웨어를 다운로드해 설치하는 방법과 기본 사용법을 설명한다.

2장. 헬스케어의 기초 헬스케어의 기초를 알아본다. 미국에서 헬스케어가 어떻게 구조화되고 전달되는지 개략적으로 살펴본다. 그런 다음 헬스케어 애널리틱스에 관련된 법률들을 소개한다. 그리고 임상에서 사용되는 환자 데이터, 코딩 시스템을 설명하고 헬스케어 애널리틱스를 분류해본다.

3장. 머신러닝의 기초 머신러닝의 기초를 다룬다. 의학적 의사 결정에 사용되는 모델 프레임워크들과 머신러닝 파이프라인을 설명하고, 모델 평가를 위한 데이터 임포트^{data import}를 다룬다.

4장. 컴퓨팅의 기초, 데이터베이스 컴퓨팅의 기초로 데이터베이스에 대한 개론을 설명한다. SQL 언어를 소개하고 헬스케어 예측적 애널리틱스를 실행할 때 SQL을 사용한 예를 소개한다.

5장. 컴퓨팅의 기초, 파이썬 언어 컴퓨팅의 기초로 파이썬 언어를 설명한다. 파이썬 언어를 개략적으로 살펴보고, 애널리틱스를 수행할 때 중요한 라이브러리들을 소개한다. 파이썬에서의 변수 타입, 데이터 구조, 함수, 모듈을 설명하고 판다스 패키지, 사이킷런의 기초적인 사용법을 다룬다.

6장. 헬스케어 질 측정 헬스케어 질 측정을 설명한다. 헬스케어 수행 평가에 사용되는 지표들과 미국에서 사용되는 가치 기반 접근법의 개요를 소개한다. 그리고 파이썬 언어로 서비스 제공자에 기초한 데이터를 다운로드하고 분석하는 예를 보여줄 것이다.

7장. 헬스케어 예측 모델 만들기 헬스케어에서의 예측 모델 만들기를 설명한다. 공개된 임상 데이터셋에 포함돼 있는 정보를 소개하고 다운로드 방법을 기술한다. 그런 다음 파이썬, 판다스, 사이킷런을 사용해 예측 모델을 만드는 방법을 살펴본다.

8장. 헬스케어 예측 모델 리뷰 헬스케어 예측 모델을 설명한다. 일부 선택된 질환들을 대상으로 한 헬스케어 예측적 애널리틱스 분야에서 현재 진행되고 있는 활동들을 리뷰하고, 전통적인 방식을 사용한 방법들과 머신러닝 결과들을 비교해본다.

9장. 미래 – 헬스케어와 떠오르는 기술들 인터넷 사용을 통해 헬스케어 애널리틱스 분야에서 이뤄지고 있는 몇 가지 발전을 설명한다. 그리고 딥러닝 기술을 헬스케어 애널리틱스에 사용하는 것과 헬스케어 애널리틱스 분야의 도전적인 문제 및 한계점을 살펴본다.

▌ 이 책을 최대한 활용하는 방법

다음과 같은 지식을 갖춘다면 이 책을 이해하는 데 도움이 된다.

- 확률, 통계, 대수와 같은 고등학교 수준의 수학
- 프로그래밍 언어와 프로그래밍 개념에 대한 기초 지식
- 헬스케어 시스템과 몇 가지 임상 용어에 대한 실용 지식

1장에서 설명한 방법에 따라 아나콘다와 SQLite를 설치하길 바란다.

예제 코드 다운로드

이 책에서 사용된 예제 코드는 http://www.packt.com의 계정에서 다운로드할 수 있다. 이 책을 다른 곳에서 구입한 경우 http://www.packtpub.com/support를 방문해 등록하면 파일을 이메일로 받아볼 수 있다.

또한 깃허브 https://github.com/PacktPublishing/Healthcare-Analytics-Made-Simple에서도 예제 코드를 다운로드할 수 있으며, 에이콘출판사 깃허브 저장소 https://github.com/AcornPublishing/healthcare-analytics에서도 동일한 예제 코드를 다운로드할 수 있다.

컬러 이미지 다운로드

이 책에 사용된 스크린샷과 다이어그램의 컬러 이미지를 담은 PDF 파일이 별도로 제공된다. http://www.packtpub.com/sites/default/files/downloads/Healthcare AnalyticsMadeSimple_ColorImages.pdf와 에이콘출판사의 도서정보 페이지인 http://www.acornpub.co.kr/book/healthcare-analytics에서 컬러 이미지를 다운로드할 수 있다.

편집 규약

독자의 이해를 돕고자 다루는 정보에 따라 글꼴 스타일을 다르게 적용했다. 이러한 스타일의 예와 의미는 다음과 같다.

텍스트 내 코드: 텍스트에서 코드 단어는 다음과 같이 표기한다. "read_csv() 함수의 첫 번째 인자는 앞에서 다운로드한 파일에 대한 경로다."

코드 블록은 다음과 같이 표기한다.

```
string_1 = '1'
string_2 = '2'
string_sum = string_1 + string_2
print(string_sum)
```

코드 블록에서 유의해야 할 부분이 있다면 다음과 같이 굵은 글꼴로 표기한다.

```
test_split_string = 'Jones,Bill,49,Atlanta,GA,12345'
output = test_split_string.split(',')
print(output)
```

#>로 시작하는 행은 해당 코드나 코드 블록을 실행한 결과를 말한다. 따라서 책을 보면서 코드를 실행하는 경우 이 부분은 입력하지 않아도 된다.

고딕: 화면상에 표시되는 메뉴나 버튼은 다음과 같이 표기한다. "**Download** 버튼을 클릭한다."

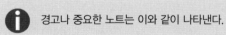

경고나 중요한 노트는 이와 같이 나타낸다.

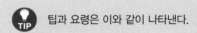

팁과 요령은 이와 같이 나타낸다.

28

▌ 고객 지원

저작권 침해: 인터넷에서 어떤 형태로든 팩트출판사 서적의 불법 복제물을 발견하면 해당 주소나 웹 사이트의 이름을 알려주길 바란다. 의심되는 불법 복제물의 링크를 copyright@packtpub.com으로 보내주면 된다.

정오표: 내용을 정확하게 전달하고자 최선을 다했지만, 실수가 있을 수 있다. 이 책에서 문제점을 발견했다면 출판사로 알려주길 바란다. www.packtpub.com/submit-errata에서 책 제목을 선택하고 Errata Submission Form 링크를 클릭한 후 세부 사항을 입력하면 된다. 한국어판의 정오표는 에이콘출판사의 도서정보 페이지 http://www.acornpub.co.kr/book/healthcare-analytics에서 찾아볼 수 있다.

문의: 저자에게 문의하려면 questions@packtpub.com으로 이메일을 보내주길 바란다. 한국어판에 관한 질문은 에이콘출판사 편집 팀(editor@acornpub.co.kr)에 문의해주길 바란다.

헬스케어 애널리틱스 개론

이 장의 목적은 독자들에게 헬스케어 애널리틱스 분야를 소개하는 것이다. 이 장을 마치고 나면, 헬스케어 애널리틱스가 무엇인지 이해할 수 있고 헬스케어 애널리틱스가 다루는 범위와 역사, 잘 알려진 응용 분야가 무엇인지 알 수 있을 것이다. 이 장의 후반부에서는 이 책을 따라 하는 데 필요한 아나콘다^{Anaconda}, SQLite와 같은 소프트웨어를 설치하는 방법도 설명한다.

이 장에서 다루고자 하는 내용을 간략히 정리하면 다음과 같다.

- 헬스케어 애널리틱스의 기초
- 헬스케어 애널리틱스의 역사
- 헬스케어 애널리틱스의 응용 사례
- 아나콘다, 주피터 노트북^{Jupyter Notebook}, SQLite에 대한 소개

▌ 헬스케어 애널리틱스란?

불행한 일이지만, 헬스케어 애널리틱스^{Healthcare Analytics}에 대한 정의는 아직 웹스터 ^{Webster} 영어 사전에 등재돼 있지 않다. 우리는 '의료의 질을 개선하기 위한 고급 컴퓨팅 기술을 사용하는 것'으로 정의하고자 한다. 그 의미는 구절별로 나눠서 생각해보자.

헬스케어는 고급 컴퓨팅 기술을 사용한다

이 글을 쓰는 시점은 2020년을 향해 다가가고 있는 때로, 컴퓨터와 모바일 폰은 우리 삶의 여러 측면에서 큰 부분을 차지하고 있으며 헬스케어 산업도 예외가 아니다. 헬스케어 데이터의 대부분은 종이 차트에서 전자 차트로 이동하고 있으며, 이런 움직임은 대대적인 정부 지원금을 바탕으로 광범위하게 진행되고 있다. 수많은 의학 모바일 애플리케이션을 통해 심박수, 체중 등과 같은 생체 징후가 추적되고 있으며, 의사들과의 의사소통에도 활용된다. 이런 변화는 사소한 것이 아니다. 고급 컴퓨팅 기술을 응용하면, 바라건대 모든 사람을 위해 의료 케어를 개선하는 쪽으로 가는 문을 열어젖힐 수 있을 것이다.

이런 고급 컴퓨팅 기술이란 무엇일까? 이어지는 절에서 그것을 설명한다.

헬스케어 애널리틱스는 헬스케어 산업을 다룬다(너무나 당연하게도!)

만약 여러분이 머신러닝을 이용해 인류 종말을 예측하는 방법을 설명하는 책을 찾고 있다면, 안타깝게도 이 책은 그런 내용을 다루지 않으므로 적합하지 않다. 헬스케어 애널리틱스는 헬스케어와 관련된 것만을 다룬다.

헬스케어 애널리틱스는 의료의 질을 개선한다

지금까지도 우리는 헬스케어에서 어떤 일을 할 때 컴퓨터를 사용해 왔다. 헬스케어 애널리틱스를 통해 정말로 하려고 하는 것이 무엇일까? 우리는 의료의 질을 높이려고 한다. 너무 광범위한가? 의료 케어의 효과성은 이른바 헬스케어의 3대 목적을 통해 흔히 측정된다. 그것은 (1) 건강 결과에 대한 개선, (2) 비용 절감, (3) 의료의 질 보장이다. 이제 이 목적들을 차례로 살펴보자.

건강 결과에 대한 개선

개인 수준에서 보면, 더 나은 건강 결과health outcome는 모든 사람과 연관된 문제다. 우리는 의사나 병원을 방문할 때마다 우리의 삶 속에서 더 나은 건강 결과를 기대한다. 특히 우리가 주목하는 것은 다음과 같은 것들이다.

- **정확한 진단**: 우리가 진료를 보는 것은 발생한 의학적 문제를 해결하기 위한 것이며, 그런 문제는 일정 정도의 통증과 불안을 불러올 수도 있다. 우리가 관심을 갖는 것은 이런 문제의 원인이 정확하게 밝혀져서 효과적으로 치료될 수 있는지에 대한 것이다.

- **효과적인 치료**: 치료는 비용, 시간이 들 수 있고 유해한 부작용을 일으킬 수 있다. 그래서 우리는 치료가 효과적이라는 사실을 믿을 수 있길 바란다. 우리는 두 달 전과 똑같은 문제 때문에 휴가를 내서 진료를 받거나 병원에 입원하는 것을 원하지 않는다. 그와 같은 일은 시간과 돈(청구서 또는 세금)이라는 측면에서 많은 비용이 든다.

- **합병증 예방**: 우리는 현재 앓고 있는 질환을 치료하면서 새로운 감염이나 위험한 낙상이 발생하는 것을 바라지 않는다.

- **전체적인 삶의 질 개선**: 더 나은 건강 결과라는 개념을 정리해보자면, 정부 기관이나 의사 협회는 다른 결과 측정 방법을 사용할 수도 있지만 우리가 바라는 것은 통증이나 걱정 없이 삶의 질과 수명을 개선하는 것이다.

비용 절감

그래서 목적이 더 나은 건강 결과라는 사실을 알았다. 안타까운 일이지만, 우리는 1주일 내내 24시간 동안 모든 사람에게 의료 서비스를 제공할 수는 없다. 그렇게 되면 우리 경제가 무너질 것이다. 미리 모든 암을 발견하기 위해 전신 엑스레이를 처방할 수는 없다. 헬스케어 분야에서는 더 나은 결과를 얻는 것과 비용 절감에 대한 조심스런 균형점이 존재한다. 헬스케어 애널리틱스의 목적은 더 적은 비용이 드는 기술을 활용해 더 많은 일을 할 수 있도록 하는 것이다. 폐암을 스크리닝screening하기 위한 흉부 CT는 수백 달러가 들어간다. 그렇지만 환자의 의학적인 기록에 바탕을 두고 수학 계산을 통해 폐암을 스크리닝하는 것은 비용이 덜 들어간다. 이 책은 그런 계산 방법을 소개한다.

의료의 질 보장

헬스케어 질은 환자가 의학적인 케어를 받고 난 이후의 만족도를 포괄한다. 자본주의 의료 시스템(미국의 헬스케어 시스템과 같은)에서 경험으로 증명된 질을 개선하는 방법은 의료 서비스 제공자들이 환자들이 자신의 케어에 대해 고지된 의사 결정을 할 수 있게끔 하고 있는지 공정하고 객관적으로 평가하는 것이다.

▌헬스케어 애널리틱스의 기초

이제 헬스케어 애널리틱스에 대한 정의를 내렸고 그 기본 개념을 파악했다. 지금부터는 그 개념에 배경지식을 추가하는 것이 중요하다. 헬스케어 애널리틱스는 다음 그림과 같이 헬스케어, 수학, 컴퓨터 과학이라는 세 가지 분야의 교집합으로 볼 수 있다. 이 분야들을 차례로 살펴보자.

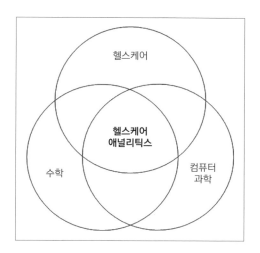

헬스케어

헬스케어는 헬스케어 애널리틱스 관점에서 보면 도메인 지식^{domain-knowledge}과 관련된 첫 번째 기둥이다. 헬스케어 애널리틱스가 응용되는 핵심 헬스케어 영역에는 다음과 같은 것들이 있다.

- **헬스케어 서비스 전달과 정책**: 헬스케어 산업이 어떤 구조를 갖고 있고, 헬스케어 분야에 주요 참여자가 누구이며, 어디에 금전적인 인센티브가 존재하는지를 이해해야만 우리가 헬스케어 애널리틱스를 통해 추구하는 바를 개선시킬 수 있다.

- **헬스케어 데이터**: 헬스케어 데이터는 종류가 많고 복잡하다. 어떤 것은 정형화돼 있기도 하고 정형화돼 있지 않기도 하다. 그렇지만 헬스케어 데이터는 종종 상황에 특화된 템플릿을 따른다. 정형적인 과거력과 신체검사(H&P)를 자세히 알고 의무 기록에서 데이터가 구성되는 방법을 알면, 그런 데이터를 활용해 지식으로 바꿔나가는 과정에 도움이 될 것이다.

- **임상 과학**: 의학 용어와 질환에 대해 익숙해지면 의학 정보라는 광대한 해양에서 무엇이 중요한지 이해하는 데 도움이 된다. 임상 과학은 크게 사람의 정상

적인 신체 기능에 대한 생리학과 질환이 발생하는 원리를 다루는 병리학으로 나눠진다. 이 두 영역에 대한 기초 지식은 효율적인 헬스케어 애널리틱스를 해나갈 때 큰 도움이 된다.

헬스케어 애널리틱스를 위한 헬스케어 개론은 2장, '헬스케어의 기초'에서 살펴본다.

수학

헬스케어 애널리틱스의 세 기둥 가운데 두 번째 기둥은 수학이다. 다음과 같은 항목들은 독자들에게 겁을 주기 위해 나열하는 것은 아니며, 효과적인 헬스케어 애널리틱스를 하기 위해 이것들에 대한 아주 자세한 지식을 필요로 하는 것도 아니다. 그렇지만 고등학교 수준의 수학 지식은 필수적이다. 다른 주제들은 질환을 예측하는 머신러닝 모델을 이해할 때 큰 도움이 된다. 헬스케어 애널리틱스 분야에서는 다음과 같은 수학 주제들이 가장 중요하다고 알려져 있다.

- **고등학교 수준의 수학**: 대수학, 선형 방정식, 미적분학의 기초 같은 주제들은 헬스케어 애널리틱스에서 만나게 되는 좀 더 고급스런 수학 주제들을 이해하는 데 필요한 핵심 기초를 형성한다.
- **확률과 통계학**: 믿거나 말거나 모든 의과 대학생은 생물통계학 수업을 듣는다. 효과적인 의학적 진단과 치료는 민감도^{sensitivity}, 특이도^{specificity}, 가능도 비율$^{\text{likelihood ratio}}$과 같이 확률과 통계를 바탕으로 이뤄진다.
- **선형 대수**: 머신러닝 모델을 만들기 위해 헬스케어 데이터를 다룰 때는 벡터화 행렬 연산을 많이 사용하게 된다. 파이썬으로 머신러닝 모델을 만들기 위해 넘파이와 사이킷런을 사용해 이런 연산을 효과적으로 수행할 수 있다.
- **미적분학과 최적화**: 이 마지막 두 주제는 신경망과 딥러닝에 적용된다. 신경망은 데이터의 선형, 비선형 변화를 주는 여러 층을 갖는 머신러닝의 특수한 형태다. 미적분학과 최적화는 이런 모델을 훈련시키는 방법을 이해할 때 중요하다.

헬스케어 애널리틱스를 위한 수학과 머신러닝에 대한 개론은 3장, '머신러닝의 기초'에서 다룬다.

컴퓨터 과학

다음은 헬스케어 애널리틱스를 구성하는 컴퓨터 과학의 주요 영역들이다.

- **인공지능**: 헬스케어 애널리틱스의 중심에는 인공지능, 즉 환경과 상호 작용하는 시스템에 대한 연구 분야가 있다. 머신러닝은 인공지능의 한 분야로 과거 이벤트에 대한 정보를 사용해 미래의 이벤트를 예측하는 것을 다룬다. 이 책의 후반부에서 공부하게 될 모델들은 이런 머신러닝 모델들이다.

- **데이터베이스와 정보 관리**: 헬스케어 데이터는 주로 관계형 데이터베이스를 통해 접근하게 된다. 이 데이터들은 전자 의무 기록Electronic Medical Record(EMR)에 기록돼 때로는 클라우드에 존재하기도 한다. SQLStructured Query Language 언어를 통해 관심 있는 데이터에 접근하고 그런 데이터를 변형시키기도 한다.

- **프로그래밍 언어**: 프로그래밍 언어는 휴먼 프로그래머와 컴퓨터 안에 0과 1로 구성되는 것들 사이의 인터페이스 역할을 한다. 프로그래밍 언어를 통해 프로그래머는 사람이 이론적으로는 가능하지만 실제적인 측면에서는 거의 불가능한 데이터에 대한 계산을 하도록 컴퓨터에게 명령을 내린다. 이 책에서는 파이썬 언어를 사용한다. 파이썬 언어는 새롭게 떠오르는 인기 프로그래밍 언어로, 오픈소스이고 일반 목적의 언어이며 머신러닝에 대한 풍부한 라이브러리를 갖추고 있다.

- **소프트웨어 엔지니어링**: 헬스케어 애널리틱스를 공부하는 많은 독자는 아마도 현장에서 사용할 수 있는 소프트웨어를 배치하는 데 관심이 있을 것이다. 소프트웨어 엔지니어링은 사용자와 고객의 요구를 만족시키는 소프트웨어 시스템을 효과적이고 효율적으로 만드는 것을 연구하는 분야다.

- **휴먼-컴퓨터 인터랙션**: 헬스케어 애널리틱스 애플리케이션의 최종 사용자들은

보통 프로그래밍 방법으로 원하는 결과를 얻지는 않을 것이다. 대신 시각적 인터페이스를 통해 원하는 결과를 취하려 할 것이다. 휴먼-컴퓨터 인터랙션 human-computer interaction 분야는 인간이 컴퓨터와 상호 작용하는 방법과 그 인터페이스를 설계하는 것을 다룬다. 현재 의학에서 가장 뜨거운 주제 중 하나는 환자 의무 기록을 작성할 때 수많은 마우스 클릭을 할 필요가 없도록 의사들에게 더 직관적이고 더 구미에 맞는 EMR 애플케이션을 만드는 것이다.

컴퓨터 과학은 헬스케어 애널리틱스에서 광범위하게 사용되기 때문에 이 책의 모든 장에서 다룰 것이다.

▌헬스케어 애널리틱스의 역사

헬스케어 애널리틱스의 기원은 1950년대로 거슬러 올라간다. 이때는 1946년 에니악 ENIAC이라는 컴퓨터가 세상에 처음 나오고 나서 얼마 지나지 않았을 때였다. 당시 의무 기록은 종이에 작성되고 있었고, 회귀 분석 계산도 손으로 직접하던 때였으며, 정부가 가치 기반 케어value-based care에 대한 인센티브를 주지도 않았던 때였다. 그럼에도 불구하고 질병에 대한 진단과 치료를 자동화할 수 있는 도구를 개발하는 데 관심이 쏠리기 시작했으며, 이런 경향은 당시 과학 논문에도 반영돼 있다. 예를 들어, 1959년 과학 전문지 「사이언스Science」에 로버트 레들리Robert S. Ledley와 리 루스테드Lee B. Lusted가 'Reasoning Foundations of Medical Diagnosis'라는 제목으로 발표한 논문에서 저자들은 의사들이 의학적인 진단을 내리는 방법에 녹아 있는 수학 원리를 설명했다 (Ledley and Lusted, 1959). 그 논문은 비록 현재 쓰고 있는 용어 및 기호와는 다른 형태로 기술돼 있지만 의학통계학의 중심이 되는 많은 개념을 설명하고 있다.

1970년대에 컴퓨터의 존재가 드러나고, 주요 학술 연구 센터들에서 사용할 수 있게 되면서 의학적 진단 의사 결정 지원 시스템Medical Diagnostic Decision Support(MDDS) 개발에 대한 관심이 커졌다. MDDS라는 용어는 환자의 정보를 입력하면 질병에 관한 진단을 알려주는 광범위한 올인원 컴퓨터 프로그램들을 통칭하는 용어다. INTERNIST-1 시스템은 그런 시스템 중에서 가장 유명한 것으로, 1970년 피츠버그 대학교 연구진들에 의해 개발됐다(Miller et al., 1982). 개발자들의 설명에 따르면, 그것은 '일반적인 내과 문제에 대한 컴퓨터 보조 진단computer-assisted diagnosis 시스템을 위한 실험적인 프로그램'으로, 5인년person-years 넘게 걸렸으며 광범위한 의사들의 조언을 필요로 했다. 이 시스템에는 모든 의학 분과를 망라하는 500개의 질환, 3,500개의 임상 증상에 대한 지식 베이스를 갖추고 있었다. 사용자는 환자에 대한 양성 및 음성 소견을 입력하는 것으로 시작하고, 이것을 바탕으로 감별 진단 리스트가 나왔으며, 새로운 검사 소견이 추가될 때마다 감별 진단 리스트가 새롭게 업데이트됐다. 프로그램은 정확한 진단에 도달할 때까지 특정 검사와 관련된 결과에 대해 지능적인 질문을 던졌다. 처음 소개됐을 때는 기대감이 높았고 의학에 큰 변화를 줄 것으로 기대됐지만, 그 성능이 전문 의료진이 만든 권고안보다 낮아서 의학의 주류로 흡수되는 데는 실패했다. 그 시스템이 폐기된 또 다른 이유로는 시각적인 인터페이스가 없었던 점을 꼽을 수 있다(당시는 마이크로소프트 윈도우가 개발되기 전이었다). 그리고 현재와 같은 머신러닝 기술이 없었기 때문이다.

마빈 민스키Marvin Minsky와 시모에 페퍼트Seymour Papert가 저술한 『Perceptrons』(Minsky and Papert, 1969)라는 책을 통해 퍼셉트론의 한계가 증명돼서 1960년대 후반에 여러 인공지능 기술이 사장됐다가, 1980년대에 접어들면서 다시 이 기술들에 대한 관심이 커졌다. 그 가운데 중요한 결실은 데이비드 러멜하트Davide E. Rumbelhart, 제프리 힌톤Geoffrey E. Hinton, 로날드 윌리엄스Ronald J. Williams가 1986년 「네이처Nature」 저널에 발표한 'Learning representations by back-propagating errors'라는 논문이었다. 이것은 오늘날 음성 인식, 숫자 인식 등과 같은 아주 다양한 영역에서 사람에 맞먹는 성능을 보이는, 역전파backpropagation 알고리즘을 통해 훈련되는 비선형 신경망의 탄생으로 이어졌다(Rumelhart et al., 1986).

그와 같은 기술들이 의학 영역에 적용되기까지는 수년밖에 걸리지 않았다. 1990년 윌리엄 박스트William Baxt는 「Neural Compuation」이라는 저널에 'Use of an Artificial

Neural Network for Data Analysis in Clinical Decision-Making: The Diagnosis of Acute Coronary Occlusion'이라는 제목의 연구 결과를 발표했다(Baxt, 1990). 이 연구에서는 인공 신경망이 심전도 소견을 바탕으로 심장 질환을 진단하는 데 내과 의사로 구성된 그룹보다 더 뛰어난 성과를 보여줬다. 이 선구적인 연구가 오늘날에도 이어지고 있는 바이오의학 머신러닝 연구의 쓰나미를 불러일으키는 시발점이 됐다. 1990년에는 바이오의학 검색 엔진인 펍메드^{PubMed}에 'machine learning'이라는 검색어로 검색했을 때 고작 아홉 개 정도밖에 검색되지 않았지만, 2017년에는 4,000개가 넘는다. 그 이후에도 점진적으로 증가하는 추세를 보여준다.

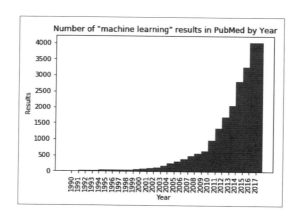

이런 의학 머신러닝 연구가 가속화되는 데는 몇 가지 요인이 작용한다. 첫 번째 요인은 머신러닝 알고리즘이 많이 개발됐고 쉽게 이용할 수 있다는 사실이다. 신경망은 그런 예의 하나일 뿐이다. 1990년대에 접어들면서 로직스틱 회귀^{logistic regression}와 선형 회귀^{linear regression} 같은 전통적인 통계 모델뿐만 아니라 의사 결정 나무^{decision tree}, 랜덤 포레스트^{random forest}, 서포트 벡터 머신^{support vector machine}과 같은 새롭게 개발된 알고리즘을 사용한 의학 연구들이 나오기 시작했다.

두 번째 요인은 전자 임상 데이터의 이용 가능성이 증가했다는 점이다. 2000년대 전에는 대부분의 의료 데이터들이 종이 차트에 존재했기 때문에 컴퓨터를 사용한 머신러닝 연구를 하려면 그런 데이터를 수작업으로 컴퓨터로 옮기기 위해 오랫동안 작업을 해야만 했었다. 전자 의무 기록이 성장하고 널리 보급되면서 이런 데이터를 갖고 머신 러닝 모델을 만들기가 훨씬 수월해졌다. 데이터가 많아지면서 모델의 정확도도 올라 갔다.

이렇게 해서 현재에 이르렀는데, 이제 헬스케어 애널리틱스로 보자면 아주 흥미진진한 시간이 됐다. 오늘날의 신경망(딥러닝 신경망이 대표적인 예다.)은 심전도 해석보다 더 복잡한 엑스레이 이미지로부터 암을 판독하거나 환자의 자연 경과에 대한 예측과 같은 과제에서 사람들보다 더 나은 성능을 흔히 보여준다. 딥러닝은 새롭게 개발된 튜닝, 규제regularization, 최적화에 대한 머신러닝 관련 기술들뿐만 아니라, 비교적 짧은 시간 안에 큰 모델을 훈련시킬 수 있는 병렬 연산 기술의 도움을 받아 수백만 명의 환자 데이터를 활용해 우수한 성능을 획득할 수 있다. 헬스케어 애널리틱스에 대한 또 하나의 흥미로운 일은 헬스케어의 과도한 자원 소비와 오진을 제거하기 위한 정부 단위의 인센티브 제도 도입이다. 그와 같은 인센티브는 헬스케어 애널리틱스에 대한 학술 연구자들의 관심뿐만 아니라 의료 산업 참여자들과 의료 비용을 절감하는 서비스를 제공하는 회사들의 관심을 불러일으키는 계기가 됐다.

헬스케어 애널리틱스와 기계 알고리즘이 의료를 새롭게 정의하지는 않을 테지만, 헬스케어 애널리틱스의 미래는 밝아 보인다. 개인적으로 미래의 병원에서는 환자와 의사의 대화, 검사 결과를 들을 때 나타나는 환자의 얼굴 표정 등을 포함해 환자 케어와 관련된 모든 것이 개인정보가 보장되고 보안이 유지되는 방법으로 데이터로 기록될 것이라고 상상해볼 수 있다. 주고받은 말과 이미지들은 다시 머신러닝 알고리즘으로 전달돼 미래의 결과에 대한 환자의 반응을 예측하는 데 사용된다. 그렇지만 이는 한참 앞서간 것이다. 그런 날이 오기 전에 해결돼야 할 일이 아주 많다.

▌헬스케어 애널리틱스의 응용 사례

독자들이 헬스케어 애널리틱스가 어떤 것인지 감을 잡을 수 있도록 오늘날 헬스케어 애널리틱스의 범위와 깊이를 보여주는 이용 사례들을 소개한다.

환자 케어를 위한 데이터 시각화

애널리틱스는 종종 기술적 애널리틱스[descriptive analytics], 예측적 애널리틱스[predictive analytics], 처방적 애널리틱스[prescriptive analytics]라는 세 가지 부분으로 나뉜다. 기술적 애널리틱스는 분석 기술을 활용해 관심이 되는 프로세스를 더 잘 기술하거나 요약하는 것에 중점을 둔다. 예를 들어, 헬스케어가 전달되는 방법은 이런 기술적 애널리틱스를 통해 도움을 받을 수 있는 프로세스 가운데 하나다.

헬스케어 전달 방식을 더 잘 이해하기 위해 기술적 애널리틱스를 어떻게 이용할 수 있을까? 다음 그림은 악화된 천식을 주소로 소아 응급실에 내원하는 환자들 케어에 대한 기록이다(Basole et al., 2015). 이것은 소아 환자들이 응급실에서 경험하는 케어 이벤트에 대한 시간적 관계를 요약하기 위해 전자 의무 기록에서 흔히 접할 수 있는 정형화된 임상 데이터를 사용한다. 이 시각화 툴에서는 관리적인 측면은 노란색, 진단은 초록색, 약물은 파란색, 임상 검사는 빨간색으로 구분된다. 이 색들은 y 축에 표시된다. x 축은 시간이다. 상단에 있는 검은색 바에는 시간 단위로 수직으로 된 틱 마크가 있다. 환자는 약 두 시간 넘게 머물렀다. 환자 정보는 검은색 시간 바 위에 표시돼 있다.

이러한 기술적 애널리틱스 연구가 비용이나 의료 케어 권고에 직접적으로 영향을 주지는 않지만, 이런 연구는 환자의 케어를 탐구하고 이해하는 시작점이 되고, 더 특이하고 행동 가능한 애널리틱스 연구를 시작하는 길을 트는 역할을 한다.

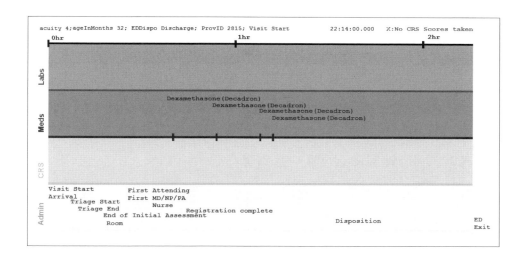

진단과 치료에 대한 예측

의학의 중요한 문제 가운데 하나는 어떤 질병에 대한 위험을 갖고 있는 환자를 가려내는 것이다. 고위험 환자를 가려냄으로써 질병이 발생하는 것을 막거나 늦추는 예방 조치를 할 수 있다. 이것이 예측적 애널리틱스의 한 응용 사례다. 과거 이벤트에 대한 정보를 사용해 미래를 예측하는 것이다. 이런 예측 연구가 특히 많이 적용되는 질환들이 있다. 심부전, 심근경색, 폐렴, 만성 폐쇄성 폐질환 등은 사망률이 높고 고비용 질환이기 때문에 고위험 환자를 조기에 찾아내면 얻을 수 있는 이득이 크다.

우리는 미래에 어떤 질환이 발생할지뿐만 아니라 어떤 환자가 장차 병원에 재입원하거나 의사 진료 등과 같은 고비용 치료를 필요로 할지 파악하는 데도 관심이 있다. 이런 환자를 가려낼 수 있다면 사전에 이런 고위험 치료를 줄여 비용을 절감하는 조치를 취할 수 있고, 그런 일을 잘하는 의료 기관에 보상을 해줄 수도 있을 것이다.

이런 작업을 할 때 고려해야 할 다양한 내용이 존재한다. 첫째, 우리가 관심 있게 예측하려고 하는 특정 질환이나 이벤트가 무엇인가? 둘째, 예측에 어떤 데이터를 사용할까? 전자 의무 기록에 저장돼 있는 정형화된 임상 데이터(테이블로 잘 정리된 데이터)가 현재 가장 많이 사용되는 데이터 소스다. 다른 가능성으로는 비정형 데이터인 텍스트 기록들, 의학 영상 자료, 심전도나 뇌파 같은 바이오시그널^{biosignal}, 디바이스로부터 수집되는 데이터 또는 소셜 미디어 데이터 등이 있다. 셋째, 어떤 머신러닝 알고리즘을 사용할까?

헬스케어 제공자의 질과 실적에 대한 측정

이렇게 좋은 시각화나 미래 예측을 하는 작업들은 헬스케어 애널리틱스의 멋져 보이는 측면인데, 애널리틱스 작업에 또 중요한 측면들이 있다. 종종 이런 일들은 훌륭한, 옛날 방식의 숫자 작업으로 귀결된다. 헬스케어 평가지표를 사용해 의사와 의료 기관의 성적을 모니터링하는 일은 이런 종류의 애널리틱스 기술의 좋은 사례. 헬스케어 평가지표는 증거 기반^{evidence-based} 의료 권고 사항들을 참여자들이 잘 따르고 있는지 측정하고 평가할 수 있는 메커니즘을 제공한다. 예를 들어, 당뇨 환자는 당뇨발이 있는지 확인하기 위해 의사가 3개월에 한 번씩 체크하도록 권고되고 있다.

주 정부가 지원하는 헬스케어 평가에 병원에서 케어를 제공받고 있는 당뇨 환자들의 수를 명시하도록 하고, 이들 환자 가운데 적절한 발 케어를 받고 있는 환자의 비율을 명시하도록 하는 지침을 포함시킬 수 있다. 이와 비슷한 평가 방식을 심장, 폐, 관절 질환 등에 적용해볼 수 있을 것이다. 이런 방식으로 수준 높은 케어 질을 제공하는 기관들을 파악해 온라인을 통해 대중에게 알려줄 수 있다. 6장, '헬스케어 질 측정'에서는 여러 헬스케어 측정 지표에 대해 논의한다.

실제 환자 치료에 응용

드물기는 하지만, 헬스케어 애널리틱스 기술은 질환에 대한 연구를 수행하는 것이 아니라 실제로 질병을 치료하는 데도 사용된다. 이런 사례 가운데 하나가 신경보철학^{neuroprosthetics}이다. 신경보철학은 사람이 개발한 디바이스를 사용해 신경계 기능을 향상시키는 것으로 정의할 수 있다. 신경보철학은 시력을 잃거나 사지 마비 장애가 있는 환자들이 손실된 기능의 일부를 회복할 수 있도록 돕는다. 예를 들어, 마비된 환자가 손이 아닌 뇌의 신호를 이용해 컴퓨터 커서를 움직일 수 있게 해주는 일이다. 특정 신경 세포군의 전기 신호를 기록하고 머신러닝 모델을 통해 그런 신호들과 커서 이동 방향 간의 관계를 파악한 다음, 이를 환자가 이용할 수 있게 하는 것이다. 비슷한 애널리틱스를 시각을 잃은 사람들에게 적용시킬 수 있다. 두 번째 사례는 신체에 디바이스를 심어서 뇌전증 발작이 일어나는 것을 감지해, 발작이 있기 전에 발작을 억제하는 약을 사용할 수 있도록 하는 시스템이다. 아마도 이런 애널리틱스 기반의 치료를 적용해 도움을 받을 수 있는 의료 분야는 사실상 한계가 없을 것으로 생각된다.

▌소프트웨어 둘러보기

이 절에서는 이 책에서 파이썬과 SQL 작업에 사용하게 될 아나콘다와 SQLite를 다운로드하고 설치한 후 그 사용법을 소개한다.

아나콘다

이 책의 예제들을 실행하려면 파이썬 프로그래밍 언어가 필요하다. 시중에는 매우 많은 수의 파이썬 배포판이 나와 있다. 아나콘다^{Anaconda}는 머신러닝에 특화된 무료로 제공되는 오픈소스 파이썬 배포판이다. 여기에는 기본 파이썬과 1,000개 이상의 데이터 과학 파이썬 라이브러리(넘파이, 사이킷런, 판다스 등을 포함)들이 들어 있어서 기본 파이썬 언어에 기능을 추가해 사용할 수 있다. 또한 주피터 노트북^{Jupyter Notebook}이 포함돼 있는데, 이것은 이 책에서 광범위하게 사용되는 인터랙티브 파이썬 콘솔의 한 종류다. 아나콘다에 따라오는 툴에는 스파이더^{Spyder} 통합 개발 환경과 RStudio 통합 개발 환경도 있다.

아나콘다는 https://www.anaconda.com/download/에서 다운로드할 수 있다.

다음 과정을 거쳐 아나콘다 배포판을 다운로드한 후 컴퓨터에 설치한다.

1. 앞에서 소개한 웹 사이트로 이동한다.

2. 자신의 컴퓨터에 설치된 운영체제와 호환되는 파이썬 버전을 선택한 후 다운로드한다. 이 책에서는 아나콘다 5.2.0(윈도우용 64비트, 파이썬 3.6 포함)을 사용했다.

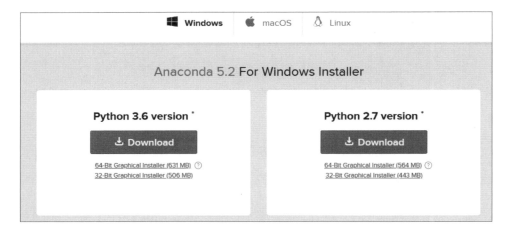

3. Download 버튼을 클릭한다. 그러면 브라우저가 파일 다운로드를 시작한다. 다운로드가 끝나면 웹 브라우저나 파일 관리자에서 파일을 클릭한다.

4. 다음 그림과 같은 창이 보일 것이다. 그러면 Next> 버튼을 클릭한다.

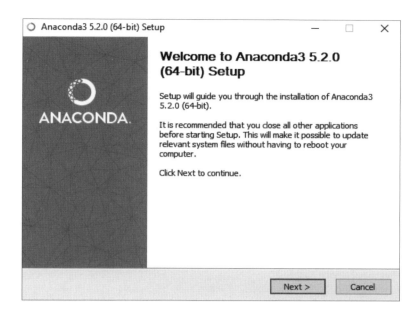

5. 절차를 쭉 진행하면서 라이선스에 동의하고, 인스톨할 사용자를 선택하고, 파일 위치 등을 지정한다.

6. 아나콘다가 설치되기 시작한다. 배포판에 패키지들이 많아서 시간이 좀 걸릴 수 있다.

7. 설치가 완료되면 아나콘다 창을 닫는다.

아나콘다 내비게이터

아나콘다가 설치됐다면 윈도우 툴바에서 아나콘다 내비게이터Anaconda Navigator를 실행해 여러 기능을 살펴보자. 맥Mac 환경이라면 애플리케이션 폴더에서 찾아 살펴본다. 아이콘을 클릭하면 다음과 비슷한 스크린이 열릴 것이다.

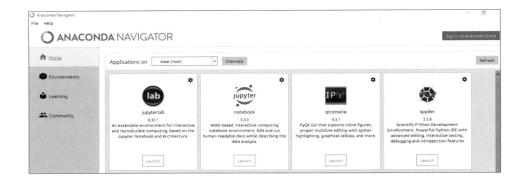

Home 탭에서 아나콘다에 포함된 여러 애플리케이션을 확인할 수 있다. 이 창에서 주 피터 노트북이나 스파이더 통합 개발 환경에 접근할 수 있다.

어떤 파이썬 라이브러리들이 설치돼 있는지 확인하려면 왼쪽의 Environments 탭을 클 릭한다. 이 창에서 원하는 라이브러리를 다운로드하거나 업그레이드할 수 있다.

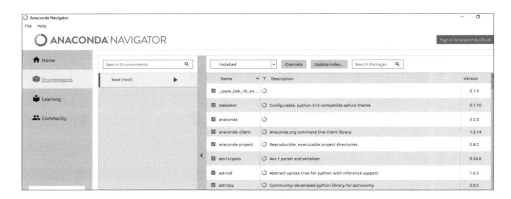

주피터 노트북

주피터 노트북에 대해 알아보자. 주피터 노트북은 이 책에서 가장 많이 사용하게 될 파이썬 프로그래밍 툴이다. Home 탭으로 가서 주피터 아이콘에 들어 있는 Launch 버 튼을 클릭한다. 그러면 디폴트 브라우저의 새로운 탭에서 다음 스크린샷과 같이 열린다.

이것은 주피터 프로그램의 **Files** 탭으로, 여기서 디렉터리 이동이 가능하고 새로운 주피터 노트북을 시작하거나 기존에 있는 노트북 파일을 열 수 있으며, 디렉터리 관리도 가능하다.

새로운 주피터 노트북 파일을 생성시켜보자. 콘솔의 오른쪽 위에 있는 **New**라는 드롭다운 메뉴를 클릭하자. 드롭다운 메뉴에서 **Python 3**를 클릭한다. 그러면 다음 스크린샷과 같은 모양을 한 새로운 노트북이 새로운 탭에서 열릴 것이다.

In이라고 레이블이 붙어 있는 상자를 셀cell이라고 한다. 셀은 주피터 안에 있는 파이썬 프로그래밍의 기능적 단위다. 셀에 코드를 입력한 후 메뉴에서 **Run**을 클릭하면 실행된다. 코드가 실행된 결과는 해당 셀 아래에 표시된다. 새로운 셀을 만들어 작업을 쭉 진행한다.

연습해보자. 셀 안쪽을 클릭하고 다음과 같은 코드 행을 입력한다.

```
message = 'Hello World!'
print(message)
```

그다음에는 위의 툴바에서 **Run** 버튼을 찾아 클릭한다. 그러면 Hello World!라는 메시지가 셀 아래에 출력될 것이다. 그리고 이 메시지 아래에 새로운 셀이 생성된 것을 볼수 있다. 이런 식으로 주피터가 작동한다.

새로운 셀에 대한 코드를 입력하자.

```
modified_message = message + ' Also, Hello World of Healthcare Analytics!'
print(modified_message)
```

다시 **Run** 버튼을 클릭한다. 이제 두 번째 셀 다음에 수정된 메시지가 출력되고, 세 번째 셀이 나타나는 것을 확인할 수 있다. 주목할 점은 두 번째 셀은 첫 번째 셀에서 만들어진 message라는 변수가 어떤 값을 갖고 있는지 알고 있다는 것이다. 주피터는 모든 셀에서 실행된 명령들을 기억한다. 메모리를 정리하려면 커널을 셧다운시킨 다음 다시 커널을 시작하면 된다.

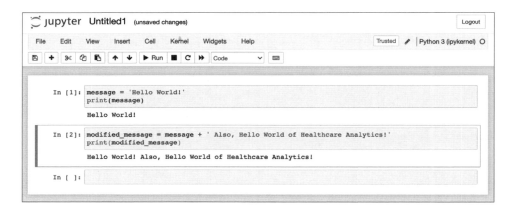

이제 세션을 종료하자. 브라우저에서 주피터가 시작된 홈페이지 탭을 클릭하거나 주피터 노트북 화면 왼쪽 상단에 있는 Jupyter라는 로고를 클릭한다. 홈페이지의 Running 탭에서 Untitled.ipynb가 실행 중임을 확인할 수 있다. 파일 이름 오른쪽에서 Shutdown 버튼을 클릭하면 노트북이 사라질 것이다.

이것으로 주피터에 대한 설명은 충분하다. 이어지는 장들에서 좀 더 자세히 들여다볼 기회가 있을 것이다.

스파이더 통합 개발 환경

스파이더 통합 개발 환경은 파이썬 언어를 사용해 뭔가를 개발하기 위한 완벽한 환경을 제공한다. 다음 스크린샷과 같이 텍스트 에디터 기능, 변수 탐색기, 아이파이썬^{IPython} 콘솔, 커맨드 프롬프트 등의 기능을 제공한다.

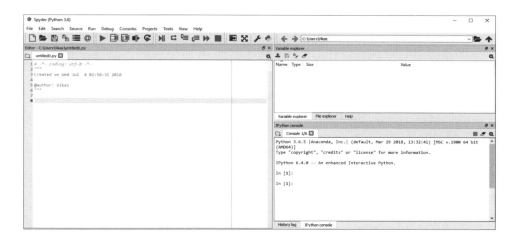

스크린의 왼쪽 절반은 에디터 창이다. 여기서 파이썬 코드를 작성하게 될 것이다. 스크립트를 모두 작성하고 나면 상단의 툴바에 있는 녹색 플레이^{Play} 버튼을 사용해 코드를 실행시키게 될 것이다.

스크린의 오른쪽 절반은 상하로 나눠져 있다. 오른쪽 위 창은 주로 변수 탐색기로 사용된다. 이 창에서는 현재의 파이썬 환경에 있는 변수의 이름, 타입, 크기, 값 등을 나열해준다. 창 아래에 있는 탭을 클릭해 파일 탐색기^{File Explorer}나 파이썬 도움말 문서 탐색기로 바꿀 수도 있다.

오른쪽 아래 창은 콘솔이다. 파이썬 커맨드 프롬프트를 통해 파이썬 명령을 실행해볼 수 있다. 이것은 하나의 파이썬 명령을 실행해볼 때 편리하다. 그리고 파이썬 스크립트를 실행시키거나 다른 함수들도 실행해볼 수 있다.

이 책에서는 스파이더를 광범위하게 사용하지 않지만, 나중에 다른 프로젝트에 사용할 수 있도록 작동법을 알아두면 좋다.

SQLite

헬스케어 데이터는 주로 데이터베이스에 저장돼 있다. 이런 데이터베이스로부터 원하는 데이터를 추출하고 조작하기 위해서는 SQL 언어를 알아야 한다. SQL은 사용되는 엔진에 따라 조금씩 다르다. 우리는 무료로 제공되는 오픈소스 SQL 데이터 엔진인 SQLite를 사용할 것이다.

SQLite는 다음 순서로 설치한다.

1. SQLite 홈페이지(www.sqlite.org)로 이동한 다음 상단의 **Downloads** 메뉴를 클릭한다.
2. 운영체제에 맞게 컴파일돼 있는 바이너리 파일을 다운로드한다. sqlite-tools-{운영체제}-x86-{버전넘버}.zip 형태로 돼 있는 DLL 파일이 아닌 번들 파일을 선택한다.
3. 셸 또는 명령 프롬프트를 사용해 sqlite3.exe 프로그램이 있는 디렉터리로 이동한다.
4. 프롬프트에서 **sqlite3 test.db**를 타이핑하고 엔터 키를 누른다.

이제 SQLite 프로그램 안에 있다. 나중에 이 SQLite 명령을 사용해 환자 데이터를 생성, 저장, 조작해볼 예정이다. SQLite 명령은 점(.)으로 시작하며 소문자로 돼 있다.

SQLite를 종료하려면 .exit를 입력하고 엔터 키를 친다.

커맨드라인 툴

윈도우, 맥 OS, 리눅스 등 모든 운영체제는 명령을 입력할 수 있는 커맨드라인 툴을 제공한다. 맥 또는 리눅스에서는 셸 프로그램이 배시bash 명령을 받는다. 윈도우에는 배시와 다른 DOS 명령이 있다. 이 책에서는 윈도우 PC와 DOS 명령 프롬프트를 사용한다. 필요한 곳에서는 배시 명령도 함께 제공한다.

텍스트 에디터 설치

이 책에서 사용되는 일부 데이터 파일들은 너무 커서 컴퓨터에 설치돼 있는 표준적인 텍스트 에디터를 사용해 열어 볼 수가 없다. 그래서 소스 코드 에디터를 다운로드해 사용하는 것을 권한다. 흔히 서브라임 텍스트Sublime Text(윈도우와 맥 환경 지원), 노트패드++(윈도우 환경만 지원)가 많이 사용된다. 이 책에서는 노트패드++를 사용했다.

▌ 요약

이 장에서는 헬스케어 애널리틱스라는 주제를 소개했고, 컴퓨터 사용 환경을 셋업해 헬스케어 애널리틱스를 탐구할 준비를 마쳤다. 2장, '헬스케어의 기초'에서는 헬스케어 애널리틱스와 관련된 헬스케어의 기초적인 측면들을 살펴볼 것이다.

▌참고 자료

- Basole RC, Kumar V, Braunstein ML, et al. (2015). Analyzing and Visualizing Clinical Pathway Adherence in the Emergency Department. Nashville, TN: INFORMS Healthcare Conference, July 29–31, 2015.

- Baxt, WG (1990). "Use of an Artificial Neural Network for Data Analysis in Clinical Decision-Making: The Diagnosis of Acute Coronary Occlusion." *Neural Computation* 2 (4): 480–489.

- Ledley RS, Lusted LB (1959). "Reasoning Foundations of Medical Diagnosis." *Science* 130 (3366): 9–21.

- Miller RA, Pople Jr. HE, Myers JD (1982). "INTERNIST-1, An Experimental Computer-Based Diagnostic Consultant for General Internal Medicine." *New Engl J Med* 307: 468–476.

- Minsky M, Papert SA (1969). "Perceptrons." Cambridge, MA: The MIT Press.

- Rumelhart DE, Hinton GE, Williams RJ (1986). "Learning representations by back-propagating errors." *Nature* 323(9): 533–536.

헬스케어의 기초

이 장은 주로 헬스케어에 대해 경험이 많지 않은 개발자들을 대상으로 헬스케어 시스템을 간략히 소개하는 것을 목적으로 한다. 이 장을 마칠 때쯤이면, 미국에서 헬스케어 서비스가 전달되는 방식에 대한 기초적인 내용과 애널리틱스와 관련된 (미국의) 법적인 측면들도 알게 될 것이다. 그리고 헬스케어에서 데이터가 어떻게 구조화되고 구성되고 코딩되는지 이해할 수 있을 것이다. 이런 지식을 통해 헬스케어 애널리틱스에 대한 생각의 프레임을 구축할 수 있다.

▌미국에서 헬스케어 서비스가 전달되는 방법

헬스케어 산업은 우리 자신과 가족, 친구, 사랑하는 사람들 모두에게 영향을 준다. 가까운 지인이 중병에 걸렸을 때 높은 치료비 때문에 감정적, 정신적 트라우마를 겪는 것을 생각해보면 바로 알 수 있다.

미국의 헬스케어 시스템은 위기 상태에 있는데, 헬스케어 지출이 국가 총 GDP의 15%가 넘는다. 이런 비율은 다른 선진국들과 비교했을 때 상당히 높은 수준이며, 2040년이 되면 거의 20%에 육박할 것으로 예측되고 있다(Braunstein, 2014; Bernaert, 2015). 미국을 비롯해 전 세계적으로 의료비가 상승하는 몇 가지 이유가 있다. 그중 하나는 인구 구성비에서 고령자 비중의 증가다. 평균 기대 수명은 1970년에 70세에서 2011년에 처음으로 80세를 넘겼다(OECD, 2013). 이는 긍정적인 발전이기는 하지만, 고령 환자들은 보통 쉽게 질병에 이환될 수 있다. 그래서 보건 시스템의 관점에서 보면 더 많은 비용을 지불할 가능성이 높다는 것을 의미한다. 두 번째 이유는 비만과 당뇨 같은 심각한 만성 질환에 대한 유병률이 증가하고, 이는 또 다른 만성 질환의 위험을 높이기 때문이다(OECD, 2013). 만성 질환 환자는 의료비 지출에서 상당한 비중을 차지한다(Braunstein, 2014). 세 번째 이유는 잘못된 인센티브 제도에 있다. 이 내용은 의료비 지불 방식을 설명할 때 자세히 논의한다. 네 번째 이유는 기술의 발전이다. 모든 OECD 국가에서 비싼 MRI와 CT 검사를 수행하기 위한 장비에 대한 지출은 꾸준히 증가돼 왔다(OECD, 2013).

이제 헬스케어에서 사용되는 몇 가지 기초 용어와 미국의 보건 재정에 대해 설명하려고 한다.

헬스케어 산업의 기초

헬스케어는 크게 입원 치료와 외래 치료로 나눠진다. 입원은 입원 시설을 갖춘 일정 규모 이상의 병원에서 이뤄지고, 외래 치료는 주로 하루 동안에 발생하고 진료실에서 이뤄진다. 입원 치료는 심각한 상태로 발전할 수 있거나 복잡한 중재를 필요로 하는 경우에 이뤄지는데, 외래 치료보다 보통 비용이 더 든다. 따라서 헬스케어의 중심 목적은 적절한 예방 조치를 통해 입원을 바탕으로 이뤄지는 케어의 양을 줄이는 것이다.

헬스케어를 설명하는 또 다른 방법은 '전달 체계'다. 1차 진료의^{Primary Care Practitioner}(PCP)는 보통 환자의 전체적인 웰빙과 모든 장기와 관련된 시스템의 문제를 전체적으로 본다. 여러 케어 전달 모델에서 그들은 2차, 3차 케어 전달자들로 이어지는 문지기^{gatekeeper} 역할을 한다. 2차 의료 기관에서는 내분비의사, 흉부외과의와 같이 특정 질병이나 장기에 전문화된 의사가 치료를 한다. 3차 의료 기관에서는 전문의들이 의뢰한 환자를 치료하며, 수술 등을 포함한 특정 조건을 잘 치료하기 위한 시설을 갖추고 주로 입원 환경에서 환자를 치료한다.

헬스케어 안에서는 다양한 전문 직종의 사람들이 팀을 이뤄 일을 한다. 최적의 환자 치료를 제공하기 위해 각자 다른 역할을 한다. 의사, 의사보조원, 간호 프랙티셔너^{nurse practitioner}, 간호사, 케이스 매니저, 사회복지사, 임상병리사 등이 있고, 정보 기술 전문가는 헬스케어 애널리틱스 분야에서 여러분이 직접적으로 또는 간접적으로 함께 일해야 하는 사람들이다.

보건 재정

1세기 전에는 의료 서비스가 행해졌을 때 돈이 환자에게서 서비스 제공자에게로 직접 건네졌다. 그렇지만 오늘날 헬스케어 재정은 좀 더 복잡해져서 고용주와 정부가 더 많이 개입되고, 의사에게 배상하는 것과 관련해 새로운 모델들이 나타나고 있다. 미국에서 헬스케어 재정은 완전히 사적인 형태로 운영되지 않는다. 빈곤층과 노인들을 보조하기 위해 주 정부와 연방 정부는 시민에게서 걷은 세금을 사용해서 빈곤층을 위한 메디케이드^{Medicaid}와 노인을 위한 메디케어^{Medicare}라는 정부 기관을 통해 펀드를 조성한다. 이런 돈은 다양한 지불 모델을 사용해 의사들에게 분배된다. 다음 다이어그램은 미국 헬스케어 시스템 안에서 돈이 어떻게 흐르는지 간략하게 정리한 것이다.

보험 지불 체계에서 의사의 실적 평가 부분과 관련해 케어의 양적인 측면보다 질적인 측면이 점차 강조되고 있으므로, 이런 추세에 대응하기 위해 헬스케어 애널리틱스 프로젝트가 수행되는 경우가 많다.

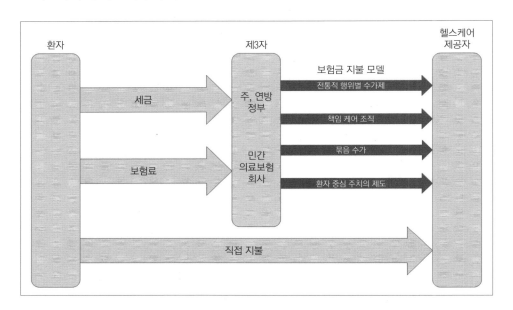

행위별 수가제

전통적으로 의사들은 행위별 수가제Fee-For-Service(FFS)에 따라 청구금을 받았다. 이 시스템에서 의사들은 환자가 검사나 프로시저 후에 더 좋은 느낌을 가졌는지와는 무관하게, 수행된 검사와 프로시저의 양에 따라 보상을 받았다. 이런 보상 체계는 의사들에게 갈등을 초래하는 인센티브를 유발한다. 환자를 효율적으로 케어하면서 동시에 돈을 벌어야 하는 것이다. 많은 사람이 오늘날 터무니없이 비싼 미국의 헬스케어 지출은 행위별 수가제 탓이라고 생각한다. 더불어 행위별 수가 체계는 의사들이 실시한 내용들을 거의 고려하지 않고 의사 개인별로 지불한다. 한 환자가 같은 문제로 두 명의 의사를 만났을 때, 행위별 수가 체계에서는 같은 검사를 중복하더라도 두 명의 의사에게 모두 개별적으로 보상하게 된다.

가치 기반 케어

행위별 수가제의 단점을 극복하고자 미국에서 새롭게 제시된 비전이 가치 기반 케어 value-based care다. 가치 기반 보상 체계에서 의사는 그들이 제공한 케어의 질을 바탕으로 보상을 받는다. 질은 환자의 건강 결과와 환자당 절감된 비용 액수에 의해 측정된다. 과도한 검사나 시술 오더에 대한 인센티브는 없어지고, 환자와 의사 모두 같은 목적을 향해 정렬된다. 이런 가치 기반 케어에는 제공된 케어의 질에 기반해 의사들에게 보상하는 여러 종류의 지불 모델들이 있으며, 각각은 그 나름의 특징을 갖고 있다. 이런 모델에는 책임 의료 조직Accountable Care Organization(ACO), 포괄수가제, 환자 중심 주치의 제도 Patient-Centered Medical Home(PCMH) 등이 있다.

이 절에서 기억해야 할 중요한 점은 다음과 같다.

- 미국과 대부분의 다른 나라에서 헬스케어 비용은 GDP에 비례해 커지고 있다.
- 가치 기반 케어는 점진적으로 의료비 지불 방식의 새로운 표준이 돼가고 있다.

헬스케어 정책

헬스케어 개혁이 성공을 보장받으려면 입법부의 지원이 필요한데, 다행히도 그런 지원을 받아왔다. 이 절에서는 환자의 권리와 사생활 보호, 전자 의무 기록의 도입, 가치 기반 케어, 헬스케어에서 빅데이터의 발전 등 헬스케어 애널리틱스와 바로 연관되는 제도에 길을 터준 몇 가지 입법 활동을 들여다본다.

환자 권리와 프라이버시 보호

전 세계에서 많은 국가가 환자의 개인정보를 법률로 보호하고 있다. 미국에서 환자 정보 보호를 위한 첫 번째 입법은 1996년에 이뤄졌는데, 이것은 건강보험이동성과 결과

보고책무활동^{Health Insurance Portability and Accountability Act}(HIPAA)이라고 알려진 것이다. 이는 그 이후 여러 차례 개정돼 왔다. HIPAA의 주요 요소는 프라이버시 규칙^{Privacy Rule}과 보안 규칙^{Security Rule}이다.

프라이버시 규칙은 헬스케어 데이터가 사용되는 상황들을 구체적으로 명시하고 있다. 특히 환자를 특정할 수 있는 어떤 정보(PHI^{Protected Health Information}라고 함)는 의학적 치료, 청구, 또는 특정 헬스케어 운영을 목적으로 자유롭게 사용 가능하지만, 그 용도가 아닌 다른 목적으로 사용하고자 하는 경우에는 환자에게 서명 동의를 받아야 한다. 커버드 엔터티^{covered entity}는 HIPAA 법률을 준수할 의무가 있는 기관을 말한다. 이런 커버드 엔터티에는 헬스케어 제공자, 건강 보험 회사 등이 있다. 2013년 파이널 옴니버스 규정^{Final Omnibus Rule}에서는 HIPAA 적용 대상을 커버드 엔터티의 비즈니스 연합체^{business associate} 또는 독립적인 계약자^{independent contractor}까지 확대했다(만약 미국 고객들과 일을 함께 하는 경우 대부분의 헬스케어 애널리틱스 전문가는 거의 대부분 이 규정이 적용된다). 그렇기 때문에 미국에서 헬스케어 데이터를 갖고 일을 한다면 환자의 정보를 보호해야 하며, 그렇지 못한 경우 벌금이나 징역형을 감수해야 한다.

만약 여러분이 헬스케어 애널리틱스 전문가라면, 여러분의 데이터에서 환자 건강 정보(e-PHI)를 어떻게 보호해야 할까? 보안 규칙^{Security Rule}은 이 질문에 답을 주고 있다. 보안 규칙은 세 가지 카테고리로 안전 조치 방법을 세분화하고 있다. 행정적, 물리적, 기술적 측면이다. 특히 미국 보건성^{US Department of Health and Human Services} 웹 사이트에 따르면 헬스케어 데이터 과학자는 다음 규칙을 준수해야 한다.

> '갖고 있는 모든 e-PHI에 대한 비밀 유지, 조작 금지, 이용 가능성을 유지해야 한다. 정보 보안과 관련된 합리적으로 예견되는 위협, 허용되지 않은 사용 및 데이터 유출에 대해 보호 조치를 취해야 한다. 그리고 직원들이 법규를 준수하도록 해야 한다.'(미국 보건성, 2017)

보호 기술에 대한 더 자세한 정보는 미국 보건성 웹 사이트(https://www.hhs.gov)에서 확인할 수 있다. 여기에는 다음과 같은 가이드라인이 있다.

- 커버드 엔터티와 비즈니스 연합체는 HIPAA의 준수를 관리 감독하는 사립 관리자를 임명해야 하고, e-PHI에 접근하는 직원들에 대한 훈련 프로그램을 운영해야 한다.
- e-PHI를 포함하는 하드웨어나 소프트웨어에 대한 접근은 조심스럽게 통제되고, 규제되고, 권한이 있는 자에게만 허용돼야 한다.
- e-PHI 데이터를 공개 네트워크(예를 들어, 이메일)를 통해 전송할 때는 암호화시켜야 한다.
- 커버드 엔터티와 비즈니스 연합체는 개인과 미국 보건성에 해를 입힐 수 있는 보안상의 어떤 위반 사항이 적발된 경우 이를 보고해야 한다.

미국 이외의 나라에서도 환자의 프라이버시를 법률로 보호하는 경우가 많다(특히 캐나다와 유럽 국가들). 여러분이 어느 나라에 살고 있든지 간에 헬스케어 애널리틱스에서 환자의 정보와 프라이버시를 보호하는 것은 윤리적 책무다.

전자 의무 기록 채용 정도

전자 의무 기록(EMR) 도입은 헬스케어 애널리틱스와 더불어 헬스케어 비용 상승에 대응하는 하나의 해법으로 여겨지고 있다. 미국에서 EMR 사용을 장려하도록 하는 주요 법률로는 2009년 미국 회복 및 재투자법American Recovery and Reinvestment Act의 일부로 통과된 경제 및 임상 건강을 위한 건강 정보 기술법Health Information Technology for Economic and Clinical Health(HITECH)이 있다(Braunstein, 2014). 이 법률에서는 다음 두 가지 일을 하는 헬스케어 기관에 대해 인센티브를 주도록 하고 있다.

1. 검증된 전자 건강 기록(EHR) 채용
2. 전자 건강 기록을 의미 있는 방식으로 사용하는 경우. 2015년부터 전자 건강 기록을 사용하지 않으면 메디케어 보험료 상환에서 페널티가 부과됐다.

EHR 인증을 위해서는 수십 가지 기준을 만족시켜야 한다. 그 기준에 따르면 의사의 처방 입력, 환자에 대한 인구학적 정보, 약물 복용 리스트, 알러지 리스트, 흡연 상태와 같은 임상적 정보 저장 등을 전산으로 처리할 수 있어야 한다. 또 다른 기준은 의학 정보에 대한 프라이버시와 보안에 초점이 맞춰져 있는데, 보안성 있는 접근, 응급 접근, 일정 기간 동안 활동이 없을 때 자동으로 접근이 차단되는 기능이 있어야 한다는 것이다. 그리고 EHR은 임상적 질 측정 항목을 적절한 기관에 제출할 수 있어야 한다. 전체 기준에 대한 리스트는 www.healthit.gov에서 확인할 수 있다.

의료 서비스 제공자가 인증된 EHR을 사용하는 것만으로 충분하지 않다. 인센티브를 받으려면 의미 있는 사용 요건으로써 약정된 대로 의미 있는 방식으로 EHR을 사용해야 한다. 다시 10여 가지 요건이 있는데, 일부는 필수 사항이고 일부는 선택 사항이다. 이런 요건들은 대체로 다음 다섯 가지 항목으로 요약된다.

- 케어 코디네이션care coordination 개선
- 건강 불일치 경감
- 환자와 가족의 참여
- 집단과 공공 건강의 개선
- 적절한 프라이버시와 보안 보증

HITECH 법률이 뒷받침됨에 따라 EHR이 더 보편적으로 쓰이게 되면서 전례 없이 임상 정보의 양이 급증할 것이고, 이를 활용한 분석 활동이 활발히 진행될 것이다. 이런 분석을 통해 분석 비용을 줄이고 건강 결과를 개선하기 위한 방편을 모색할 수 있게 될 것이다. 이 장 뒷부분에서는 이러한 임상 정보가 어떻게 생성되고 어떤 형식을 갖추고 있는지 자세히 살펴본다.

가치 기반 케어를 발전시키려는 노력

지불 가능 케어법Affordable Care Act(ACA)이라고도 알려져 있는 환자 보호 및 건강 보험 개혁법Patient Protection and Affordable Care Act(PPACA)은 2010년에 제정됐다. 이 법률은 보험에 가

입하지 못한 사람을 줄이고 대다수의 시민에게 건강 보험 보조금을 지불하기 위한 시도로 잘 알려져 있다. 그런데 대중에게 잘 알려지지 않았지만, 이 장의 시작 부분에서 논의된 바와 같이 새로운 가치 기반 지불 모델(즉, 포괄수가제와 책임의료조직)과 네 개의 가치 기반 프로그램이 들어가 있다.

- 병원 가치 기반 구매 프로그램Hospital Value-Based Purchasing Program(HVBP)
- 병원 재입원 경감 프로그램Hospital Readmission Reduction Program(HRRP)
- 병원 발생 질환 경감 프로그램Hospital Acquired Conditions Reduction Program(HAC)
- 가치 변동 프로그램Value Modifier Program(VM)

이런 프로그램은 6장, '헬스케어 질 측정'에서 자세히 논의한다.

메디케어 액세스 및 CHIP 재인증 법령 2015Medicare Access and CHIP Reauthorization Act of 2015(MACRA)로 질에 따른 지불 보상 프로그램이 시작됐다. 이것은 대안적 지불 보상 모델 Alternative Payment Model(APM)과 가치 기반 성과 보상 제도Merit-based Incentive Payments System(MIPS)로 구성된다. 두 프로그램은 미국의 헬스케어 시스템이 기존 행위별 수가제를 벗어나 가치 기반 지불 보상 체제로 대폭 옮겨가는 계기를 마련했다. 이 시스템은 6장, '헬스케어 질 측정'에서 다시 한 번 자세히 논의할 것이다.

헬스케어 애널리틱스의 진보

헬스케어 분야에서 애널리틱스를 촉진시키는 데 관련된 몇 가지 법적 이니셔티브 initiative가 있다. 이 가운데 가장 중요한 것은 2015년 제정된 'All of Us initiative'(이전에는 '정밀 의료 이니셔티브Precision Medicine Initiative'라 불림)로, 이는 2022년까지 적어도 100만 명의 건강 및 유전 데이터를 수집해 정밀 의료 및 맞춤형 의료를 촉진시키겠다는 의도를 갖고 있다.

애널리틱스와 직접 관련돼 있지 않지만, 부가적으로 다음 세 가지 이니셔티브가 헬스케어에서의 분석 연구에 대한 펀딩을 간접적으로 증가시켰다. 첫 번째는 2013년 통과된 'The Brain Initiative'로, 이는 알츠하이머병이나 파킨슨병처럼 뇌와 연관된 신경과적 질환에 대한 이해를 높이려는 정책이다. 다음은 'Cancer Breakthroughs 2020'으로 2016년 통과됐는데, 암에 대한 백신을 만들고 면역 치료법을 발굴하는 데 초점을 맞추고 있다. '21st Century Cures Act of 2016'은 미국 식약처의 의료용 소프트웨어에 대한 규제, 승인 프로세스 개선을 목적으로 하고 있다.

종합해보면, 위에서 논의한 지난 30년 동안의 입법 활동은 헬스케어 애널리틱스를 수행하는 방법에서의 혁명을 위한 무대를 마련해줬으며, 미국에서뿐만 아니라 전 세계적으로 헬스케어 애널리틱스를 통해 해결하고자 하는 새로운 도전들을 만들어냈다. 새로운 지불 방법과 회계 방법은 우리에게 더 효율적으로 헬스케어가 수행되려면 어떻게 해야 하는지와 관련해서 이미 주어진 데이터를 갖고 알아내야 하는 과제를 안겨주고 있다.

이제 주제를 바꿔 임상 데이터가 정확히 어떻게 구성되는지 알아보자.

▌환자 데이터: 환자에서 컴퓨터까지의 여정

임상 데이터 수집 과정은 환자가 의사에게 자신의 증상에 대해 말하는 것으로 시작된다. 이것을 환자 과거력patient history이라 하고, 의사가 직접 관찰한 것이 아니라 환자가 기억한 것을 토대로 하기 때문에 주관적 정보다. 이와 반대로, 객관적 정보는 의사에 의해 수집된다. 신체검사, 혈액 검사, 영상 검사와 기타 진단 방법들을 통해 환자를 대상으로 관찰된 정보다. 이렇게 주관적 정보과 객관적 정보가 합쳐져 의무 기록이 된다.

헬스케어에 사용되는 의무 기록에는 여러 종류가 있다. 과거력과 신체검사History and Physical(H&P)[1]는 가장 자세한 의무 기록이다. 이것은 보통 외래 진료에서 처음 환자를 보거나 처음으로 입원했을 때 작성된다. 환자로부터 모든 정보를 알아내고 병원 컴퓨

---

1 우리나라에서는 '초진 기록지'라고 한다. − 옮긴이

터에 타이핑하는 데 한 명의 환자당 총 한두 시간이 소요된다. 보통 이런 초진 기록지는 외래 초진이나 병원 입원 기준으로 한 번 작성된다. 후속 외래 진료 또는 이후 입원 기간 동안에는 더 요약된 의무 기록이 작성된다. 이것을 경과 기록지progress note 또는 SOAP 노트(S는 Subjective의 첫 글자로 환자가 말하는 주관적인 증상을 의미하고, O는 Objective로 진찰 등으로 확인되는 객관적인 증후, A는 Assessment로 원인, P는 Plan으로 그래서 어떤 조치를 취할 것인지를 각각 의미한다.)라고 한다. 이런 경과 기록지는 초진 이후 또는 그 이전 경과 기록 후에 발생한 이벤트에 집중해 기록된다.

환자의 데이터가 데이터베이스에 저장되기까지 환자의 과거력 청취부터 시작해 여러 소견에 대해 의료진의 판독까지 긴 과정을 거친다. 환자의 과거력은 임상 병리, 영상의학과에서 수집되는 정보와 같이 여러 진료과에서 얻어진 정보들과 합쳐진 후 전자 의무 기록에 기록된다. 병원이 추가적인 분석을 위해 제3자에게 데이터를 공유하고자 할 경우에는 보통 클라우드에 있는 데이터베이스에 저장된 형태로 공유한다.

일단 데이터가 데이터베이스에 수집되면 분석 전문가들은 여러 가지 툴을 사용해 시각화하거나 피벗 테이블을 만들고, 여러 분석을 하고, 예측 모델을 만들게 된다.

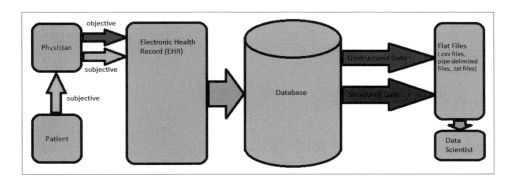

이어지는 하위 절들에서는 이런 두 종류의 의무 기록에 대한 중요한 측면을 설명할 것이다.

초진 기록지

앞에서 설명한 대로, 초진 기록지는 환자에 대한 가장 포괄적인 문서이며 보통 병원에 입원하자마자 또는 외래 진료에서 신환을 보는 경우 작성된다. 이런 초진 기록지의 표준 항목들은 다음과 같다.

메타데이터와 주소

메타데이터에는 환자의 이름, 생년월일, 입원일시, 진료의와 병원 이름 등의 기초 정보들이 포함된다.

주소^{chief complaint}는 환자가 병원에 방문한 주된 이유를 말하고, 보통 환자가 한 말을 그대로 기재한다. 예를 들어 "가슴 통증이 있어요."라고 하는 것이다. 이런 주소는 과거력을 기록하는 의사가 '흉통'과 같이 해당되는 의학 용어로 바꿔 기재하기도 한다.

현병력

현병력^{History of Present Illness}(HPI)은 주소에 대한 자세한 기록이다. 현병력 섹션은 다음과 같이 두 개의 문단^{paragraph}으로 구분되는 것이 보통이다.

첫 번째 문단은 주소와 연관된 사항을 자세히 기록하는데, 보통 환자로부터 얻은 정보를 토대로 한다. 보통 첫 번째 문장은 다음 예시와 같이, 환자의 인구학적 정보, 주소 그리고 이와 연관될 수 있는 과거력을 상세히 기록한다.

> "스미스 씨는 53세 백인 남성으로 고혈압, 고지혈증, 당뇨, 흡연의 과거력이 있으며 가슴 통증을 주소로 응급실에 내원했다."

이 첫 문장을 끝내고 나서 문단 나머지 부분에서 다음과 같은 일곱 가지 측면을 바탕으로 내용을 기록한다. 다음은 주소가 가슴 통증이라고 가정한 예다. 무월경^{amenorrhea}과 같이 다른 주소라면 다른 질문을 할 수도 있다.

현병력의 요소	해당 질문	응답 사례
위치	어디에 통증이 있나요?	왼쪽 가슴에서 왼쪽 팔과 등으로 뻗어나가요.
질	어떤 통증인가요?	쪼개는 듯한, 칼로 찌르는 통증입니다.
심한 정도	가장 덜한 1에서 가장 심한 10까지로 점수를 매긴다면 몇 점짜리 통증인가요?	8점 정도 됩니다.
타이밍	**시작**: 언제 통증이 시작됐나요? **빈도**: 얼마나 자주 통증이 오나요? **지속 시간**: 얼마나 오래 지속되나요?	지금 통증은 30분 전부터 시작됐어요. 최근 몇 달 동안 이런 통증들이 운동 이후 자주 있었고, 한 번 오면 15–20분 동안 지속됩니다.
악화 요인	통증은 어떤 때 악화되나요?	운동을 하면 악화됩니다.
완화 요인	어떻게 하면 통증이 완화되나요?	쉬거나 체중을 줄이면 호전됩니다.
동반 증상	통증이 있을 때 다른 증상들은 없었나요?	통증이 있을 때는 호흡도 힘들어요.

두 번째 문단에는 환자가 이전에 받은 모든 진료에 대한 기록을 하게 된다. 전형적인 질문은 다음과 같다. '이전에 진료를 보거나 병원에 입원한 적이 있나요? 어떤 검사들을 받았는지요? 환자 주소와 관련된 질환에 대해 잘 조절되고 있었나요? 이전에 어떤 치료를 받았나요? 이전에 찍은 X-레이 사진을 갖고 있나요?'

과거력

여기서는 환자의 과거 질환, 현재 질환, 입원했던 내용들을 기록한다. 입원이 각각 내과적, 외과적, 정신과적 문제였는지 등을 자세히 기록한다.

약물력

현재 복용하고 있는 처방 약물과 일반의약품에 대해 기록한다. 약물명, 용량, 주입 경로, 주기 등을 자세히 기록한다. 모든 약물은 앞의 과거력에 기록된 질병과 연관된 것이어야 한다. 복용 경로는 주로 PO(경구), SC(피하) 등과 같이 약자로 기록하는 경우가 많다.

가족력

가족력은 환자를 기준으로 2세대 이전까지 가족 구성원이 갖고 있었던 질환을 기술한다. 보통 환자의 주소에 연관이 있는 질환이나 관련된 만성 질환에 중점을 두고 조사한다.

사회력

사회력에는 현병력과 관련 없는 사회적인 또는 다른 위험 요인에 대한 정보를 제공한다. 앞에서 언급되지 않은 인구학적 특성, 직업(어떤 직업은 위험한 물질에 노출되는 위험이 있을 수 있다.), 결혼/출산이나 서로 의지하는 사회적인 지지, 담배, 술, 마약 등과 같은 것들에 대한 상습적인 복용이나 중독 등에 대해 기술한다.

알러지

여기에는 환자가 어떤 약물 등에 민감성이 있는지와 어떤 증상이 나타나는지를 기술한다. 환자가 약물에 대한 알러지allergy가 없는 경우에는 NKDA No Known Drug Allergies와 같이 기술하는 경우가 많다.

계통 문진(시스템 리뷰)

계통 문진Review of System(ROS)은 과거력 조사를 마치고 나서 다른 의미 있는 증상이 없는지 마지막으로 확인하는 역할을 한다. 이 섹션에서는 신체의 다른 장기 기능과 관련된 증상 여부를 환자에게 질문했던 내용을 기록한다. 예를 들어 소화기와 관련된 문제, 심혈관, 폐와 관련된 문제들을 확인할 수 있다. 환자의 주소와 연관된 기관이나 증상에 중점을 두고 조사한다. 14개의 장기 시스템과 관련된 증상들을 훑어본다.

신체검사

이어서 의사는 환자를 진찰하고 그 소견을 여기에 적는다. 보통 환자의 전반적인 상태와 외모 등을 기록하고 나서, 생체 징후가 따라온다. 머리^{Head}, 눈^{Eyes}, 귀^{Ears}, 코^{Nose}, 목 Throat(각각의 첫 글자를 따서 HEENT라고 부름)을 검사하고, 다른 특정 기관이나 장기 시스템을 검토한다.

객관적 데이터(검사실 검사, 이미징, 기타 검사)

신체검사는 의사에 의해 관찰, 해석, 기록되는 객관적인 데이터라고 불리는 것들의 시작이 된다. 이는 환자 과거력을 포함해 환자가 처음으로 의사에게 제공하는 주관적인 데이터와 대조되는 것이다. 신체검사 후에 환자에 대한 객관적인 데이터가 기록된다. 여기에는 검사실 결과, 영상 검사 결과, 기타 수행된 여러 가지 특수 검사 결과들이 포함된다. 흔히 사용되는 영상 검사로는 X-레이, CT, MRI 등이 있다.

평가와 계획

이 섹션은 초진 기록지의 마지막 부분이다. 평가 부분에서 의사는 앞에서 획득된 모든 주관적, 객관적 데이터를 정리해 주소에 대해 간결하게 요약하고 과거력, 신체검사, 기타 검사에서 유의미한 소견들을 정리한다. 의사는 증상이나 소견들에 대해 가장 가능성 있는 질병들을 항목으로 나열한다. 계획 부분에서는 환자 치료에 대한 청사진을 제시한다. 여기서도 항목으로 나열하는 형식을 사용한다.

경과 기록지

앞에서 언급한 대로 경과 기록지(SOAP 노트)는 보통 입원 환자에 대해 매일 기록되며, 그 항목은 약자로 각각 S^{Subjective}, O^{Objective}, A^{Assessment}, P^{Plan}라고 한다. Subjective 항목에서는 환자가 하루 동안 발생한 증상에 초점을 맞춘다. Objective 항목에는 새로운 신체검사 소견, 검사실 수치, 영상 등을 기록한다. Assessment와 Plan은 초진 기록지와 유사하고, 이전 기록들과 새로 발생한 이벤트 등을 고려한다.

이렇게 의무 기록이 작성되면, 환자에 대한 소중한 정보가 수집되고 전자 의무 기록에 저장된다. 그렇지만 데이터가 데이터베이스의 표준화된 테이블로 정리되기 이전에 임상 코드셋^{clinical codeset}을 갖고 통합하는 과정을 거치게 된다. 다음 절에서는 임상 코드셋에 대해 알아본다.

▌표준화된 임상 코드셋

잠시 철학적인 척해보자. 의미 있는 중요성을 가진 알려진 모든 사물은 이름을 갖고 있다. 이 글을 읽는 데 사용되는 장기는 '눈'이라고 한다. 단어들은 '페이지'라고 불리는 종이 위에 쓰여진다. 페이지를 넘길 때는 '손'을 사용한다. 이런 것들 모두는 우리가 식별을 쉽게 하기 위해 이름을 부여한 것들이다.

헬스케어에서 질병, 수기, 검사실 검사, 약물, 증상, 박테리아 종과 같은 중요한 존재들은 모두 이름과 독자성을 갖고 있다. 예를 들어 전신으로 혈액을 보내는 심장의 기능이 떨어진 상태는 심부전^{heart failure}으로 알려져 있고, ACE 저해제는 심부전을 치료하는 데 사용되는 약물의 일종으로 알려져 있다.

그런데 헬스케어 종사자가 똑같은 어떤 것을 다른 것으로 연관시킨다면 문제가 발생한다. 예를 들어 어떤 의사는 심부전을 울혈성 심부전^{congestive heart failure}이라 할 수 있고, 다른 의사는 'CHF'라고 말할 수도 있다. 또 이런 것을 언급할 때는 상세함의 정도까지 표현할 수도 있다. 세 번째 의사는 심장 박동의 수축기 동안에 발생하는 장애라는 의미로 수축기 심부전^{systolic heart failure}이라 말할 수도 있다. 의학에서 정확도와 특이도는 매우 중요하다. 그럼 어떻게 하면 헬스케어 팀의 모든 멤버가 어떤 한 가지 것에 대해 같은 용어로 이야기하고 생각하게 할 수 있을까? 그 해답은 임상 코드^{clinical code}에 있다.

임상 코드는 의학적인 개념에 대한 고유한 식별 번호라고 생각할 수 있다. 전형적으로 각각의 코드는 알파벳과 숫자로 된 코드와 그 코드의 의미에 대한 설명서로 구성된다. 예를 들어 ICD10-CM 코딩 시스템에서 I50.9는 'Heart failure, unspecifi ed'임을 나타낸다. 그리고 환자의 질병이 더 심도 있게 진단된 경우, 이를테면 중증도까지 확인된 경우, 이 상태를 표현하고자 이런 상세한 내용을 표현하기 위한 특이적인 코드도 추가될 수 있다.

세상에는 수천 개의 서로 다른 코딩 시스템이 존재하고, 그중 다수가 특정 기관에서만 사용되고 있다. 다행히도 혼란을 줄이고 상호 운영성을 높이기 위해 국내외 표준으로 인정되는 잘 알려진 코딩 시스템이 존재한다. 중요한 표준 코딩 시스템에는 질병 진단에 대한 ICD^{International Classification of Disease}, 의학적 수기에 대한 CPT^{Current Procedural Terminology}, 진단 검사에 대한 LOINC^{Logical Observation Identifiers Names and Codes}, 약물 치료에 대한 NDC^{National Drug Code}, 포괄적 용도인 SNOMED^{Systematized Nomenclature of Medicine} 등이 있다. 이 절에서는 이들 코딩 시스템을 조금씩이나마 더 알아보고자 한다.

ICD

질병명은 보통 ICD 코딩 시스템을 사용해 코딩된다. ICD는 1899년에 개발된 이후 10년마다 개정돼 왔으며, 세계보건기구^{World Health Organization}(WHO)가 관리한다. 2016년에 열 번째로 개정된 ICD-10이 가장 최신 버전이며 68,000개의 진단 코드로 구성돼 있다. 이전 버전보다 그 수가 늘었다.

ICD-10 코드는 알파벳과 숫자를 조합해 여덟 자리까지 구성될 수 있다. 처음 세 문자는 주 진단명 카테고리를 의미한다. 예를 들어 'N18'은 만성 신장 질환을 의미한다. 뒤에 유병기간^{period}이 따라오며, 그 이후 상세한 임상 정보를 추가할 수 있다(Braunstein, 2014). 예를 들어 'C50.211' 코드는 '오른쪽 여성 유방의 위 안쪽 사분면에 있는 악성 종양'을 의미한다. 이런 상세한 기술법을 바탕으로 ICD-10은 헬스케어 애널리틱스의 응용을 촉진시킨다.

CPT

내과적, 외과적, 진단적, 치료적 시술들은 CPT 코딩 시스템을 사용해 코딩된다. 미국 의사협회American Medical Association(AMA)에서 개발된 것으로, 네 개의 숫자와 그다음의 다섯 번째 알파벳 또는 숫자로 구성된다. 흔히 사용되는 CPT 코드에는 외래 방문, 외과 시술, 영상 검사, 마취 시술, 과거력 및 신체검사 등에 대한 코드가 포함된다. ICD와 달리 CPT는 상하 위계를 가진 체계는 아니다. 그렇지만 어떤 개념들은 방문 기간, 외과 시술에서 제거한 조직의 양과 같은 요소들을 고려해 여러 개의 코드를 가질 수 있다.

LOINC

검사실 검사 결과와 소견은 LOINCLogical Observation Identifiers Names and Codes 코딩 시스템으로 코딩된다. 이것은 리젠스트리프 연구소Regenstrief Institute가 만들고 관리한다. 70,000 개 이상의 코드가 있고 숫자 여섯 개로 만들어지는데, 나머지 숫자 앞에는 하이픈을 둔다. CPT 코드와 마찬가지로 어떤 검사 결과(예를 들어 백혈구 개수)는 채혈한 시간, 단위, 측정 방법 등에 따라 여러 개의 코드로 표시되기도 한다. 그래서 각각의 코드는 상당히 많은 정보를 담게 되지만, 이것은 백혈구 개수에 해당되는 코드를 선택하는 등의 작업을 할 때 적절한 정보가 없는 경우 문제를 일으키기도 한다.

NDC

NDCNational Drug Code는 미국 식품의약국(US FDA)이 관리한다. 개별 코드는 열 개의 숫자로 구성되고, 세 개의 하부 요소를 표현한다.

- **라벨러 요소**labeler component : 약물 제조자/공급자를 의미
- **프러덕트 요소**product component : 실제 약물에 대한 강도, 용량, 제형에 대한 정보
- **패키지 코드**package code : 포장 형태와 크기 등을 명시

이 세 가지 요소를 하나로 합쳐서 FDA에서 승인된 모든 약물을 고유하게 식별한다.

SNOMED—CT

SNOMED—CT[Systematized Nomenclature of Medicine Clinical Terms]는 300,000개의 임상 개념을 고유하게 구분할 수 있는 거대한 코딩 시스템이다. 이 개념에는 진단, 시술, 검사, 약물, 감염원, 감염, 증후, 임상 소견 등이 포함된다. 그리고 SONOMED—CT는 이들 개념 간 130만 개의 관계를 정의하고 있다. 미국 국립보건원(NIH)이 유지하는데, 더 큰 코딩 시스템인 SNOMED의 하위 시스템이다. NIH는 MetaMap(https://metamap.nlm.nih.gov/)이라는 소프트웨어를 제공한다. 이것은 텍스트에 있는 임상 개념에 태그를 붙이는 데 사용할 수 있으므로 헬스케어 분야에서 자연어 분석을 할 때 유용하다.

코딩 시스템이 변형이나 뉘앙스를 고려하면서 모든 임상적 개념을 고유하게 분별할 수는 없지만, 거의 그렇게 돼가고 있으며 의료 분야에서 청구나 분석을 더 용이하게 만들어주고 있다. 7장, '헬스케어 예측 모델 만들기'에서 예측 모델을 만들 때 이런 코딩 시스템들을 사용하게 될 것이다.

이제 헬스케어의 기본을 알았으므로 다음 절에서는 헬스케어 애널리틱스에 대한 사고 프레임워크를 제시하고자 한다.

▎헬스케어 애널리틱스 쪼개 보기

이제 여러분은 헬스케어 애널리틱스의 세계로 들어서기로 결심하고, 헬스케어 산업에 초점을 맞추기로 마음먹었다. 그런데 그것만으로 어떤 문제가 놓여 있는지 파악하기란 쉽지 않다. 헬스케어 영역에는 머신러닝과 애널리틱스 툴을 사용해 접근하는 수백 개의 문제가 존재한다. 구글이나 펍메드[PubMed]에서 'machine learning in healthcare'라는 단어로 검색해본 적이 있다면, 아마도 헬스케어 영역에서 머신러닝이 광대하게 응용되고 있다는 사실을 확인할 수 있었을 것이다. 학계에서는 노인의 치매 발병을 예측하는 문제부터 6개월 이내에 심장 발작이 일어날 것에 대한 예측, 환자가 어떤 항우울제에 최적의 반응을 보일지 예측하는 문제 등이 주로 발표된다. 어떤 것에 초점을 맞춰 어떤 질문을 할 것인가? 이 장에서는 그 질문에 대한 답을 어떻게 찾을지 살펴보고자 한다. 해결할 적절한 문제를 규정하는 것이야말로 헬스케어 애널리틱스의 첫 번째 핵심 단계다.

헬스케어에서 해결할 문제는 다음 네 가지 카테고리로 나눠서 생각할 수 있다.

- 인구 집단
- 의학적 과제
- 데이터 포맷
- 질병

이 절에서는 이 요소들을 하나씩 설명해본다.

인구 집단

불행하게도 지구상의 모든 환자를 대상으로 연구를 진행할 수 없듯이, 머신러닝 모델도 예외는 아니다. 헬스케어에서 환자 집단이란 균일한 데이터와 특징을 보유하는 환자 그룹을 말한다. 이런 집단에는 입원 환자군, 외래 환자군, 응급실 내원 환자군, 소아, 성인, 미국인 등이 있다. 지리적인 관점에서 행정구역별로 구분할 수도 있다.

서로 다른 환자 집단을 대상으로 모델링을 시도한다고 했을 때 어떤 일이 발생할까? 서로 다른 환자군들 사이에는 데이터들이 거의 겹치지 않을 것이다. 무엇보다도 다양한 환자군에 모두 적용되는 같은 특징feature 집합을 수집하기가 어려울 것이다. 어떤 데이터는 어떤 인구 집단populaton에서는 단순하게 수집되지 않을 수도 있다. 예를 들어 입원 환자 집단과 외래 환자 집단을 합쳐서 작업할 때, 외래 환자에 대해 매시간 측정한

혈압이나 인풋/아웃풋 측정값 데이터는 얻지 못할 것이다. 더불어, 서로 다른 인구 집단에 대한 데이터들은 서로 다른 데이터 소스에서 기원할 것이기 때문에 공통된 특징들을 갖고 있지 않을 확률도 높다. 비슷한 특징을 갖고 있지 않은 환자 데이터를 기반으로 어떻게 모델을 만들 수 있을까? 예를 들어 같은 검사 수치가 있다고 해도, 그것을 측정한 방법이나 단위가 다를 수 있다. 이런 점들 때문에 균일하고 일관된 데이터셋을 얻기란 거의 불가능에 가깝다.

의학적 과제

헬스케어 업무에서 환자의 평가와 치료는 서로 다른 인지 과제로 쪼개진다. 이런 각각의 과제들은 애널리틱스가 적용돼 도움을 받을 수 있다. 질병 스크리닝, 진단, 예후 측정, 질병 결과, 치료에 대한 반응 등은 이런 기초 의학적 과제들로 하나씩 들여다보자.

질병 스크리닝

질병 스크리닝screening은 증상이나 증후가 나타나기 전에 질병 유무를 확인하는 것으로 정의된다. 질병 스크리닝은 여러 질환들, 그중에서도 특히 만성 질환에서 중요하다. 조기 발견은 조기 치료로 이어지고, 또한 좋은 건강 결과와 낮은 비용으로 이어지기 때문이다.

어떤 질환에 대한 스크리닝은 다른 질환보다 잠재적으로 더 큰 이득이 있다. 질병 스크리닝이 가치를 가지려면 다음에 나열한 여러 조건이 충족돼야 한다(Martin et al., 2005).

- 질병을 발견했을 때 그 결과를 바꿀 수 있어야 한다.
- 스크리닝 기술은 비용 효과성이 있어야 한다.
- 검사는 높은 정확도accuracy가 있어야 한다(3장, '머신러닝의 기초'에서 헬스케어에서 검사법에 대한 성능을 평가하는 방법을 참고한다).

- 대상 질병이 인구 집단에 큰 부담이 되는 것이어야 한다.

적합한 예가 자궁경부암을 선별하는 자궁경부세포도말검사^{Pap smear}다. 여성들은 1~3년마다 이 검사를 받도록 권장되고 있다. 폐암 스크리닝은 앞으로 이상적인 해법이 나와줘야 하는 분야다. X-레이를 사용해 폐암 스크리닝 검사를 하는 것이 정확하고 어떤 경우에는 조기 진단에 이르기는 하지만 비용이 많이 들고 방사선에 노출될 위험이 있으며, 조기에 진단하는 것이 예후와 결과에 영향을 준다는 강력한 증거가 부족하다(Martin et al., 2005). 암, 심장병, 뇌졸중과 같은 질환에서는 의학적인 검사법이 아닌 머신러닝 방법을 통해 질환을 스크리닝하고자 하는 시도들이 늘어나고 있다(Esfandiari et al., 2014).

진단

진단은 어떤 질병인지 밝혀내는 것으로 정의할 수 있다. 스크리닝과 대조적으로 진단은 질병의 진행 과정에서 아무 때나 이뤄질 수 있다. 진단은 거의 모든 질병에서 중요하다. 진단이 돼 치료의 방향이 결정되기 때문이다. 효과적인 치료법이 없는 경우나 질병의 진단이 특별히 치료의 방향을 결정하지 않는 예외적인 경우도 있기는 하다.

진단 문제에서 머신러닝이 흔히 사용되는 경우로는 복부 통증^{abdominal pain}의 감별 진단과 같이 애매한 증상을 보였을 때 어떤 질병에 의한 것인지 감별하는 과제를 들 수 있다. 이와 대조적으로, 서로 다른 정신과적 인격 장애를 감별해내는 것은 효율성이 제한돼 있다. 인격 장애는 효과적으로 치료하기가 어렵기 때문이다.

질병 결과와 예후

이 장의 시작 부분에서 언급한 대로 헬스케어는 기본적으로 적은 비용으로 더 나은 결과를 만들어내는 것을 목표로 한다. 때로는 증상이나 증후에 대한 특이한 원인에 반드시 초점을 맞추지 않고도 어떤 환자가 안 좋은 질병 결과를 보일 위험이 있는지 직접 결정하고자 시도하곤 한다. 머신러닝이 흔히 사용되는 주제로는 병원에 재입원할 가능성 예측, 사망할 가능성 예측, 응급실에서 입원할 가능성 예측 등이 있다. 6장, '헬스케어 질 측정'에서 볼 수 있듯이, 이런 결과의 상당 부분이 정부나 헬스케어 관련 기관들에서 적극적으로 모니터링되고 있다. 또한 특정 결과가 좋을 경우에는 재정적 인센티브를 주기도 한다.

때로는 결과를 두 개의 상태(예로, 입원 대 비입원)로 구분하는 대신, 환자 질병의 특성을 바탕으로 특정 기간 동안 생존할 가능성을 정량화하려고 시도한다. 예를 들어 암 환자나 심부전 환자와 관련해 앞으로 해당 환자가 생존할 연수를 예측하고자 시도한다. 이런 것들을 예후prognosis라고 하는데, 헬스케어 머신러닝이 자주 응용되는 영역이다.

치료에 대한 반응

질병마다 다양한 치료법이 있으며, 어떤 환자가 어떤 치료에 반응할지 예측하는 것은 또 하나의 문제다. 예를 들어 암 환자에 대해 다양한 항암 화학 요법이 있고, 우울증 환자의 경우에는 수십 가지 항우울제 가운데 선택해야 하는 문제가 있을 수 있다. 이 분야는 머신러닝에서 비록 걸음마 단계이기는 하지만, 맞춤 치료personalized medicine라는 이름으로 알려지면서 점점 인기를 얻고 있다.

데이터 포맷

헬스케어에서 머신러닝 사용은 가용한 데이터 포맷에 따라 달라질 수도 있다. 데이터 포맷은 문제 해결을 위해 사용할 수 있는 방법과 알고리즘을 결정하기도 하기 때문에 머신러닝을 응용할 때 중요한 고려 사항 가운데 하나다.

정형 데이터

우리가 머신러닝을 생각할 때는 보통 정형화된 포맷을 가진 데이터를 떠올린다. 정형 데이터structured data는 행과 열로 구성된 데이터 포맷을 가진다. 전자 의무 기록에 들어 있는 많은 환자 데이터는 이와 같은 형태로 변환돼 저장된다. 헬스케어에서 개별 환자 또는 개발 사건들은 행(관측값)으로 구성되고, 인구학적 변수, 임상 특징, 검사 소견 등과 같은 특징들은 열로 기록된다. 그와 같은 포맷을 가진 경우 다양한 알고리즘을 사용해 머신러닝을 수행하는 것이 특히 유리하다.

비정형 데이터

불행하게도 전자 의무 기록에 있는 많은 데이터는 특정 형태가 없는 텍스트 등으로 돼 있는 경우가 많은데, 이런 것들을 비정형 데이터unstructured data라고 한다. 헬스케어를 수행하면서 작성된 의무 기록은 환자와 내원 경과 등에 대한 광범위한 정보를 제공한다. 진단의 복잡도에 의존해 영상 판독지, 병리학적 판독지 또는 기타 진단 관련 기록지들 역시 비정형 정보를 담고 있다. 이 비정형 데이터로 환자에 대해 좀 더 광범위하고 가치 있는 정보를 주고받을 수 있지만, 그와 같은 데이터에 대한 분석은 정형 데이터보다 상당히 더 도전적인 문제로 떠오른다.

영상 기록

영상의학과나 병리학과 같은 특별한 전문과에서는 데이터들이 병변에 대한 사진, 병리학적 슬라이드, X-레이 이미지 등과 같은 사진이나 이미지로 수집된다. 이런 이미지 데이터를 자동으로 분석해 암의 양성/악성 판별, 심장병, 뇌줄중 같은 분야의 질병 스크리닝, 진단, 예후 등에 응용하고자 하는 분야들이 새롭게 떠오르고 있다. 이 책 마지막 장에서 이런 사례들을 소개한다.

기타 데이터 포맷

전기생리학적 시그널 데이터 역시 헬스케어에서 사용되는 한 가지 데이터 포맷이다. 그와 같은 예에는 뇌전증 환자의 뇌파, 심장병 환자의 심전도가 있는데, 이들은 환자의 진단과 예후 측정에서 중요한 역할을 한다. 2014년에는 인기 있는 데이터 과학 경연 웹 사이트인 캐글이 EEG 데이터를 사용해 뇌전증 환자에서 뇌전증 발작을 효과적으로 예측하는 팀에 1만 달러의 상금을 수여하기도 했었다.

질병

헬스케어 애널리틱스에서 네 번째로 고려할 측면은 질병에 따른 것이다. 수천 가지 질병들이 의학적으로 연구되고 있으며, 각자가 머신러닝 모델의 타깃이 될 수 있다. 그렇지만 머신러닝에서는 모든 질병이 똑같이 취급되지 않는다. 어떤 질환은 다른 질환보다 더 나은 보상과 기회를 제공한다.

급성 대 만성 질환

질병은 급성 또는 만성으로 분류된다(Braunstein, 2014). 둘 모두 예측 모델링의 중요한 타깃이다. 급성 질환은 갑작스럽게 시작되고 보통 자발적으로 소실되며, 적절한 치료를 하고 나면 완전히 회복한다. 또한 급성 질환에 대한 위험 인자는 환자의 행동과 관련이 없는 경우가 많다. 급성 질환의 예로는 독감, 신장 결석, 충수돌기염 등이 있다.

이와 반대로 만성 질환은 점진적으로 시작되고 환자의 일생 동안 유지된다. 흡연, 비만과 같은 환자의 행동 및 유전적인 요소들에 영향을 받는다. 만성 질환의 예에는 고혈압, 동맥경화증, 당뇨, 만성 신장 질환 등이 있다. 만성 질환들은 다른 만성 또는 급성 질환의 위험을 증가시키기 때문에 위험하다. 만성 질환은 사회에 경제적인 부담을 가중시킨다. 엄청나게 큰 재원이 흔한 만성 질환을 예방하고 치료하는 데 매년 소요되고 있다.

만성 질환에서의 급성 질환acute-on-chronic disease은 헬스케어 예측 모델링에서 특히 인기있는 주제이며, 만성 질환이 있는 상태에서 갑자기 급성 질병이 추가돼 발생한다. 예를 들면, 뇌졸중과 심근경색은 고혈압이나 당뇨병 같은 만성 질환의 부산물로 발생하는 급성 질환이다. 만성 질환에서의 급성 질환 모델링은 해당 만성 질환이 있는 상황에서 고위험 그룹을 필터링해 예방 조치를 취할 수 있기 때문에 인기가 높다. 예를 들어 심부전의 발병을 예측하려면 보통 주요한 위험 요소의 하나인 고혈압 환자에서 시작하는 것이 유용하다. 환자를 일반 집단에서 임의로 샘플링하는 경우보다 고혈압 환자 그룹에서 샘플링하는 경우에 참 양성률이 더 높은 모델을 만들어낼 수 있다. 우리가 심부전 발병을 예측하고자 할 때, 모델에 건강한 20세 남자는 포함시키지 않는 것이 매우 유리하다.

암

암에 대한 예측 모델이 중요한 응용 사례가 되는 이유는 여러 가지다. 그 가운데 하나는 암이 심장 발작 다음으로 높은 두 번째 사망 원인이라는 점이다. 서서히 시작하고 진행하기 때문에 암은 진단하기가 어렵다. 그 누구도 우리가 갖고 있는 무기를 사용해 암과의 전투를 벌이는 것이 중요하다는 점을 부인하지 못한다. 그런 무기에는 머신러닝이 포함된다.

두 번째로 암 머신러닝 영역에는 머신러닝으로 해결될 수 있는 다양한 응용 사례가 있을 수 있다. 예를 들어 건강한 환자가 있다고 할 때, 이 환자에게서 특정 암이 발병할 가능성은 얼마나 될까? 환자가 암으로 진단됐을 때, 그 암이 양성인지 악성인지 예측할 수 있을까? 환자는 얼마 동안 생존할까? 5년 또는 10년 동안 살아 있을까? 환자가 어떤 항암 치료 또는 방사선 치료에 가장 반응을 잘할까? 성공적으로 치료된 이후 재발할 가능성은 얼마인가? 이와 같은 질문들은 단 한 명 또는 한 패널의 의사들의 추론만으로 대답하기 어려울 수 있으므로 머신러닝을 통한 수학적 해답이 도움이 될 수 있다.

다른 질환들

분명히 예측 모델링으로 도움을 줄 수 있는 다른 질환들도 있다. 추가로 기억할 점은 천식이나 만성 신부전과 같은 질환들은 특히 사회에 부담이 되기 때문에 관계 당국이 특별히 관심을 기울이고 있으며, 적극적으로 자금이 모이고 회사나 공공 기관들에서 활발히 연구되고 있다는 사실이다.

종합해보기 – 머신러닝의 목적을 명시적으로 표현하기

이제 머신러닝 문제가 헬스케어에서 다양한 방식으로 전개되는 것을 알았으며, 문제를 명시하기가 훨씬 쉬워졌을 것이다. 환자 집단, 수행할 의학 과제, 결과 평가지표, 질환을 선택하고 나면, 비교적 구체적으로 머신러닝 문제를 공식화할 수 있다. 여기서 알고리즘에 대한 논의는 하지 않았다. 기술적으로 보면 알고리즘 선택은 해결할 문제와 떨어져 있으며, 많은 문제가 여러 가지 알고리즘을 사용해 접근할 수 있기 때문이기도 하다. 3장과 7장에서는 머신러닝 알고리즘을 소개한다. 거기서 알고리즘을 선택하는 기초를 쌓을 수 있을 것이다.

그래서 그런 정보를 갖고 다음과 같은 머신러닝 목표들이 설정될 수 있다.

"나는 건강한 노인이 향후 5년 동안 알츠하이머병으로 진단될 가능성을 예측하고 싶다."

"우리는 어떤 종괴에 대한 영상을 보고, 그것이 양성인지 악성인지 예측하는 모델을 만들려고 한다."

"천식으로 응급실에 내원한 소아가 입원할지 아니면 퇴원해 귀가할지 예측할 수 있을까?"

▌요약

1장, '헬스케어 애널리틱스 개론'에서는 헬스케어 애널리틱스의 3대 주제인 헬스케어, 수학, 컴퓨터 과학을 소개했고, 이 장에서는 헬스케어의 기초를 들여다봤다. 3장, '머신러닝의 기초'에서는 헬스케어 애널리틱스에 내재돼 있는 수학 및 머신러닝 개념을 살펴본다.

❘ 참고 자료와 더 읽을거리

- Bernaert, Arnaud (2015). "Five Global Health Trends You Can't Ignore." *UPS Longitudes*. April 13, 2015. longitudes.ups.com/five-global-health-trends-you-cant-ignore/.

- Braunstein, Mark (2014). *Contemporary Health Informatics*. Chicago, IL: AHIMA Press.

- Esfandiari N, Babavalian MR, Moghadam A-ME, Tabar VK (2014) *Knowledge discovery in medicine: current issue and future trend. Expert Syst Appl* 41(9): 4434-4463.

- Martin, GJ (2005). "Screening and Prevention of Disease." In Kasper DL, Braunwald E, Fauci AS, Hauser SL, Longo DL, Jameson JL. eds. *Harrison's Principles of Internal Medicine*, 16e. New York, NY: McGraw-Hill.

- OECD (2013), Health at a Glance 2013: OECD Indicators, OECD Publishing. http://dx.doi.org/10.1787/health_glance-2013-en.

- Smith, Robert C (1996). *The Patient's Story*. Boston, MA: Little, Brown.

- US Department of Health and Human Services (2017). *HIPAA For Professionals*. Washington, DC: Office for Civil Rights.

3

머신러닝의 기초

이 장에서는 헬스케어 애널리틱스와 머신러닝의 바탕에 있는 수학적인 기초를 소개한다. 이 장은 주로 수학적인 배경지식이 모자라는 헬스케어 전문가들이 헬스케어 애널리틱스를 할 수 있는 지식을 전달하는 데 목적이 있다. 이 장을 마칠 때쯤이면 다음과 같은 내용에 익숙해져 있을 것이다.

- 의학적 의사 결정 패러다임
- 기초 머신러닝 파이프라인

▌ 의학적 의사 결정을 위한 모델 프레임워크

정말로 잘 알려지지 않은 사실이 있다. 의사들은 수련 과정에서 기초 의학뿐만 아니라 임상 실습과 더불어 의학통계와 의학적 의사 결정 과정에 대한 훈련을 받는다. 이 과정에서 미래의 의사들은 서로 다른 증상, 소견, 검사 결과를 분석해 환자의 진단과 치료 계획을 수립하기 위한 수학과 통계학을 학습한다. 많은 의사가 이미 알아둬야 할 수많은 의학적 사실과 지식으로 인해 지쳐 있으므로 이런 코스들은 그다지 환영받지 못한다. 그럼에도 불구하고, 코스를 통해 배웠건 경험을 통해 배웠건 의사들이 일상 진료에 사용하는 추론의 상당 부분은 보통 사용하는 머신러닝 알고리즘의 바탕이 되는 수학과 닮은 점이 많다. 이 절에서는 의학적 의사 결정에 사용되는 유명한 프레임워크를 살펴보고, 그것을 머신러닝 방법과 비교해보면서 그런 주장이 적절한지 탐구해보려고 한다.

나무와 비슷한 추론

우리는 모두 나무tree와 비슷한 추론에 익숙하다. 이 과정에서는 어떤 의사 결정 지점에 이르렀을 때 다시 가능성 있는 여러 가지 행동으로 가지를 치게 된다. 우리는 여기서 나무와 비슷한tree-like 추론 과정을 깊이 살펴보고, 또 그것이 머신러닝으로 구현된 결정 나무decision tree와 랜덤 포레스트에 대해 검토해보려고 한다.

알고리즘과 나무를 사용한 카테고리 분류 추론

의학적 의사 결정 방법의 하나로 임상적 문제를 알고리즘이나 나무를 사용해 접근하는 방식이 있다. 여기서 알고리즘은 컴퓨터 과학에서 흔히 '머신러닝 알고리즘'이라고 말할 때 쓰는 그 의미의 알고리즘이 아니다. 즉, 여기서 말하는 알고리즘이란 구조화되고 순서가 정해진 규칙들로 구성된 의사 결정 도구라고 생각하면 된다. 이런 형태의 추론은 나무의 뿌리root에서 시작되는데, 보통 환자를 처음 만나는 것이 된다. 의사가 질문을 해 더 많은 정보를 얻어가면서 어떤 의사 결정 지점에 이르게 되고, 그 이후 주어진 정보를 바탕으로 어떤 가지branch를 선택하게 된다. 이런 경로는 어떤 임상 검사 결과나 여러 질문에 따른 경로로 볼 수 있다. 의사는 어떤 의사 결정을 하고, 그다음 가지를 선택해 가기를 반복하다가 터미널 노드terminal node에 다다른다. 터미널 노드 다음은 더 이상의 가지가 없다. 이런 터미널 노드는 확정적인 진단 또는 확정된 치료 계획을 의미한다.

다음은 체중과 비만 관리에 대한 임상 알고리즘의 예다(National Heart, Lung, and Blood Institute, 2010). 각각의 의사 결정 지점(대부분은 이진 형태임)은 마름모이고, 관리 계획은 사각형으로 표현돼 있다.

이를테면, 여러 임상적인 변수가 측정된 여자 환자가 있다고 가정해보자. 환자의 BMI는 27, 허리 둘레는 90cm, 심혈관 질환 위험 인자의 개수는 3이다. 1번 노드에서 시작했을 때, 우리는 2번 노드를 건너뛰게 되고, 바로 4번 노드로 이동하게 된다. BMI가 25보다 크기 때문이다. 5번 노드에서 우리는 '예'라고 답하게 된다. 7번 노드에서 다시 '예'라고 답하게 돼, 8번 노드에 나와 있는 관리 계획에 이르게 된다.

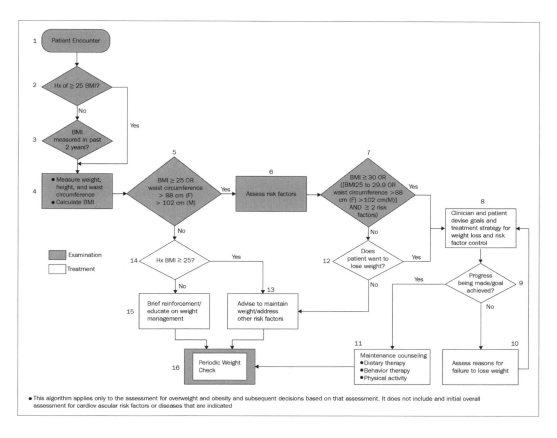

두 번째 알고리즘 사례는 다음 그림과 같이 진단과 치료가 결합돼 있는 형태다(Haggst rom, 2014; Kirk et al., 2014). 태낭 확인이 안 된 임신을 관리하기 위한 알고리즘에서 혈역학적으로 안정돼 있고 통증이 없는 환자(심장과 혈액 순환에 이상이 없는 환자)는 0h, 48h 에 혈청 hCG 검사를 하도록 유도된다. 그 결과에 따라 여러 가지 진단이 주어지고, 해당되는 관리 계획이 설정된다.

실제 임상에서는 이런 나무 알고리즘이 잘못될 수 있는 가능성이 항상 존재한다. 그런 경우를 예측 오류라고 말한다. 나무 알고리즘의 목표는 에러를 최소화하는 가급적 최적의 변수들과 임계치를 결정하는 것이다.

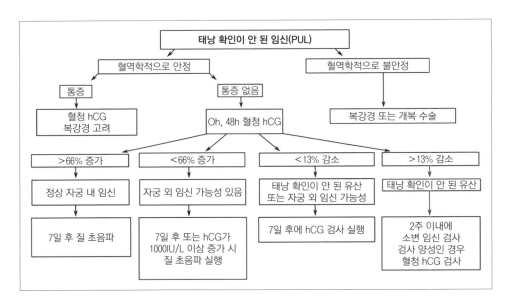

이런 알고리즘은 여러 가지 장점이 있다. 그중 하나가 알고리즘은 인간의 진단적 추론 과정을 일련의 의사 결정 또는 확정의 과정으로 모델링한다는 점이다. 그리고 각각의 의사 결정 지점에서 케어 전달자에게 '예' 또는 '아니오' 가운데 한 가지 대답을 하도록 유도하기 때문에 선택의 불확실성을 제거하기 좋다. 이런 알고리즘은 진료 현장에서 케어의 표준화 수준을 높이는 데 기여해 왔으며, 오늘날 입원/외래 진료뿐만 아니라 응급 구조사들이 병원 도착 전에 환자를 케어하는 데도 적용되고 있다.

그렇지만 알고리즘들이 종종 너무 단순화된 탓에 의학적인 증상, 소견, 검사 결과들을 고려하지 않아서 100% 확신하지 못하게 되기도 한다. 특히 어떤 의사 결정 지점에서 여러 종류의 증거들이 중요한지 중요하지 않은지를 따져야 할 때 취약한 경향을 갖고 있다.

대응하는 머신러닝 알고리즘 – 의사 결정 나무와 랜덤 포레스트

이전 다이어그램에서 독자들은 이제 나무들이 다음 경로를 결정할 때 주관적으로 결정된 임계값을 사용하는 경향이 있다는 것을 눈치챘을 수 있다. 예를 들어 5번 마름모에서 BMI의 임계값은 25이고, 7번 마름모에서는 30을 사용했다. 숫자가 딱 떨어지니 좋다! 의사 결정 분야에서 이런 나무들은 보통 인간의 추론과 토론에 기반해 만들어진다. 그런데 알고리즘의 오류를 최소화하기 위해 변수의 임계값을 객관적으로 결정할 수 있다면 어떨까?

이것이 바로 우리가 머신러닝 알고리즘을 사용해 정식 의사 결정 나무를 훈련시키고자 하는 것이다. 의사 결정 나무는 1990년대에 발전됐고, 분류 정확도를 최대화하기 위해 나무의 분기 변수나 임계값을 최적화하고자 정보 이론$^{information\ theory}$의 원리를 적용했다. 의사 결정 나무 훈련에 가장 흔히 사용되면서 가장 간단한 알고리즘은 탐욕적 접근법$^{greedy\ approach}$이라고 알려진 방법이다. 첫 번째 노드에서 시작해, 훈련 데이터셋을 갖고 각각의 변수에 대해 각 변수마다 다양한 임계값을 지정하는 방식으로 데이터를 나눈다. 각각의 나눠진 경우에 대해 엔트로피^{entropy} 또는 정보 게인$^{information\ gain}$을 계산한다. 이런 것들을 계산하는 공식에 집착할 필요는 없다. 단지 그런 값들이 그런 분리를 통해 얼마나 많은 정보가 획득됐는지를 표현하고, 이것이 얼마나 분리가 고르게 됐는지와 상관관계를 갖는다는 점만 이해하면 된다. 예를 들어, 앞에서 본 태낭을 확인할 수 없는 임신인 경우 어떤 분리 기준이 여덟 명의 정상 자궁 내 임신과 일곱 명의 자궁 외 임신으로 나누고 있다면, 이것은 15명의 정상 임신과 0명의 자궁 외 임신으로 분류하는 분리 기준보다 더 낫다고 평가된다. 어떤 변수와 그 임계값이 최적의 분리임을 확인한 다음, 나머지 변수들로 똑같은 과정을 진행시킨다. 훈련 데이터에 대한 과적합overfitting을 막기 위해 어떤 지정된 기준에 도달했을 때 분리를 중단시킬 수도 있고, 여러 노드를 가진 큰 나무를 구성했다가 일부 노드를 가지치기prunning하는 방법을 취할 수도 있다.

의사 결정 나무는 한계를 갖고 있다. 그중 하나는 의사 결정 나무는 하나의 변수에 기초해 각각의 단계에서 의사 결정 공간을 선형으로 나눠야 한다는 점이다. 그리고 과적합이 잘 된다는 단점도 갖고 있다. 이런 문제들 때문에 보통 의사 결정 나무는 에러를 최소화한다는 측면에서 최신의 머신러닝 기술에서는 경쟁력이 다소 떨어진다. 그렇지만 서로 상관관계가 없는 의사 결정 나무들을 묶은 앙상블 형태의 알고리즘인 랜덤 포레스트는 의학에서 가장 많이 사용될 뿐 아니라 정확한 머신러닝 방법으로 여겨지고 있다. 7장, '헬스케어 예측 모델 만들기'에서는 의사 결정 나무와 랜덤 포레스트를 다루게 될 것이다.

확률적 추론과 베이즈 정리

두 번째는 좀 더 수학적인 접근법으로 환자가 어떤 질환을 가질 베이스라인 확률에서 시작해, 모든 새로운 임상적 소견이 발견될 때마다 질환에 대한 확률을 업데이트하는 방법이다. 확률은 베이즈 정리Bayes theorem를 사용해 업데이트된다.

베이즈 정리를 사용해 임상적 확률 계산하기

베이즈 정리를 사용하면 어떤 질환의 사전 확률pretest probability을 갖고 시작해, 어떤 검사 결과를 받았을 때 그 질환에 대한 사후 확률post-test probability을 계산하고 검사에 대한 2×2 분할표contingency table를 만들 수 있다. 여기서 검사test라고 말하는 것은 반드시 어떤 검사실 검사만을 의미하는 것은 아니고 과거력이나 신체검사상에서 확인된 어떤 임상적인 소견의 유무가 될 수도 있다. 예를 들어 흉통의 존재, 그 통증의 위치가 흉골 아래인 점, 운동 부하 검사의 결과, 트로포닌^{troponin} 검사 결과 모두 임상적인 소견이 될 수 있고, 이것을 기반으로 사후 확률을 계산할 수 있다. 베이즈 정리를 연속된 값을 가진 결과로 확장할 수 있기는 하지만, 이런 확률을 계산할 때는 임상 결과를 '그것이다/아니다'로 이분화시키는 것이 가장 편리하다.

베이즈 이론을 설명하기 위해, 여러분이 1차 진료의라 하고 55세 환자가 다가와서 "흉통이 있어요."라고 말한다고 가정해보자. 흉통이라는 단어를 들었을 때, 여러분이 가장 우려하는 질환은 생명을 위협하는 심근경색이다. 여러분은 "이 환자가 심근경색을 가질 가능성은 얼마일까?"라고 질문할 수 있다. 이 경우 흉통의 존재 유무가 하나의 검사가 되고(이 경우는 양성이다.), 여러분이 계산하고자 하는 것은 심근경색의 존재 유무다.

심근경색에 대한 기저 확률 계산

흉통 환자가 심근경색을 가질 확률을 계산하려면 다음 세 가지를 알아야 한다.

- 사전 확률
- 대상이 되는 질환(이 경우 심근경색)에 대한 임상적 발견을 정리한 2×2 분할표
- 검사 결과(이 경우, 환자는 흉통 양성이다.)

이 환자에서 다른 소견의 유무는 아직 모르기 때문에 사전 확률을 인구 집단에서 심근경색의 기저 유병률^{prevalence}이라고 설정할 수 있다. 여러분이 있는 지역에서 해당 연도에 심근경색의 기저 유병률이 55세 환자의 경우 5%라고 가정해보자. 그래서 이 환자의 심근경색에 대한 사전 확률은 5%가 된다. 나중에 이 환자의 질환에 대한 사후 확률은 사전 확률에 흉통에 대한 가능도비^{likelihood ratio}(LR+)를 곱해 구할 수 있다는 점을 확인하게 될 것이다. 이 가능도비(LR+)를 구하려면 2×2 분할표가 필요하다.

흉통과 심근경색에 대한 2×2 분할표

클리닉에 방문한 400명의 환자에 대해 흉통과 심근경색의 관계를 조사한 후 다음과 같은 표로 정리했다고 가정해보자.

	심근경색 있음 (D+)	심근경색 없음 (D−)	합계
흉통 있음 (T+)	15 (TP)	100 (FP)	115
흉통 없음 (T−)	5 (FN)	280 (TN)	285
합계	20	380	400

분할표의 해석과 민감도 및 특이도 계산

표에는 TP, FP, FN, TN이라고 명명되는 네 개의 셀이 있다. 이것은 각각 참 양성^{true} ^{positive}, 거짓 양성$^{\text{false positive}}$, 거짓 음성$^{\text{false negative}}$, 참 음성$^{\text{true negative}}$의 약자다. 첫 단어(참true/거짓fase)는 골드 스탠다드$^{\text{gold standard}}$로 측정된 질환의 유무와 매칭되는 의미이고, 두 번째 단어(양성positive/음성negative)는 검사 결과를 말한다. 참 양성과 참 음성은 우리가 원하는 바인데, 이는 검사 결과가 정확하다는 것을 의미하며 그 값이 높을수록 좋은 검사다. 한편 거짓 양성과 거짓 음성은 원하지 않는 것이다.

이러한 참/거짓, 양성/음성 결과를 통해 계산되는 두 가지 중요한 지표는 민감도^{sensitivity}와 특이도^{specificity}다. 민감도는 검사가 질환을 감지하는 힘을 측정한다. 이것은 질환을 가진 전체 환자 가운데 양성 검사의 비율로 계산된다.

$$Sn = TP/(TP + FN)$$

한편 특이도는 진단 검사가 질환이 없는 환자를 얼마나 잘 가려내는지에 대한 측정 지표다. 이것은 다음과 같이 계산된다.

$$Sp = TN/(TN + FP)$$

처음에는 이런 개념이 헷갈릴 수 있는데, 익숙해질 때까지 시간과 연습이 필요하다. 민감도와 특이도는 생물통계학과 머신러닝에서 아주 중요한 개념이므로 반드시 숙지해야 한다.

흉통의 유무에 대한 가능도비 계산하기

가능도비는 어떤 검사 결과가 어떤 질환을 가질 가능도^{likelihood}를 바꾸는 정도를 말한다. 이것은 종종 두 개로 나눠지는데, 하나는 양성 검사에 대한 가능도비이고 다른 하나는 음성 검사에 대한 가능도비다.

흉통 양성인 경우 심근경색에 대한 가능도비는 다음 공식으로 계산된다.

$$LR+ = (TP/(TP + FN))/(FP/(FP + TN))$$

$$LR+ = Pr(Positive\ Test|Positive\ Disease)/Pr(Positive\ Test|Negative\ Disease)$$

$$LR+ = 민감도/(1-특이도)$$

흉통 음성인 경우 심근경색에 대한 가능도비는 다음 공식으로 계산된다.

$$LR- = (FN/(TP + FN))/(TN/(FP + TN))$$

$$LR- = Pr(Negative\ Test|Positive\ Disease)/Pr(Negative\ Test|Negative\ Disease)$$

$$LR- = (1-민감도)/특이도$$

이번 사례는 흉통 양성인 경우이므로 양성 검사에 대한 가능도비만 필요하고, 계산하면 다음과 같다.

```
LR+ = (TP/(TP + FN)) / (FP/(FP + TN))
    = (15/(15 + 5)) / (100/(100 + 280))
    = 0.750 / 0.263
    = 2.85
```

흉통의 존재에 따른 심근경색에 대한 사후 확률 계산

이제 양성 가능도비를 구했으므로, 이 값에 사전 확률을 곱해 사후 확률을 계산한다.

사후 확률 = 0.05 x 2.85 = 14.3%

이런 식으로 환자의 진단과 진료에 접근하는 것이 매우 그럴듯해 보인다. 또한 정확한 확률을 계산할 수 있기 때문에 진단에 따르는 여러 이슈를 제거해주는 것처럼 보인다. 안타깝게도 베이즈 이론은 여러 가지 이유로 실제 임상에서는 제대로 작동하지 않는다. 첫째, 확률을 업데이트해 나가는 단계마다 엄청난 양의 데이터가 필요하다. 환자에게서 발견되는 모든 과거력상의 정보나 환자의 검사실 검사 소견을 갖고 베이즈 이론에 따라 확률을 업데이트하기 위해 필요한 모든 분할표를 만들 수 있는 의사나 데이터베이스는 존재하지 않는다. 둘째, 확률적 추론 방식은 사람이 수행하기에 부자연스럽다. 여기서 논의되는 다른 기술들이 사람의 뇌가 일을 하는 데 있어서 더 낫다. 셋째, 모델이 단일 질환에 대해서는 적용될 수 있지만, 여러 질환이나 동반된 질환이 있는 경우에는 제대로 적용되지 않는다. 마지막으로 가장 중요한 이유는 베이즈 이론의 핵심을 이루는 조건부 독립성^{conditional independence}, 배타성^{exclusiveness}, 포괄성^{exhaustiveness}이 임상 세계에 적용되지 않는다는 점이다. 실제로 보면 증상과 소견이 서로 완전히 독립적이지는 않다. 어떤 소견의 존재 유무가 다른 많은 것에 영향을 줄 수 있다. 그래서 이런 사실들이 모여서 베이즈 정리에 따라 설령 계산됐다 하더라도, 확률값이 부정확해지고 어떤 경우에는 잘못된 길로 나아가게 된다. 그럼에도 불구하고, 베이즈 이론은 증거가 충분한 경우 의학의 여러 세부 문제를 푸는 데 중요한 역할을 한다(예를 들어, 환자의 과거력을 파악하면서 흉통의 특징을 갖고 심근경색의 가능성을 계산한다).

대응하는 머신러닝 알고리즘 – 나이브 베이즈 분류자

이전 사례에서는 사전 확률, 가능도, 검사 결과를 갖고 사후 확률을 계산하는 방법을 설명했다. 나이브 베이즈 분류자^{Naive Bayes Classifier}라고 알려진 머신러닝 알고리즘은 주어진 관찰에 대해 순차적으로 모든 특징을 대상으로 이런 계산을 수행한다. 예를 들어 이전 사례에서 사후 확률은 14.3%였다. 이제 그 환자의 트로포닌 검사 수치가 올라갔다는 정보를 더 얻었다고 생각해보자. 14.3%는 이제 사전 확률이 되고, 트로포닌과 심근경색에 대한 분할표를 바탕으로 새로운 사후 확률이 계산된다. 분할표는 훈련 데이터로부터 얻어진다. 이런 과정은 모든 특징이 다 소진될 때까지 진행된다. 여기서도 각각의 특징은 서로 독립이라는 핵심적인 가정을 바탕으로 진행된다. 사후 확률이 가장 높은 값을 갖는 카테고리가 해당 관찰값에 할당된다.

나이브 베이즈 분류자는 일부 응용 분야에서는 자주 사용된다. 장점은 높은 해석가능도interpretability, 결측값에 대한 강인성, 쉽고 빠른 훈련과 예측이다. 그렇지만 모델의 가정들이 갖고 있는 한계 때문에 최신의 알고리즘과 경쟁하기에는 뒤떨어지는 측면이 있다.

기준표와 가중 합계 접근법

우리가 논의할 세 번째 의학적 의사 결정 패러다임은 기준표와 그것의 선형, 로지스틱 회귀와의 유사성이다.

기준표

기준표는 베이즈 정리가 갖는 또 다른 단점인 각각의 소견을 하나씩만 고려한다는 순차적인 특성을 일부 극복하기 위해 사용된다. 때로는 어떤 질환을 고려할 때 동시에 여러 가지 요인을 고려하는 것이 좀 더 편리하다. 어떤 질환이 관련된 여러 요인의 부가적인 합에 의해 진단된다면 어떻게 될까? 심근경색의 예에서 환자는 흉통이 있을 때, 운동 부하 검사가 양성일 때 등등에서 어떤 점수를 받는다. 우리는 심근경색을 진단하기 위해 총점에 대한 임계값을 설정할 수 있을 것이다. 어떤 요인들은 다른 요인들보다 더 중요해서 가중 합계를 사용할 수 있는데, 이 경우 각각의 요소는 더하기 전에 중요도 요소를 곱하게 된다. 예를 들어 흉통의 존재는 3점, 과거 운동 부하 검사력은 5점의 가치를 가질 수 있다. 이것이 기준표가 사용되는 방식이다.

아래의 수정 웰스 크라이테리아^modified wells criteria^(Clinical Prediction, 2017)를 예로 들어보자. 수정 웰스 크라이테리아는 환자가 폐색전증이 있는지 여부를 판단할 때 사용된다. 폐색전증은 폐 혈관이 혈전으로 막혀 생명을 위협하는 질환이다. 표를 보면, 각각의 임상 소견에 점수를 주고 있을 뿐만 아니라 최종 판단에 사용되는 임계값이 설정돼 있다.

임상 소견	스코어
심부정맥혈전증의 임상 증상(다리 부종, 촉진지 통증)	3.0
폐색전증 이외 다른 진단의 가능성이 낮음	3.0
분당 심박수가 100회 이상	1.5
3일 이상 움직일 수 없는 상태이거나 지난 4주 이내에 수술력이 있음	1.5
과거 심부정맥혈전증/폐색전증 진단력이 있음	1.5
객혈	1.0
암 진단	1.0
위험도 계층화	
폐색전증 저위험	< 2.0
폐색전증 중위험	2.0 ~ 6.0
폐색전증 고위험	> 6.0

대응하는 머신러닝 알고리즘 – 선형 회귀와 로지스틱 회귀

기준표는 정수를 사용하고 있어 간편하게 점수들을 계산할 수 있으므로 사용하기 편리하다. 분명히 이런 점은 환자를 보는 의사들에게는 아주 편리한 기준이 된다. 만약 각각의 요소에 대해 최적의 임계값과 최적의 점수를 결정할 수 있다면 어떨까? 놀랍게도 로지스틱 회귀라고 불리는 머신러닝 방법이 딱 이 목적으로 사용된다.

로지스틱 회귀는 이진 분류 작업을 할 때 매우 자주 사용되는 인기 있는 통계적 머신러닝 알고리즘이다. 이것은 일반화 선형 모델generalized linear model의 한 형태다.

로지스틱 회귀를 이해하려면 먼저 선형 회귀를 이해해야 한다. 선형 회귀에서 출력 변수(y-hat)는 p개의 개별적인 예측 변수(x_i)의 가중합으로 모델링된다.

$$\hat{y_i} = b_1 x_{i1} + b_2 x_{i2} + \ldots + b_p x_{ip}$$

변수의 가중치(베타)(계수coefficient라고도 부른다.)는 다음 식으로 결정된다.

$$\beta = \left(X^T X\right)^{-1} X^T Y$$

로지스틱 회귀는 선형 회귀와 비슷한데, 출력 변수의 값이 0에서 1 사이의 범위로 한정되게 수식을 변형한다는 점만이 다르다. 그래서 확률값은 항상 0과 1 사이의 값을 가지므로 분류 작업에서 양성 결과가 나올 확률을 모델링하는 데 상당히 적합하다.

로지스틱 회귀는 여러 가지 실용적인 장점을 갖고 있다. 무엇보다도 이 모델은 이해하고 설명하기가 쉽고 직관적이면서 간단하다는 장점이 있다. 원리를 이해하기 위해 고등학교 통계 수준을 넘어서는 고급 수학이 필요하지는 않으므로 프로젝트에 참여하는 기술 인력과 비기술 인력들에게 쉽게 설명할 수 있다.

두 번째, 로지스틱 회귀는 시간과 메모리라는 측면에서 계산상으로 집약적이지 않다. 계수들의 개수는 예측 변수의 개수와 같으며, 몇 번의 행렬곱으로 결정된다(앞의 수식을 확인한다). 이 방법의 단점은 대부분의 머신러닝 모델에서 사용되는 것과 같이 아주 큰 데이터셋(예를 들어, 수십억 개 정도의 사례를 가진 데이터셋)을 다루려면 매우 큰 행렬이 필요하다는 것이다.

세 번째, 로지스틱 회귀는 변수에 대한 전처리(예: 중심화 또는 스케일링)를 많이 필요로 하지 않는다(물론 예측 변수를 변환해 정규분포화하는 경우 성능을 향상시킬 수는 있다). 변수가 숫자 형태로 돼 있으면, 바로 로지스틱 회귀를 시작할 수 있다.

마지막으로, 로지스틱 회귀는 라쏘 규제^{lasso regularization}와 같은 규제 기술과 함께 사용된 경우 예측하는 데 있어 상당히 강력한 성능을 발휘할 수 있다.

그렇지만 빠르고 강력한 컴퓨팅이 가능한 오늘날에는 로지스틱 회귀가 더 강력하고 더 정확한 다른 알고리즘으로 대체되고 있다. 그 이유는 로지스틱 회귀가 데이터와 모델링 작업에서 여러 가지 주요 가정들을 하고 있기 때문이다.

- 로지스틱 회귀는 모든 예측 변수가 결과 변수에 대해 선형 관계를 갖고 있다고 가정한다. 대부분의 데이터셋에서 분명히 그러지 않을 것이다. 다르게 표현해보자면, 로지스틱 회귀는 데이터의 비선형성을 모델링하는 데 취약하다.

- 그리고 모든 예측 변수끼리는 서로 독립이라고 가정한다. 이 또한 대부분 그렇지 않다. 예를 들어 두 개 이상의 변수가 서로 상호 작용해 각 변수의 선형합 이상의 방식으로 예측에 영향을 줄 수 있다. 이런 것은 예측 변수들이 곱을 모델의 상호 작용^{interaction} 항으로 두는 방식으로 일부 해소시킬 수 있지만, 모델에 어떤 상호 작용을 포함시킬지 결정하는 것은 쉬운 일이 아니다.

- 로지스틱 회귀는 서로 상관관계를 갖는 예측 변수들에 의해 아주 예민하게 악영향을 받는다. 그와 같은 데이터가 있는 경우에 로지스틱 회귀는 과적합에 빠지며, 이를 극복하기 위한 다양한 선택 방법이 있다. 포워드 스텝와이즈 로지스틱 회귀^{forward step-wise logistic regression}, 백워드 스텝와이즈 로지스틱 회귀^{backward step-wise logistic regression}, 베스트 서브셋 로지스틱 회귀^{best subset logistic regression} 등이 있는데, 이런 알고리즘은 부정확하고 많은 시간이 소요된다.

마지막으로, 로지스틱 회귀는 나이브 베이즈 방법과 같은 분류자와 달리 결측치에 강건하지 않다.

패턴 연관과 신경망

마지막 의학적 의사 결정 프레임워크는 정보를 처리하고 의사 결정을 하는 우리의 신경생물학적 지식과 맞닿아 있다.

복잡한 임상적 추론

한 노인 환자가 흉통을 주소로 아주 경험이 많은 의사를 만나고 있다고 상상해보자. 의사는 적절한 질문을 통해 환자의 증상과 증후를 바탕으로 환자에 대해 파악해 나간다. 환자는 고혈압의 과거력이 있었으나 다른 심혈관 위험 인자는 없었다고 한다. 흉통은 심박에 따라 강도가 변한다고 한다(이것을 흉막염증성 통증이라고 한다). 또한 환자는 최근 유럽에서 미국으로 돌아왔다고 말했다. 그리고 종아리 부종을 호소했다. 천천히 의사는 이런 저수준의 정보들을(심장 위험 요소의 부재, 흉막염 통증, 오랜 시간 동안의 무활동 상태, 호만 증후 양성) 종합하고, 이전에 봤던 환자들에 대한 기억과 광범위한 지식을 결합해 이 환자에 대해 평가하고, 이 환자는 폐색전을 갖고 있다고 의심하게 된다. 그래서 의사는 V/Q 스캔 검사를 시행하고 환자의 생명을 구하기 위한 조치를 진행한다.

이와 같은 이야기는 전 세계에서 매일 진료실, 병원, 응급실에서 발생한다. 의사는 환자의 과거력, 신체검사 소견, 검사실 소견을 종합해 환자를 파악한다. 의사들은 어떻게 그런 일을 할까? 이것에 대한 대답은 신경망과 딥러닝에 내재돼 있을 수 있다.

해당되는 머신러닝 알고리즘 – 신경망과 딥러닝

'인간이 어떻게 생각하고 의식을 획득하는가?'는 분명 우주에 존재하는 열린 질문 가운데 하나다. 인간이 어떻게 이성적인 사고를 하고, 복잡한 임상적 결정을 내리는지에 대한 생물학적 지식은 아주 희박한 상태다. 그렇지만 아마도 인간의 뇌가 흔한 인지 과제를 수행하는 방법을 가장 가깝게 모사할 수 있는 길은 신경망과 딥러닝을 통하는 것이다.

신경망neural network은 포유류 신경계를 본따서 모델링된다. 예측 변수들이 인공적인 뉴런들로 구성된 순차적 레이어를 따라 연결되며, 이런 층은 가중 입력의 합계를 계산하고 집약한 다음 비선형으로 변형된 출력을 다음 레이어로 보낸다. 이런 방식으로 데이터는 여러 레이어를 통과하고 궁극적으로 타깃 값이 양성일 가능성을 시사하는 어떤 결과값을 만들게 된다. 가중치[weight]는 보통 역전파[backpropagation] 기술로 훈련되는데, 정확한 결과와 예측된 결과의 차이를 줄이는 방향으로 각 단계마다 가중치가 부여된다.

신경망과 역전파 기술은 1장, '헬스케어 애널리틱스 개론'에서 논의한 바대로 1980년대 「네이처」 저널에 발표된 한 유명한 논문에서 처음 소개됐다(Rumelhart et al., 1986). 2010년대에 들어서 데이터 양의 증가와 현대 컴퓨팅 파워의 증가는 신경망을 '딥러닝'으로 리브랜딩하는 계기가 됐다. 컴퓨터 성능의 향상과 데이터 가용성의 증가는 음성 인식, 이미지와 객체 파악, 숫자 인식 등과 같은 머신러닝 과제들에서 뛰어난 성능을 보여주고 있다.

신경망이 갖고 있는 원론적인 장점은 데이터에 있는 예측 변수들 간에 존재하는 복잡한 상호 작용과 비선형성을 다루게 만들 수 있다는 점이다. 이것이 가능한 이유는 신경망의 각 층(레이어)이 입력 데이터 자체가 아니라 이전 층의 결과에 대해 하나의 선형 회귀를 수행하기 때문이다. 신경망에 더 많은 층이 있을수록 신경망은 더 복잡한 함수를 모델링할 수 있다. 뉴런에 존재하는 비선형 변환 메커니즘의 존재도 이런 기능에 한몫한다.

신경망은 두 가지 이상의 결과를 갖는 멀티클래스 과제에도 쉽게 적용될 수 있다. 숫자를 0에서 9까지 인식하는 것은 이런 사례의 하나다.

신경망은 단점도 갖고 있다. 무엇보다도 해석가능도가 낮아서 프로젝트의 비기술적 이해관계자들에게 설명하기가 어렵다. 그리고 신경망을 이해하려면 대학 수준의 미적과 선형대수 지식이 필요하다.

두 번째로, 신경망은 조정하기 어렵다. 관여된 파라미터의 수가 많고(가중치 초기화, 가중치의 개수, 은닉층의 크기, 사용할 활성 함수, 연결 패턴, 규제 방식, 학습 속도 등), 그런 것들을 한꺼번에 체계적으로 조정하기란 실질적으로 불가능하다.

마지막으로 신경망은 과적합이 잘 된다. 과적합은 모델이 훈련 데이터를 과도하게 암

기해 훈련 데이터에 대해서는 좋은 성능을 보이는 것 같지만, 이전에 보지 않은 새로운 데이터에 대해서는 일반화 능력이 떨어지는 것을 말한다. 이런 현상은 파라미터, 레이어가 너무 많고, 데이터를 너무 많이 반복해 사용할 경우 발생할 수 있다.

7장, '헬스케어 예측 모델 만들기'에서는 신경망을 다뤄볼 것이다.

▌ 머신러닝 파이프라인

이전 절에서는 의학적 의사 결정 프레임워크와 여기에 대응하는 머신러닝 모델에 대해 상당한 시간을 소비했다. 실제로 머신러닝 모델 훈련은 어떻게 하는 것일까? 헬스케어에서 머신러닝은 전형적인 과제에 대한 패턴들로 구성된다. 그러한 과제들은 하나로 묶어서 파이프라인이라고 부른다. 두 개의 머신러닝 애플리케이션에서도 똑같은 두 개의 파이프라인은 존재하지 않지만, 파이프라인을 사용하면 머신러닝 프로세스를 기술하는 데 편리하다. 이 절에서는 간단한 머신러닝 프로젝트에 적용되는 일반적인 파이프라인을 살펴본다. 특히 행과 열로 구성되는 정형화된 데이터를 다루는 부분을 집중적으로 설명한다.

데이터 로딩

데이터를 갖고 컴퓨터로 뭔가로 해보려면, 우선 데이터 저장소(종종 데이터베이스 또는 실시간 데이터 피드)로부터 컴퓨팅 작업 공간으로 데이터를 로딩해야 한다. 이런 작업 공간에서 사용자는 데이터를 활용하며 R, 파이썬, 하둡Hadoop, 스파크Spark 같은 인기 있는 언어를 사용해 데이터를 다루고 모델을 구성할 수 있다. 머신러닝 언어 자체도 텍스트 파일로부터 데이터를 읽거나 데이터베이스와 연결할 수 있는 기능들을 갖고 있다. 이런 과정에서는 환자의 인덱스 구성, 데이터 정규화, 데이터 정제 등이 이뤄진다. 4장, '컴퓨팅의 기초, 데이터베이스'에서는 SQL 언어를 사용해 데이터베이스를 다루는 방법을 논의할 것이고, 5장, '컴퓨팅의 기초, 파이썬 언어'에서는 파이썬 작업 공간으로 데이터를 로딩하는 방법을 설명한다.

데이터 정제와 사전 프로세싱

데이터 과학을 하는 사람들 사이에는 '데이터 과학자가 열 시간 일한다면, 그중 일곱 시간은 데이터 정제에 쓰인다.'라는 말이 있다. 데이터 정제는 앞으로 살펴보게 될 여러 세부 과제로 구성된다.

데이터 집계

데이터는 보통 데이터베이스 안에서 여러 테이블로 쪼개져 있으며, 테이블 사이에 공유하는 환자 정보나 등록 번호를 사용해 흩어져 있는 데이터를 모을 수 있다. 머신러닝 알고리즘은 보통 한 번에 단 하나의 데이터 구조를 다룬다. 따라서 여러 테이블에 존재하는 데이터를 결합해 하나의 최종 테이블로 만드는 일은 중요하다. 그러는 과정에서 여러분은 어떤 데이터를 남기고(인구학적 데이터는 보통 버리기 아까운 정보다.) 어떤 데이터를 뺄지(예를 들어, 암 발병을 예측하고자 할 때 천식 약이 투여된 정확한 시간은 그다지 중요한 정보가 아니다.) 결정해야 한다.

데이터 파싱

필요한 데이터의 일부 또는 전부가 농축된 형태로 존재하는 경우가 있다. 헬스케어 설문 조사 데이터가 N개의 문자열로 인코딩돼 있어서 각 문자의 위치가 특정 설문지에 대한 응답 정보를 담고 있는 플랫 파일flat file이 그 예다. 이 경우에는 데이터를 여러 요소로 쪼개고 우리가 사용할 수 있도록 유효한 포맷으로 변환하고 싶다. 이와 같은 일을 파싱parsing이라고 부른다. 특정 질병 코딩 시스템을 사용해 표현된 데이터들도 일정 정도의 파싱은 필요하다.

데이터 타입 변환

여러분이 프로그래밍 언어에 익숙하다면, 데이터는 단순 정수에서 복잡한 실수, 문자열과 같은 여러 가지 변수 타입에 따라 저장될 수 있다는 사실을 알 것이다. 이런 데이터 타입에 따라 이를 사용해 실행할 수 있는 연산이 달라진다. 예를 들어 숫자 3과 5가 정수형 타입으로 저장돼 있다면 코드를 사용해 3 + 5 = 8이라는 계산을 할 수 있다. 그렇지만 이것은 "3", "5"와 같이 문자열 타입으로 저장돼 있을 경우, 파이썬 코드에서 덧셈 연산을 실행하면 "35"라는 문자열이 만들어진다. 이런 이유들 때문에 상상할 수 있는 여러 가지 문제가 발생할 수 있다. 데이터의 정제와 검토 과정에서 모든 변수가 적절한 타입으로 저장돼 있는지 살펴본다. 숫자 데이터들은 해당되는 숫자형 타입으로, 다른 데이터들은 문자열 또는 카테고리형 타입으로 저장되는 것이 보통이다.

변수의 타입에 추가해 여러 모델링 언어를 사용할 때 어떤 데이터를 R 언어의 리스트, 벡터, 데이터프레임, 파이썬의 리스트, 딕셔너리, 튜플, 데이터프레임과 같은 좀 더 복잡한 데이터 컨테이너로 저장할지를 결정할 필요가 있다. 여러 데이터 임포팅, 모델링 함수는 서로 다른 데이터 구조를 받는 것을 가정하기 때문에 원하는 결과를 얻을 때까지 원활하게 데이터 구조를 바꿀 수 있어야 하며, 이런 점이 데이터 정제에서 중요하게 고려돼야 한다. 5장, '컴퓨팅의 기초, 파이썬 언어'에서는 파이썬과 관련 있는 데이터 구조를 살펴볼 것이다.

결측값 다루기

헬스케어 분야에서 유별나게 머신러닝이 어려운 이유 가운데 하나는 결측값이 많다는 점이다. 입원 환자의 경우 데이터 수집은 간호사나 기타 임상 스태프들이 얼마나 완벽하게 데이터를 수집하는가에 달려 있는데, 이들이 병원에서 매우 바쁘다는 사실을 감안하면 입원 환자 데이터의 많은 특징, 예를 들어 수분 섭취와 소변량, 약물 투여 시간과 같은 것들이 일관되게 보고되지 않을 수 있다는 점은 놀라운 일이 아니다. 다른 예로는 진단 코드가 있다. 한 환자는 10여 개의 의학적 진단에 포함될 수 있는데, 관심이 되는 문제들로 인해 다섯 개만이 외래 진료 의사에 의해 기록되기도 한다. 이런 상세 정보들이 누락되는 경우 우리의 모델은 실제 환자에게 적용됐을 때 훨씬 덜 정확해진다.

어떤 내용의 결측보다 더 문제가 되는 것은 결측값이 우리의 알고리즘에 미치는 효과다. 수천 명의 환자와 수백 개의 특징을 가진 데이터프레임^{DataFrame}에서 단 한 개의 결측값이 있는 경우에도 모델이 성공적으로 실행되지 못할 수 있다. 가장 빠르게 수정하는 방법은 결측값을 채워넣거나 0으로 바꿔 사용하는 것이다. 만약 변수가 헤모글로빈 수치라면 헤모글로빈 0.0이라는 수치는 가능하지 않은 수다. 그런 경우에는 평균 헤모글로빈 값으로 대체할 수 있을까? 평균으로 대체한다면 전체 평균을 사용하는 것이 좋을까, 아니면 성별에 따른 평균값을 사용하는 것이 좋을까? 이런 질문들을 적절히 처리하기 위해 결측치를 다루는 분야가 데이터 과학의 한 분야로서 존재하는 이유다. 그래서 갖고 있는 데이터셋에서 결측값의 존재를 아는 것이 결코 간과돼서는 안 된다. 그리고 제로, NaN('Not a number'), NULL('missing'), NA('not applicable')와 같은 개념에 익숙해지고, SQL, 파이썬, R 또는 다른 프로그래밍 언어 등 사용하는 언어에서 이와 같은 개념이 어떤 식으로 표현되는지 잘 아는 것이 중요하다.

데이터 정제를 거쳐 최종 결과물은 보통 단 하나의 데이터프레임으로 귀결되는데, 이것은 보통 행렬과 비슷하게 행과 열로 구조화돼 행에 개별 이벤트나 관측값이 들어가고, 열에 여러 데이터 타입을 가진 관측값에 대한 특징이 들어가는 구조를 갖고 있다. 가장 이상적인 경우라면 모든 변수가 검토돼 적절한 데이터 타입으로 변화돼야 하고, 결측값이 없어야 한다. 그리고 데이터 정체, 데이터 탐색, 시각화, 특징 선택^{feature} ^{selection} 작업들 사이를 왔다갔다 하면서 마지막 목표에 이르게 된다. 데이터 탐색, 시각화, 특징 선택은 다음에 논의할 두 번째 파이프라인이다.

데이터 탐색과 시각화

데이터 파싱, 정제와 함께, 데이터 탐색^{exploration}과 시각화^{visualization}는 모델 빌딩 프로세스에서 중요한 부분 중 하나다. 파이프라인에서 이 부분을 정확히 정의하기란 쉽지 않다. 데이터를 탐색할 때 정확히 무엇을 찾으라는 말인가? 이런 절차에 깔려 있는 생각은 연관성이나 패턴을 감지해내는 등과 같은 어떤 일에서는 사람이 컴퓨터보다 더 낫다는 것이다. 데이터를 더 많이 보고 분석하면 할수록, 변수들 간의 연관성이나 타깃 변수를 어떤 식으로 예측할 수 있는지 더 잘 이해할 가능성이 높아진다.

이 단계에서 가장 많이 하는 탐색 활동은 모든 예측 변수를 검토하는 것이다. 즉, 데이터 타입(이진 변수인지 카테고리형인지 연속 변수인지)이 무엇이고 각각에 얼마나 많은 결측치가 있는지 확인한다. 이진 변수인 경우에는 양성 반응과 음성 반응의 개수를 카운팅하는 것이 도움이 된다. 카테고리형 변수인 경우에는 취할 수 있는 값들(레벨)이 각각 몇 개씩 있는지 확인하고, 각각에 대해 빈도 히스토그램frequency histogram을 확인한다. 연속 변수인 경우 중심 경향(평균, 중앙값, 모드)을 계산하고, 퍼짐(예: 표준편차 또는 퍼센타일percentile)을 계산한다.

추가로 해볼 만한 데이터 탐색과 시각화 활동은 선택된 예측 변수들과 타깃 변수들 간의 관계relationship를 파악하는 것이다. 보고자 하는 변수의 타입에 따라 만들 플롯이 달라진다. 예를 들어 예측 변수와 타깃 변수가 모두 연속일 경우에는 흔히 산점도를 그려보게 된다. 산점도는 변수의 값을 각각의 축에 대응시켜 시각화한다. 예측 변수가 연속 변수이고 타깃 변수가 이진 또는 카테고리형인 경우에는 상자—수염 플롯box-and-whisker plot이나 겹친 빈도 히스토그램dual overlapping frequency histogram을 그려본다.

예측 변수의 개수가 너무 많아서 각각의 관계를 매뉴얼로 조사하고 시각화하는 것이 불가능할 수 있다. 이런 경우에는 상관계수와 같은 통계량을 자동으로 분석할 수 있는 방법이 중요해진다.

특징 선택

모델을 만들 때 특징이 많은 것이 언제나 좋지는 않다. 실제로 구현하는 측면에서 보자면, 여러 디바이스, 다양한 건강 정보 시스템, 다양한 데이터베이스가 상호 작용하는 실제 임상 상황을 예측하는 모델이 몇 개의 간단한 특징만을 사용한 간소화된 버전의 모델보다 성능이 떨어질 수 있다. 데이터를 정제하고 탐색하는 과정에서 모든 특징이 결과 변수에 의미 있게 영향을 미치지는 않는다는 점을 발견하게 될 것이다.

더군다나 여러 변수가 서로 높은 상관을 갖고 있는 경우 이런 변수들을 사용하는 것이 정확한 예측을 하는 데 더 새로운 정보를 제공하지는 않는다. 반면 이런 변수를 빼고 모델을 만들면 모델의 정확성이 줄어든다. 따라서 적절한 방법으로 타협점을 찾을 필요가 있다. 그러므로 머신러닝 파이프라인에서는 특징 선택이라는 절차를 둬서, 불필요한 데이터를 제거하는 단계를 두는 것이 일반적이다. 어떤 변수를 몇 개 제거할지는 만들고자 하는 머신러닝 모델, 모델에 대한 해석 가능성을 어떻게 둘지 등과 같은 여러 요소에 달려 있다.

마지막 모델에서 불필요한 특징을 제거하는 방법은 여러 가지가 있으며, 그중 반복적 접근법iterative approach이 자주 사용된다. 이 방법은 특징을 제거하고, 모델을 만들고, 평가하고, 이전 버전과 비교하는 일을 반복하게 된다. 이 방법을 사용하면 개발자가 여러 값을 바꿔보면서 모델의 성능에 미치는 영향을 평가할 수 있기 때문에 인기가 높다. 이런 알고리즘에는 베스트 서브셋 선택best subset selection, 포워드/백워드 스텝와이즈 회귀forwad/backward step-wise regression 등과 같은 것들이 있다. 그리고 특징의 중요도를 측정하는 다양한 측정값이 있는데, 상대 위험도비relative risk ratio, 오즈비odds ratio, p-값 유의도p-value significance, 라쏘 규제lasso regularization, 상관 계수correlation coefficient, 랜덤 포레스트 out-of-bag error 같은 것들이 있으며, 이와 관련해 7장, '헬스케어 예측 모델 만들기'에서 이런 평가지표들을 살펴볼 것이다.

모델 파라미터 훈련

모든 사전 작업을 거쳐 최종 데이터프레임이 만들어지면 이것을 갖고 모델을 만들게 된다. 머신러닝 문제는 한마디로 오차 함수error function를 최소화하는 최적화 문제라고 할 수 있다. 우리가 궁극적으로 하고자 하는 것은 아직 접하지 못한 새로운 데이터에 대해 최적의 예측을 이끌어낼 수 있도록 모델을 만드는 것이다. 그래서 예측된 값과 관찰된 값의 차이를 최소화하려고 시도한다.

예를 들어 암 발생 시기를 예측하고자 한다면, 이미 암이 생긴 환자에게서는 가급적 암 발생 가능도가 높게 나오고, 암이 발생하지 않은 환자에게서는 암 발생 가능도가 낮게 나오는 것을 원한다. 머신러닝에서 예측된 값과 관찰된 값의 차이를 오차 함수 error function 또는 비용 함수cost function라고 부른다. 이런 비용 함수는 여러 가지 형태로 존재할 수 있는데, 모델 개발자들은 종종 모델을 만들면서 이런 함수를 구축하게 된다. 비용 함수를 최소화할 때는 어떤 특징에 가중치를 둘지 알 필요가 있다. 대부분의 경우 결과 변수와 높은 상관관계를 갖는 특징이 그렇지 않은 특징보다 수학적인 중요도가 더 크게 부여된다. 간단히 말해서 이런 '중요한 변수'들을 가중치나 파라미터로 부를 수 있다. 지도 머신러닝의 주요 목표 가운데 하나는 우리의 비용 함수를 최소화하는 파라미터 또는 가중치 값들의 집합을 찾는 것이다. 거의 대부분의 머신러닝 알고리즘은 각각의 특징에 가중치를 부여하는 나름의 방법을 갖고 있다. 7장, '헬스케어 예측 모델 만들기'에서는 로직스틱 회귀, 랜덤 포레스트, 신경망과 관련해 이 방법들을 자세히 설명할 것이다.

모델 성능 평가

마침내 모델을 만들고 나서는 모델 성능을 처음부터 평가하는 것이 중요하다. 이 과정을 통해 필요한 경우 모델을 조정하기도 하고, 다른 모델들과 비교해보기도 하며, 다른 사람들에게 결과를 보고하기도 한다. 모델을 평가하는 방법은 예측하고자 하는 타깃 변수의 구조에 의존한다.

보통 모델 평가는 아래와 같은 2×2 분할표를 만드는 것에서 시작한다(Preventive Medicine, 2016). 이런 분할표에서는 모든 관찰값이 네 개의 카테고리 가운데 하나로 분류된다. 각 카테고리의 의미는 이어서 설명한다.

		상태 골드 스탠다드로 결정	
		상태 양성	상태 음성
검사 결과	검사 양성	참 양성(TP)	거짓 양성(FP) 1종 오류
	검사 음성	거짓 음성(FN) 2종 오류	참 음성(TN)

타깃 변수가 이진 값(일종의 분류 문제)을 갖는 경우 관측값들은 네 가지 타입으로 나뉜다.

- 결과가 양성인데 양성으로 예측하는 경우
- 결과가 양성인데 음성으로 예측하는 경우
- 결과가 음성인데 양성으로 예측하는 경우
- 결과가 음성인데 음성으로 예측하는 경우

이 경우들을 각각 다음과 같이 부른다.

- **참 양성**(TP)
- **거짓 음성**(FN)
- **거짓 양성**(FP)
- **참 음성**(TN)

이 네 가지 경우로부터 다양한 성능 측정도를 계산할 수 있다. 다음 절에서 이들에 대해 알아보자.

민감도

민감도(Sn)는 '재현율^{recall}'이라고도 불리는데, '질환이 있는 경우에 모델이 얼마나 효과적으로 정확히 예측하는가'를 의미하고 다음과 같이 계산된다.

$$Sn == TP/(TP+FN)$$

특이도

특이도(Sp)는 '질환이 없는 경우에 모델이 얼마나 정확하게 질환이 없다고 예측하는가'
를 의미하고 다음과 같이 계산된다.

$$Sp == TN/(TN+FP)$$

민감도와 특이도는 상보적인 성능 지표이므로 모델 성능을 평가하는 지표로 함께 보
고된다.

양성 예측도

양성 예측도Positive Predictive Value(PPV)는 정밀도precision라고도 하는데, '모델이 양성으로 예
측한 경우 얼마나 정확히 예측했는가'를 나타낸다.

$$PPV = 참\ 양성/모든\ 양성\ 예측 = TP/(TP+FP)$$

음성 예측도

음성 예측도Negative Predictive Value(NPV)는 '모델이 음성으로 예측한 경우, 얼마나 정확하게
예측했는가'를 나타낸다. 수식은 다음과 같다.

$$NPV = 참\ 음성/모든\ 음성\ 예측 = TN/(TN+FN)$$

거짓 양성률

거짓 양성률False-Positive Rate(FPR)은 '음성인 관측값들 가운데 모델이 양성으로 분류한 비
율'을 의미하고, 다음과 같이 계산된다.

$$FPR = \ = FP/(FP + TN)$$

이 값은 1에서 특이도를 뺀 값(1−Sp)과 같다.

정확도

정확도^{Accuracy}(Acc)는 '모든 관측값에 대해 모델이 정확히 분류한 비율'을 의미하는, 모델 성능을 단독으로 표현할 수 있는 수치다. 수식으로 다음과 같이 계산된다.

$$Acc = \text{정확한 예측}/\text{모든 관측값} = (TP + TN)\,/\,(TP + FP + FN + TN)$$

ROC 곡선

타깃 변수가 이진 값을 갖는 경우, 많은 머신러닝 알고리즘은 관측값에 대한 예측으로 0에서 1 사이의 값 형태를 사용한다. 그래서 양성인지 음성인지는 그 범위에서 우리가 정한 임계값^{threshold}에 따라 달라진다. 예를 들어 악성 종양 여부를 예측하는 모델이 있는데, 어느 환자가 악성 종양을 가질 가능성이 0.65로 나왔을 때, 0.60을 임계값으로 설정하는 경우에는 악성이라고 판정하게 되지만 임계치로 0.70으로 두는 경우에는 그렇지 않다고 판정하게 된다. 그래서 모든 성능 수치는 우리가 정하는 임계값에 따라 달라진다. 검출하려는 목적에 따라 어떤 임계값은 다른 값들을 사용했을 때보다 더 좋은 모델 성능을 보인다. 예를 들어 암 진단에 관심이 있는 경우, 임계값을 0.05로 낮게 설정하면 모델의 특이도는 떨어지는 반면 민감도는 향상된다. 암일 가능성이 있는 환자를 놓치지 않고 잡아내는 데 더 중점을 두고 거짓 양성에는 신경을 쓰지 않는다고 하면 이런 설정은 더 좋은 선택이 된다.

아마도 이진 값을 갖는 결과 변수에 대해 가장 흔히 사용되는 성능 측정 도구는 ROC$^{\text{Receiver Operating Characteristic}}$ 곡선이다. 이것은 거짓 양성률과 민감도를 두 축으로 하는 그래프이며, 이 그래프 위에서 임계값을 0에서 1까지 바꿔가면서 두 값의 변화를 관찰할 수 있도록 돼 있다. 민감도는 거짓 양성률이 증가하면서 함께 증가하는 경향이 있는데, 대부분의 경우 알파벳 소문자 r과 같은 모양을 가진다. 좋은 모델이란 민감도가 높으면서 거짓 양성률이 작은 모델을 말하는데, 그래프 아래의 면적Area Under the Curve(AUC)이 1에 가까울수록 좋은 성능을 보이는 것으로 판정한다. 따라서 개별 임계값을 고려할 필요가 없이, 이 AUC를 모델을 비교하는 척도로 사용한다.

다음은 ROC 곡선(Example ROC Curves, 2016)의 예로, 두 모델에 대한 ROC가 표시돼 있다. 굵게 표시돼 있는 곡선 아래의 면적이 얇게 표시돼 있는 곡선의 면적보다 크기 때문에 굵게 표시된 곡선을 사용하는 경우 모델의 성능이 더 좋은 것을 의미한다.

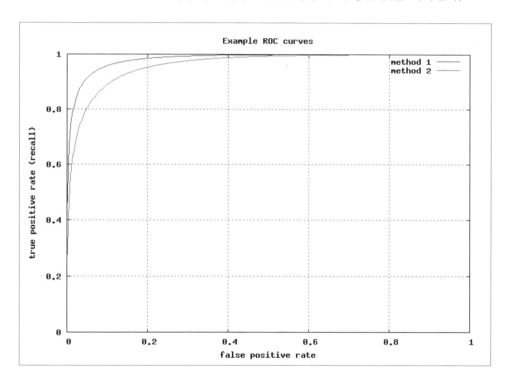

정밀도–재현율 곡선

타깃 변수가 불균형을 보이는 경우(양성–음성의 비율이 아주 낮거나 아주 높은 경우) ROC 곡선 대신 정밀도–재현율 곡선을 사용하는 경우가 있다. 헬스케어에서는 많은 경우에 양성-음성 비율이 낮기 때문에 이 곡선을 다른 자료 등에서 접할 수 있다. 이 그래프는 임계값이 0에서 1로 바뀔 때, 양성 예측도(=정밀도)와 민감도(=재현율)의 변화를 플롯팅^{plotting}한 것이다.

연속 타깃 변수

회귀 문제와 같이 타깃 변수가 연속 변수인 경우에는 참 양성, 거짓 양성과 같은 개념이 없기 때문에 앞에서 설명한 지표들을 계산할 수 없다. 대신 보통의 잔차 제곱합 _{Residual Sum of Squares}(RSS)을 계산해 사용한다. 이 값은 실제 값과 예측된 값의 차이를 제곱한 다음 그 값들을 모두 합해서 계산한다.

▮ 정리

이 장에서는 머신러닝과 헬스케어 애널리틱스를 수행하기 위한 수학적 기초를 살펴봤다. 다음 장에서는 컴퓨팅 분야로 이동해서 헬스케어 애널리틱스의 3대 기초를 탐색해 나갈 것이다.

▮ 참고 자료와 더 읽을거리

- Clinical Prediction (2017). "Wells Clinical Prediction Rule for Pulmonary Embolism." http://www.clinicalprediction.com/wells-score-for-pe/. Accessed June 6, 2018.

- "File: Example ROC curves.png." Wikimedia Commons, the free media repository. 26 Nov 2016, 05:26 UTC. 11 Jul 2018, 01:53 https://commons.wikimedia.org/w/index.php?title=File:Example_ROC_curves.png&oldid=219960771.

- "File: Preventive Medicine Statistics Sensitivity TPR, Specificity TNR, PPV, NPV, FDR, FOR, ACCuracy, Likelihood Ratio, Diagnostic Odds Ratio 2 Final.png." Wikimedia Commons, the free media repository. 26 Nov 2016, 04:26 UTC. 11 Jul 2018, 01:42 https://commons.wikimedia. org/w/index.php?title=File:Preventive_Medicine_Statistics_Sensitivity_ TPR,_Specificity_TNR,_PPV,_NPV,_FDR,_FOR,_ACCuracy,_Likelihood _Ratio,_Diagnostic_Odds_Ratio_2_Final.png&oldid=219913391.

- Häggström, Mikael (2014). "Medical gallery of Mikael Häggström 2014". WikiJournal of Medicine 1 (2). DOI:10.15347/wjm/2014.008. ISSN 2002 −4436. Public Domain.

- James G, Witten D, Hastie T, Tibshirani R (2014). *An Introduction to Statistical Learning*. New York: Springer.

- Kirk E, Bottomley C, Bourne T (2014). "Diagnosing ectopic pregnancy and current concepts in the management of pregnancy of unknown location". Hum. Reprod. Update 20 (2): 250−61. DOI:10.1093/humupd /dmt047. PMID24101604.

- Mark, DB (2005). "Decision−Making in Clinical Medicine." In Kasper DL, Braunwald E, Fauci AS, Hauser SL, Longo DL, Jameson JL. eds. *Harrison's Principles of Internal Medicine*, 16e. New York, NY: McGraw −Hill.

- National Heart, Lung, and Blood Institute (2010). "Treatment Algorithm." *Guidelines on Overweight and Obesity: Electronic Textbook*. https:// www.nhlbi.nih.gov/health−pro/guidelines/current/obesity−guidelines /e_textbook/txgd/algorthm/algorthm.htm. Accessed June 3, 2018.

- Rumelhart DE, Hinton GE, Williams RJ (1986). "Learning representations by backpropagating errors." Nature 323(9): 533−536.

4

컴퓨팅의 기초, 데이터베이스

이 장에서는 데이터베이스와 SQL을 소개한다. 이 장의 내용은 헬스케어 전문가, 초급 데이터 과학자, 헬스케어 데이터베이스를 다루는 데 관심이 있는 프로그래머를 대상으로 한다. 이 장을 마칠 때쯤이면 독자들은 데이터베이스가 무엇이고, SQL을 사용해 임상 데이터베이스에 저장된 정보를 추출하고 다루는 법을 배우게 될 것이다. 여기서는 다섯 환자에 대한 정보를 담고 있는 작은 데이터베이스에서 SQL 문을 사용해 데이터를 다루고 원하는 결과를 얻는 방법을 설명한다.

데이터베이스의 개요

하나의 데이터베이스는 연관된 데이터의 집합으로 정의할 수 있다(Elmasri and Navathe, 2010). 데이터베이스는 보통 SQL 데이터베이스와 NoSQL 데이터베이스로 나뉜다. SQL 데이터베이스에서는 데이터가 행과 열로 이뤄진 테이블table에 저장된다. 연관된 데이터들은 저장 효율성과 편의성이라는 측면에서 적절한 균형점을 찾아 여러 테이블에 분산돼 저장된다. 데이터베이스 관리 시스템(DBMS)은 데이터베이스가 몇 가지 기능을 수행할 수 있도록 해주는 소프트웨어다. 그 가운데 하나는 SQL 언어를 사용해 데이터를 인출하는 것이다. 또 다른 기능은 필요할 때 데이터를 업데이트하는 것이다. 그 외에도 데이터를 보호하고 보안을 유지하는 기능이 있다.

데이터베이스 관리는 그 자체로 복잡한 분야다. 이 책에서는 보통 여러 개의 관련된 테이블에 흩어져 저장돼 있는 임상 데이터를 인출하고 업데이트하기 위해 SQL을 사용하는 방법을 강조해 설명한다.

SQL을 사용한 데이터 엔지니어링의 사례

이 장에서는 여러분이 미국에 있는 심장 전문 병원으로부터 예측적 애널리틱스 프로젝트를 수주받았다고 가정한다. 이 병원은 환자가 방문하고 난 후 6개월 이내의 사망 위험을 예측하길 원한다. 병원은 여러분에게 여섯 개의 테이블로 구성된 데이터베이스를 사용할 수 있도록 해줬다. 내용을 간단하게 만들기 위해 오로지 다섯 명의 환자 정보만 잘라서 사용하고자 한다. 우리가 할 일은 그 데이터를 SQL 언어를 사용해 처리한 다음, 머신러닝에 사용할 수 있는 단 하나의 테이블로 만들어내는 것이다. 먼저 데이터베이스에 있는 환자들과 데이터베이스 구조를 훑어볼 것이다. 그다음에는 SQL의 기초 개념을 소개하고 머신러닝에 사용할 수 있도록 데이터를 정리해볼 것이다.

❚ 이용 사례에 대한 설명 – 심장 전문 병원을 위한 사망률 예측

여러분이 함께 일하게 될 심장 전문 병원에는 '닥터 존슨Dr. Johnson'과 '닥터 우Dr. Wu'라는 두 명의 의사가 있다. 그들은 병원을 방문하고 난 후 6개월 이내에 어떤 이유로든 사망할 위험성이 높은 환자들을 가려내는 데 관심이 있었다. 2016년 한 번이라도 외래 방문한 환자는 분석에 포함될 수 있다. 타깃 변수는 방문하고 난 후 6개월 이내에 사망하는지 여부다.

지금까지는 모델링 과제를 상세히 설명했으므로, 이제 데이터베이스에 있는 다섯 환자에 대해 알아보자. 병원에서 보내준 간략한 데이터에는 다섯 환자에 대한 정보가 여섯 개의 테이블에 분산된 형태로 저장돼 있으며, 각 환자에 대한 간략한 정보는 아래와 같다. 이 절에서는 심혈관 질환에 대한 용어가 많이 사용된다. 이런 용어들이 궁금하다면 온라인 자료를 활용할 것을 권한다. 또한 포괄적인 임상 의학에 대한 참고서로는 이 장 뒷부분에서 소개하는 『Harrison's Principles of Internal Medicine』(Kasper et al., 2005)을 참고한다.

다음은 환자에 대한 정보다.

- **환자-1**: 1번 환자는 65세 남자로, 심부전congestive heart failure 환자다. 심부전은 심장이 신체로 혈액을 적절하게 보내기 위한 펌핑을 제대로 하지 못하는 만성 질환이다. 환자는 심부전의 위험 인자인 고혈압이 있었다. 그는 2016년 1월 9일과 2016년 1월 17일 심장 내과의 닥터 존슨에게서 진료를 받았다. 처음 방문했을 때 그의 혈압은 154/94였으며, 뇌나트륨이뇨펩타이드(BNP) 수치는 350이었다. BNP는 심부전의 심각도를 나타내는 척도다. 그는 심부전과 고혈압의 첫 번째 치료 옵션인 리시노프릴과 퓨로세마이드를 처방받았다. 불행하게도 그는 2016년 5월 15일 사망했다.

- **환자-2**: 2번 환자는 39세 여자 환자로, 협심증angian pectoris(운동에 의해 악화되는 심혈관과 연관된 흉통)과 당뇨병이 있었다. 당뇨병은 심근경색에 대한 위험 인자이며, 협심증은 동맥경화성 심장 질환의 초기 증상으로 볼 수도 있다. 환자는

2016년 1월 15일 닥터 우에게서 진료를 받았으며, 당시 환자의 혈당은 225로 높은 수준이었기에 혈당이 잘 조절되지 않는 증후로 볼 수 있었다. 당뇨병 치료를 위해 메포민 처방을 시작했고, 협심증에 대해서는 나이트로글리세린, 아스피린, 메토프롤롤이 처방됐다.

- **환자-3**: 3번 환자는 32세 여자 환자로, 고혈압으로 인해 닥터 존슨에게서 외래 진료를 받고 있다. 2016년 2월 1일 외래 방문 시 혈압은 161/100으로 상승해 있어서 발사탄/하이드로클로로티아자이드(두 약물이 하나로 혼합 제조된 약물) 복용을 시작했다.

- **환자-4**: 4번 환자는 51세 남자로, 폐고혈압^{pulmonary hypertension}이 있는 중증 심부전 환자다. 그는 2016년 2월 27일 닥터 우에게서 진료를 받았다. 당시 환자의 체중은 211파운드였고 혈압은 143/83으로 약간 높아져 있었다. 또한 BNP 수치는 1,000으로 상승해 있었다. 심부전을 위해 리시노프릴과 퓨로세마이드를 처방받았고, 폐고혈압에 대해서는 딜티아젬을 처방받았다. 불행하게도 그는 2016년 6월 8일 사망했다.

- **환자-5**: 우리 데이터베이스에 있는 마지막 5번 환자는 58세 남자 환자로, 2016년 3월 1일 닥터 우에게서 진료를 받았다. 이 환자에게는 심부전과 제2형 당뇨병 과거력이 있었다. 당시 혈당은 318로 높아져 있었고, BNP는 400으로 중간 정도 상승해 있었다. 심부전에 대응해 리시노프릴과 퓨로세마이드가 처방됐고, 당뇨에 대해서는 메포민이 처방됐다.

병원 데이터베이스

데이터베이스에 들어 있는 다섯 명의 환자를 살펴봤다. 이제는 데이터베이스에 저장돼 있는 테이블의 구조와 필드를 설명하고자 한다. 데이터베이스에는 PATIENT, VISIT, MEDICATIONS, LABS, VITALS, MORT라는 여섯 개의 테이블이 있다. 병원마다 사용하는 임상 데이터베이스는 다 다르지만, 나는 헬스케어 분야에서 흔히 보이는 구조를 사용하려고 노력했다. 전형적으로 테이블들은 임상 도메인에 따라 만들어진다(그와 같이 흩어져 있는 테이블을 사용했던 연구 사례는 Basole et al., 2015를 참고한다). 그래서 한 테이블에는 인구학적 정보와 개인정보가 저장되고 다른 테이블에는 검사실 검사 결과가 저장되며, 또 다른 테이블에는 약물에 대한 정보를 보관하는 식이다. 그래서 이 사례에서도 그와 비슷한 방식으로 데이터베이스를 구성했다. 그와 같은 테이블들은 하나의 식별자로 결합된다. 우리의 경우에는 환자 등록번호(Pid) 필드다.

테이블을 다루면서, 우리 데이터 엔지니어링의 마지막 목적이 여섯 개의 테이블을 하나의 테이블로 종합하는 것임을 항상 염두에 둬야 한다. 그 테이블의 열에는 타깃 변수(이 경우 사망률)에 대한 열과 타깃 변수 예측에 사용할 예측 변수들이 포함돼야 한다. 이렇게 함으로써 파이썬 사이킷런과 같은 머신러닝 모델을 사용할 수 있게 된다. 이점을 염두에 두면서, 우리 과제에 유용하게 사용될 필드들을 강조해 설명할 것이다.

PATIENT 테이블

다음 스크린샷과 같은 PATIENT 테이블은 인구학적 데이터와 환자의 이름, 연락처, 생일, 생물학적 성별과 같은 환자 인식 정보를 포함하고 있다. 이 사례에서는 다섯 개의 관측값과 11개의 열만 갖고 있으며, 실제라면 병원에 소속된 모든 환자에 대한 정보를 포함하고 있을 것이다. 이런 테이블의 행 개수는 수백 수만에 이를 수 있고, 열도 자세한 인구학적 정보를 포함해 수십 개가 될 수 있다.

```
sqlite> select * from PATIENT;
Pid       Fname     Minit     Lname     Bdate       Street          City        State     Zip       Phone        Sex
--------  --------  --------  --------  ----------  --------------  ----------  --------  --------  -----------  ---
1         John      A         Smith     01/01/1952  1206 Fox Hollow Rd.  Pittsburgh  PA        15213     6789871234   M
2         Candice   P         Jones     02/03/1978  1429 Orlyn Dr.  Los Angele  CA        90024     3107381419   F
3         Regina    H         Wilson    04/23/1985  765 Chestnut Ln.  Albany      NY        12065     5184590206   F
4         Harold              Lee       11/15/1966  2928 Policy St.  Providence  RI        02912     6593482691   M
5         Stan      P         Davis     12/30/1958  4271 12th St.   Atlanta     GA        30339     4049814933   M
```

데이터베이스에서 각 환자는 고유한 인식 번호(Pid로 표시된 필드)를 갖는데, 우리의 경우에는 1번에서 5번까지 부여돼 있다. Pid 열을 통해 여러 테이블에 걸쳐 있는 환자에 대한 정보를 추적할 수 있다. 그리고 각 환자에 대해 유일무이한 항목이 하나씩 존재한다는 점을 주목한다.

필수불가결한 식별자를 파악한 다음, 유지해야 할 변수와 버릴 변수에 주목해야 한다. 분명 나이와 성별은 사망률을 예측하는 데 있어서 중요하다. 이 테이블에 인종이 있다면 또 하나의 중요한 인구학적 변수가 될 것이다.

이 테이블에서 주목할 변수는 우편번호다. 머신러닝 분석에서 사회경제학적 데이터가 증가하는 추세이며, 우편번호는 다른 공개 인구 조사 데이터와 결합시켜 사용될 수 있는 가능성을 갖고 있다. 이런 인구 조사 데이터를 우편번호를 갖고 이 테이블과 결합할 수 있을 것이며, 평균 교육 수준, 수입, 각 환자의 건강보험 소지 여부 등과 결부시켜 분석할 수 있을 것이다. 그리고 가구당 수집된 정보를 판매하는 기관들이 있다. 그렇지만 그런 데이터를 사용할 때는 개인정보 보호와 데이터 보안에 대한 책임을 져야 한다. 우리 사례에서는 마지막 테이블을 가급적 간단하게 만들기 위해 이런 우편번호를 포함시키지 않는다.

마지막 테이블에서 제외시킬 정보로는 성명, 주소, 전화번호가 있다. 이런 필드들은 우리의 타깃 변수를 예측하는 데 큰 영향을 주지 않을 것이다.

VISIT 테이블

PATIENT 테이블에는 각 환자에 대한 개별 정보가 포함돼 있는데, 우리의 목표는 각 방문 진료에 기반해 사망 위험도를 예측하는 것이다. VISIT 테이블은 환자가 진료실을 방문했을 당시의 임상적 정보 등을 비롯한 관측값이 포함돼 있다.

```
sqlite> SELECT * FROM VISIT;
Pid      Visit_id   Visit_date   Attending_md   Pri_dx_icd   Pri_dx_name                Sec_dx_icd   Sec_dx_name
1        10001      01/09/2016   JOHNSON        I50.9        Heart failure, unspecified I10          Essential (primary) hypertension
1        10002      01/17/2016   JOHNSON        I50.9        Heart failure, unspecified I10          Essential (primary) hypertension
2        10003      01/15/2016   WU             I20.9        Angina pectoris, unspecifi E11.9        Type 2 diabetes mellitus without
3        10004      02/01/2016   JOHNSON        I10          Essential (primary) hypert
4        10005      02/27/2016   WU             I27.0        Primary pulmonary hyperten I50.9        Heart failure, unspecified
5        10006      03/01/2016   WU             I50.9        Heart failure, unspecified E11.9        Type 2 diabetes mellitus without
```

환자 등록번호는 이 테이블에서는 더 이상 1차 식별자가 아니다. 왜냐하면 1번 환자는 두 번 방문했기 때문이다. 대신 Visit_id 필드에 10001에서 10006까지 번호가 부여돼 있는데, 이것이 각각의 환자가 병원을 방문한 경우에 발생한 외래 진료에 대한 고유

번호가 된다.

테이블에는 Visit_date가 있다. 심장 전문 병원은 환자가 방문한 이후 6개월 이내의 사망률을 알고 싶기 때문에 이후 타깃 변수를 계산할 때 이 필드를 사용하게 될 것이다.

이 테이블의 두 필드는 ICD 진단 코드를 갖고 있다. 실제 병원 데이터베이스라면 이런 테이블에는 외래 진료 한 건당 여러 개의 코드를 가질 수 있다. 코드화된 필드 하나하나마다 그 코드에 해당되는 진단명이 들어 있는 이름 필드가 부여된다. 이것과 관련해 헬스케어에서 흔히 사용하는 방법은 모든 임상 코드를 조합해 하나의 값을 만들고 이 값들을 목표하는 최종 테이블에서 하나의 열로 추가하는 것이다(Futoma et al., 2015; Rajkomar et al., 2018). 우리도 이 장 뒷부분에서 이런 접근법을 채용할 것이다.

마지막으로 진료 의사 이름이 포함된 것을 확인할 수 있다. 이런 정보는 진료 의사의 성과를 측정하는 데 사용될 수 있다.

MEDICATIONS 테이블

MEDICATIONS 테이블에는 다섯 명의 환자에게 처방된 모든 약물에 대한 정보가 들어 있다. 이 테이블은 기본 키primary key 역할을 하는 어떤 열도 갖고 있지 않다. 다음 스크린 샷에서 볼 수 있듯이 이 테이블에는 약물명, 용량, 복용 횟수, 경로, 처방 의사, 처방일에 대한 정보가 들어 있다. 각 약물의 NDC 코드 역시 포함돼 있는데, 이 코드는 2장, '헬스케어의 기초'에서 설명했다.

```
sqlite> SELECT * FROM MEDICATIONS;
Pid        Rx_name    Rx_dose    Rx_freq    Rx_route   Prescribing_md  Rx_date     Rx_ndc
---------  ---------  ---------  ---------  ---------  --------------  ----------  -----------
1          LISINOPRIL 5 mg       bid        po         JOHNSON         01/09/2016  68180-513-01
1          FUROSEMIDE 20 mg      bid        po         JOHNSON         01/09/2016  50742-104-01
2          NITROGLYCE 0.4 mg     tid        sl         WU              01/15/2016  59762-3304-1
2          METFORMIN  500 mg     bid        po         WU              01/15/2016  65162-175-10
2          ASPIRIN    81 mg      qdaily     po         WU              01/15/2016  63981-563-51
2          METOPROLOL 25 mg      bid        po         WU              01/15/2016  62332-112-31
3          VALSARTAN  160/12.5 m qdaily     po         JOHNSON         02/01/2016  51655-950-52
4          DILTIAZEM  300 mg     qdaily     po         WU              02/27/2016  52544-693-19
4          LISINOPRIL 10 mg      bid        po         WU              02/27/2016  68180-514-01
4          FUROSEMIDE 40 mg      bid        po         WU              02/27/2016  68788-1966-1
5          LISINOPRIL 5 mg       bid        po         WU              03/01/2016  68180-513-01
5          FUROSEMIDE 20 mg      bid        po         WU              03/01/2016  50742-104-01
5          METFORMIN  500 mg     bid        po         WU              03/01/2016  65162-175-10
```

마지막 테이블에 약물을 포함시키는 것은 간단하지 않다. 예를 들어, 테이블에 있는 정보는 각 약물의 카테고리를 가르쳐주지는 않는다. NDC 코드는 약품 이름보다 좀 더 상세하게 쪼개져 있다. 그것은 고유한 코드별로 투여 경로나 용량에 대한 정보까지 포함돼 있기 때문이다. 그래서 리시노프릴의 서로 다른 제형들은 다른 NDC 코드를 가질 수 있다. 각 약품별로 하나의 열을 만들려면 약품별로 모든 제형 정보를 가진 하나의 테이블을 별도로 만들고, 그다음에 그 정보를 우리 테이블에 결합시킬 수 있다.

만약 우리가 용량 정보를 포함시키기로 한다면, 그 필드는 정제가 필요하다. 3번 환자는 고혈압 제제인 발사탄 160mg과 하이드로클로로티아자이드 12.5mg이 혼합돼 하나로 돼 있는 고혈압 약물을 복용하고 있는 점을 주목한다. 이 경우 코드를 두 개의 약물로 구분할 수도 있을 것이다. 이렇게 혼합제형 약물을 두 개의 행으로 분리하는 스크립트를 만드는 것은 간단하지 않다.

LABS 테이블

검사실 정보는 임상 진단에서 중요한 부분이며, 여러 가지 검사실 검사 결과는 예측 변수들을 보충하는 역할을 한다(Donze et al., 2013; Sahni et al., 2018). LABS 테이블에는 검사명, 검사명 약자, LOINC 코드, 결과값을 기록한 필드가 있다.

```
sqlite> SELECT * FROM LABS;
Pid        Lab_name            Lab_abbrev  Lab_loinc  Lab_value   Ordering_md  Lab_date
---------  ------------------  ----------  ---------  ----------  -----------  ----------
1          Natriuretic peptide B  BNP      42637-9    350         JOHNSON      01/09/2016
2          Natriuretic peptide B  BNP      42637-9    100         WU           01/15/2016
2          Glucose             GLU         2345-7     225         WU           01/15/2016
2          Troponin I.         TROP        10839-9    <0.004      WU           01/15/2016
4          Natriuretic peptide B  BNP .    42637-9    1000        WU           02/27/2016
5          Natriuretic peptide B  BNP      42637-9    400         WU           03/01/2016
5          Glucose             GLU         2345-7     318         WU           03/01/2016
```

최종 테이블에 검사 정보를 포함시키는 방법은 여러 가지가 있다. 그 가운데 한 가지 방법은 원래 검사 결과를 하나의 연속 변수로 포함시키는 것이다. 그런데 이 방법은 많은 경우 NULL 값으로 채워지기 때문에 문제를 일으킨다. 이런 경우 그 값들을 찾아서 결측값에 대해 정상 범위의 값으로 채울 수 있을 것이다. 다른 방법은 검사 결과에 대해 이진 변수를 만들어 정상 범위인지 비정상 범위인지를 지정하는 것이다. 이 접근법은 결측값이 있는 경우 0으로 지정할 수 있으며, 결측 데이터 문제를 해결할 수 있다. 그렇지만 이 방법은, 예를 들어 BNP 값이 1,000(중증 심부전을 의미)인 경우와 350(경증 심부전을 의미)인 경우를 구분할 수 없다. 이 장에서는 두 가지 접근법을 모두 소개한다.

그리고 Lab_value 필드에 예를 들어 트로포닌 검사(Troponin I)처럼 '<0.004'와 같은 숫자만이 아니라 특수 문자가 들어가 있을 수 있다는 점을 주의해야 한다. 이런 특수 문자는 제거하고 제대로 해석할 필요가 있다. 배양 결과(이 예에서는 포함돼 있지 않음)는 텍스트로 돼 있어서, 보통 숫자 대신 박테리아 명칭이 들어가 있는 경우가 많다.

이것 역시도 아주 간략하게 만든 사례다. 일반적으로 환자들에게서 공통적으로 시행되는 검사들(예를 들어 백혈구, 혈색소, 나트륨, 칼륨 등)은 여기서 제외했다.

VITALS 테이블

활력 징후(vital sign)는 환자의 건강 상태에 대한 중요한 지표이고 헬스케어 머신러닝 모델에서 좋은 예측 변수다(Sahni et al., 2018). 활력 징후는 보통 진료할 때마다 검사한다. 그래서 쉽게 숫자 형태로 단위를 유지한 채 테이블에 기록될 수 있다.

다음 스크린샷을 보면 키(height)와 체중(weight)이 있지만, 체질량지수(BMI)는 빠져 있다. 5장에서는 체질량지수를 계산하는 방법을 소개한다. 그다음 #10004 진료에는 체온이 빠져 있다. 헬스케어에서 이런 경우는 흔한데, 케어 도중 실수로 그럴 가능성이 있다.

```
sqlite> SELECT * FROM VITALS;
Pid      Visit_id   Height_in   Weight_lb   Temp_f   Pulse   Resp_rate   Bp_syst   Bp_diast   SpO2
-------  ---------  ----------  ----------  -------  ------  ----------  --------  ---------  -----
1        10001      70          188.4       98.6     95      18          154       94         97
1        10002      70          188.4       99.1     85      17          157       96         100
2        10003      63          130.2       98.7     82      16          120       81         100
3        10004      65          120.0                100     19          161       100        98
4        10005      66          211.4       98.2     95      19          143       84         93
5        10006      69          150.0       97.6     77      18          130       86         99
```

나중에 이 값을 정상 체온으로 채워넣을 것이다.

MORT 테이블

마지막으로는 타깃 변수를 갖고 있는 테이블을 살펴보자. MORT 테이블은 환자 아이디
와 사망한 날짜 정보를 담고 있는 두 개의 필드만 갖고 있다. 이 테이블에 있지 않은
환자는 생존해 있는 것으로 본다.

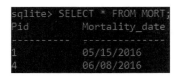

이 장에서는 이 테이블에 있는 정보를 이진 타깃 변수로 바꾸는 방법을 소개한다.

▌ SQLite 세션 시작

우리가 가진 데이터베이스를 다룰 데이터베이스 엔진은 SQLite이다. 1장, '헬스케어
애널리틱스 개론'에서는 SQLite를 설치하는 방법과 기본 명령을 다뤘다. SQL에는 여
러 변형이 존재하는데, SQLite에 적합한 SQL은 MySQL, SQL Server 데이터베이스에
서 사용하는 SQL과 약간 다르다. 그렇지만 기본 원리는 모든 SQL에서 동일하다.

다음 순서대로 프로그램을 실행시킨다.

1. 셸 또는 명령 프롬프트에서 sqlite3.exe 프로그램이 있는 디렉터리 cd 명령 등
   을 사용해 이동한다.
2. sqlite3 mortality.db를 입력하고 엔터 키를 누른다. 그러면 sqlite>와 같은
   프롬프트를 보게 될 것이다. 이 프롬프트가 보인다는 것은 SQLite 프로그램
   안에 들어와 있음을 의미한다.
3. 이제 SQLite 프로그램 안에서 몇 개의 테이블을 만들고 SQLite 명령을 실행할
   것이다.

4. 언제든 세션을 종료하려면 .exit를 입력하고 엔터 키를 누른다.

▎데이터 엔지니어링, SQL을 사용해 한 번에 하나의 테이블 다루기

이제 SQLite를 갖고 데이터 엔지니어링을 수행하는 방법을 살펴보자. 먼저 데이터베이스에서 테이블을 만들 것이다. 그런 다음 테이블을 하나씩 다뤄서 마지막에 원하는 테이블을 얻을 것이다.

쿼리 셋 #0: 여섯 개의 테이블 생성

이 모의 데이터를 준비하자. 그 심장 전문 병원은 데이터를 다운로드할 수 있는 기능이 작동하지 않는다고 생각해보자. 대신 한 기술자가 여섯 개의 테이블을 만들 수 있는 SQLite 명령을 보낸다고 생각하자. 책을 보면서 명령들을 손수 입력함으로써 따라 해보자. 또는 책의 공식 코드 저장소에서 코드를 다운로드해 사용할 수도 있다.

쿼리 셋 #0a: PATIENT 테이블 만들기

데이터베이스에서 다음과 같이 스키마를 매뉴얼로 지정하는 테이블을 만들 수 있다. 다음을 실행해 PATIENT라는 첫 번째 테이블을 만들어보자.

```
sqlite> CREATE TABLE PATIENT(
  Pid VARCHAR(30) NOT NULL,
  Fname VARCHAR(30) NOT NULL,
  Minit CHAR,
  Lname VARCHAR(30) NOT NULL,
  Bdate TEXT NOT NULL,
  Street VARCHAR(50),
  City VARCHAR(30),
  State VARCHAR(2),
  Zip VARCHAR(5),
  Phone VARCHAR(10) NOT NULL,
```

```
  Sex CHAR,
  PRIMARY KEY (Pid)
);
```

위 코드를 보면 CREATE TABLE 다음에 테이블의 이름을 지정했다. 그다음에는 괄호를 열고, 각 행에 새로운 열 이름을 지정했다(Pid, Fname 등). 각 행에서 열 이름 다음에 데이터의 타입을 지정했다. 대부분의 열에 VARCHAR(n)을 사용했는데, 괄호 안에 취할 수 있는 문자열의 최대 개수를 지정했다. CHAR로 지정한 열에는 단 하나의 문자만 저장할 수 있다. 마지막으로, 이름이나 아이디와 같이 중요한 필드는 NOT NULL 구문을 사용해 공백이 오지 못하도록 명시했다.

이렇게 해서 테이블에 대한 스키마를 만들었다. 다음 단계는 테이블에 데이터를 넣는 것이다. 앞에서 말한 대로, 우리가 사용하는 데이터베이스는 단지 다섯 명의 환자밖에 없으므로 PATIENT 테이블은 다섯 행만 가지게 될 것이다. 다음과 같이 INSERT 명령을 사용해 한 행씩 데이터를 채우자.

```
sqlite> INSERT INTO PATIENT (Pid, Fname, Minit, Lname, Bdate, Street, City, State, Zip,
Phone, Sex)
VALUES ('1','John','A','Smith','1952-01-01','1206 Fox Hollow Rd.','Pittsburgh','PA','15
213','6789871234','M');

sqlite> INSERT INTO PATIENT (Pid, Fname, Minit, Lname, Bdate, Street, City, State, Zip,
Phone, Sex)
VALUES ('2','Candice','P','Jones','1978-02-03','1429 Orlyn Dr.','Los Angeles','CA','900
24','3107381419','F');

sqlite> INSERT INTO PATIENT (Pid, Fname, Minit, Lname, Bdate, Street, City, State, Zip,
Phone, Sex)
VALUES ('3','Regina','H','Wilson','1985-04-23','765 Chestnut Ln.','Albany','NY','12065'
,'5184590206','F');

sqlite> INSERT INTO PATIENT (Pid, Fname, Minit, Lname, Bdate, Street, City, State, Zip,
Phone, Sex)
VALUES ('4','Harold','','Lee','1966-11-15','2928 Policy St.','Providence','RI','02912',
```

```
'6593482691','M');
```

sqlite> INSERT INTO PATIENT (Pid, Fname, Minit, Lname, Bdate, Street, City, State, Zip, Phone, Sex)
VALUES ('5','Stan','P','Davis','1958-12-30','4271 12th St.','Atlanta','GA','30339','404 9814933','M');

INSERT 문에서는 VALUES 키워드를 사용하기 전에 값을 채울 필드들을 명시한다. 그런 다음 실제 데이터를 나열한다. VARCHAR, CHAR이 사용되는 경우 이것은 텍스트를 의미하기 때문에 텍스트는 작은따옴표(')를 사용해 값을 명시하는 점에 주의한다.

쿼리 셋 #0b: VISIT 테이블 만들기

이제 VISIT 테이블을 만들자. 다음과 같이 CREATE TABLE 명령으로 테이블을 만들고 INSERT 문으로 데이터를 채우자.

```
sqlite> CREATE TABLE VISIT(
  Pid VARCHAR(30) NOT NULL,
  Visit_id VARCHAR(30) NOT NULL,
  Visit_date DATE NOT NULL,
  Attending_md VARCHAR(30) NOT NULL,
  Pri_dx_icd VARCHAR(20) NOT NULL,
  Pri_dx_name VARCHAR(100) NOT NULL,
  Sec_dx_icd VARCHAR(20),
  Sec_dx_name VARCHAR(100),
  PRIMARY KEY (Visit_id)
);
sqlite> INSERT INTO VISIT (Pid, Visit_id, Visit_date, Attending_md, Pri_dx_icd, Pri_dx_
name, Sec_dx_icd, Sec_dx_name)
VALUES ('1','10001','2016-01-09','JOHNSON','I50.9','Heart failure,
unspecified','I10','Essential (primary) hypertension');

sqlite> INSERT INTO VISIT (Pid, Visit_id, Visit_date, Attending_md, Pri_dx_icd, Pri_dx_
name, Sec_dx_icd, Sec_dx_name)
VALUES ('1','10002','2016-01-17','JOHNSON','I50.9','Heart failure,
unspecified','I10','Essential (primary) hypertension');
```

```
sqlite> INSERT INTO VISIT (Pid, Visit_id, Visit_date, Attending_md, Pri_dx_icd, Pri_dx_
name, Sec_dx_icd, Sec_dx_name)
VALUES ('2','10003','2016-01-15','WU','I20.9','Angina pectoris,
unspecified','E11.9','Type 2 diabetes mellitus without complications');

sqlite> INSERT INTO VISIT (Pid, Visit_id, Visit_date, Attending_md, Pri_dx_icd, Pri_dx_
name, Sec_dx_icd, Sec_dx_name)
VALUES ('3','10004','2016-02-01','JOHNSON','I10','Essential (primary)
hypertension','','');

sqlite> INSERT INTO VISIT (Pid, Visit_id, Visit_date, Attending_md, Pri_dx_icd, Pri_dx_
name, Sec_dx_icd, Sec_dx_name)
VALUES ('4','10005','2016-02-27','WU','I27.0','Primary pulmonary
hypertension','I50.9','Heart failure, unspecified');

sqlite> INSERT INTO VISIT (Pid, Visit_id, Visit_date, Attending_md, Pri_dx_icd, Pri_dx_
name, Sec_dx_icd, Sec_dx_name)
VALUES ('5','10006','2016-03-01','WU','I50.9','Heart failure,
unspecified','E11.9','Type 2 diabetes mellitus without complications');
```

쿼리 셋 #0c: MEDICATIONS 테이블 만들기

다음은 MEDICATIONS 테이블이다.

```
sqlite> CREATE TABLE MEDICATIONS(
  Pid VARCHAR(30) NOT NULL,
  Rx_name VARCHAR(50) NOT NULL,
  Rx_dose VARCHAR(20),
  Rx_freq VARCHAR(10),
  Rx_route VARCHAR(10),
  Prescribing_md VARCHAR(30) NOT NULL,
  Rx_date DATE NOT NULL,
  Rx_ndc VARCHAR(30)
);

sqlite> INSERT INTO MEDICATIONS (Pid, Rx_name, Rx_dose, Rx_freq, Rx_route,
Prescribing_md, Rx_date, Rx_ndc)
VALUES ('1', 'LISINOPRIL','5
```

```
mg','bid','po','JOHNSON','01/09/2016','68180-513-01');

sqlite> INSERT INTO MEDICATIONS (Pid, Rx_name, Rx_dose, Rx_freq, Rx_route,
Prescribing_md, Rx_date, Rx_ndc)
VALUES ('1', 'FUROSEMIDE','20
mg','bid','po','JOHNSON','01/09/2016','50742-104-01');

sqlite> INSERT INTO MEDICATIONS (Pid, Rx_name, Rx_dose, Rx_freq, Rx_route,
Prescribing_md, Rx_date, Rx_ndc)
VALUES ('2', 'NITROGLYCERIN','0.4
mg','tid','sl','WU','01/15/2016','59762-3304-1');

sqlite> INSERT INTO MEDICATIONS (Pid, Rx_name, Rx_dose, Rx_freq, Rx_route,
Prescribing_md, Rx_date, Rx_ndc)
VALUES ('2', 'METFORMIN','500
mg','bid','po','WU','01/15/2016','65162-175-10');

sqlite> INSERT INTO MEDICATIONS (Pid, Rx_name, Rx_dose, Rx_freq, Rx_route,
Prescribing_md, Rx_date, Rx_ndc)
VALUES ('2', 'ASPIRIN','81
mg','qdaily','po','WU','01/15/2016','63981-563-51');

sqlite> INSERT INTO MEDICATIONS (Pid, Rx_name, Rx_dose, Rx_freq, Rx_route,
Prescribing_md, Rx_date, Rx_ndc)
VALUES ('2', 'METOPROLOL TARTRATE','25
mg','bid','po','WU','01/15/2016','62332-112-31');

sqlite> INSERT INTO MEDICATIONS (Pid, Rx_name, Rx_dose, Rx_freq, Rx_route,
Prescribing_md, Rx_date, Rx_ndc)
VALUES ('3', 'VALSARTAN HCTZ','160/12.5
mg','qdaily','po','JOHNSON','02/01/2016','51655-950-52');

sqlite> INSERT INTO MEDICATIONS (Pid, Rx_name, Rx_dose, Rx_freq, Rx_route,
Prescribing_md, Rx_date, Rx_ndc)
VALUES ('4', 'DILTIAZEM HYDROCHOLORIDE','300
mg','qdaily','po','WU','02/27/2016','52544-693-19');

sqlite> INSERT INTO MEDICATIONS (Pid, Rx_name, Rx_dose, Rx_freq, Rx_route,
Prescribing_md, Rx_date, Rx_ndc)
VALUES ('4', 'LISINOPRIL','10
```

```
mg','bid','po','WU','02/27/2016','68180-514-01');

sqlite> INSERT INTO MEDICATIONS (Pid, Rx_name, Rx_dose, Rx_freq, Rx_route,
Prescribing_md, Rx_date, Rx_ndc)
VALUES ('4', 'FUROSEMIDE','40
mg','bid','po','WU','02/27/2016','68788-1966-1');

sqlite> INSERT INTO MEDICATIONS (Pid, Rx_name, Rx_dose, Rx_freq, Rx_route,
Prescribing_md, Rx_date, Rx_ndc)
VALUES ('5', 'LISINOPRIL','5
mg','bid','po','WU','03/01/2016','68180-513-01');

sqlite> INSERT INTO MEDICATIONS (Pid, Rx_name, Rx_dose, Rx_freq, Rx_route,
Prescribing_md, Rx_date, Rx_ndc)
VALUES ('5', 'FUROSEMIDE','20
mg','bid','po','WU','03/01/2016','50742-104-01');

sqlite> INSERT INTO MEDICATIONS (Pid, Rx_name, Rx_dose, Rx_freq, Rx_route,
Prescribing_md, Rx_date, Rx_ndc)
VALUES ('5', 'METFORMIN','500
mg','bid','po','WU','03/01/2016','65162-175-10');
```

쿼리 셋 #0d: LABS 테이블 만들기

다음 코드를 사용해 LABS 테이블을 만들자.

```
sqlite> CREATE TABLE LABS(
  Pid VARCHAR(30) NOT NULL,
  Lab_name VARCHAR(50),
  Lab_abbrev VARCHAR(20),
  Lab_loinc VARCHAR(10) NOT NULL,
  Lab_value VARCHAR(20) NOT NULL,
  Ordering_md VARCHAR(30),
  Lab_date DATE NOT NULL
);
sqlite> INSERT INTO LABS (Pid, Lab_name, Lab_abbrev, Lab_loinc, Lab_value, Ordering_md,
Lab_date)
VALUES ('1','Natriuretic peptide B','BNP','42637-9','350','JOHNSON','2016-01-09');
```

```
sqlite> INSERT INTO LABS (Pid, Lab_name, Lab_abbrev, Lab_loinc, Lab_value, Ordering_md,
Lab_date)
VALUES ('2','Natriuretic peptide B','BNP','42637-9','100','WU','2016-01-15');

sqlite> INSERT INTO LABS (Pid, Lab_name, Lab_abbrev, Lab_loinc, Lab_value, Ordering_md,
Lab_date)
VALUES ('2','Glucose','GLU','2345-7','225','WU','2016-01-15');

sqlite> INSERT INTO LABS (Pid, Lab_name, Lab_abbrev, Lab_loinc, Lab_value, Ordering_md,
Lab_date)
VALUES ('2','Troponin I','TROP','10839-9','<0.004','WU','2016-01-15');

sqlite> INSERT INTO LABS (Pid, Lab_name, Lab_abbrev, Lab_loinc, Lab_value, Ordering_md,
Lab_date)
VALUES ('4','Natriuretic peptide B','BNP','42637-9','1000','WU','2016-02-27');

sqlite> INSERT INTO LABS (Pid, Lab_name, Lab_abbrev, Lab_loinc, Lab_value, Ordering_md,
Lab_date)
VALUES ('5','Natriuretic peptide B','BNP','42637-9','400','WU','2016-03-01');

sqlite> INSERT INTO LABS (Pid, Lab_name, Lab_abbrev, Lab_loinc, Lab_value, Ordering_md,
Lab_date)
VALUES ('5','Glucose','GLU','2345-7','318','WU','2016-03-01');
```

쿼리 셋 #0e: VITALS 테이블 만들기

VITALS 테이블은 FLOAT, INT와 같은 숫자형 데이터 타입을 사용하는 점에 주목한다. 다음 코드를 사용해 VITALS 테이블을 만들고, 값을 입력한다.

```
sqlite> CREATE TABLE VITALS(
  Pid VARCHAR(30) NOT NULL,
  Visit_id VARCHAR(30) NOT NULL,
  Height_in INT,
  Weight_lb FLOAT,
  Temp_f FLOAT,
  Pulse INT,
  Resp_rate INT,`
```

```
  Bp_syst INT,
  Bp_diast INT,
  SpO2 INT
);
sqlite> INSERT INTO VITALS (Pid, Visit_id, Height_in, Weight_lb, Temp_f, Pulse, Resp_
rate, Bp_syst, Bp_diast, SpO2)
VALUES ('1','10001',70,188.4,98.6,95,18,154,94,97);

sqlite> INSERT INTO VITALS (Pid, Visit_id, Height_in, Weight_lb, Temp_f, Pulse, Resp_
rate, Bp_syst, Bp_diast, SpO2)
VALUES ('1','10002',70,188.4,99.1,85,17,157,96,100);

sqlite> INSERT INTO VITALS (Pid, Visit_id, Height_in, Weight_lb, Temp_f, Pulse, Resp_
rate, Bp_syst, Bp_diast, SpO2)
VALUES ('2','10003',63,130.2,98.7,82,16,120,81,100);

sqlite> INSERT INTO VITALS (Pid, Visit_id, Height_in, Weight_lb, Temp_f, Pulse, Resp_
rate, Bp_syst, Bp_diast, SpO2)
VALUES ('3','10004',65,120.0,NULL,100,19,161,100,98);

sqlite> INSERT INTO VITALS (Pid, Visit_id, Height_in, Weight_lb, Temp_f, Pulse, Resp_
rate, Bp_syst, Bp_diast, SpO2)
VALUES ('4','10005',66,211.4,98.2,95,19,143,84,93);

sqlite> INSERT INTO VITALS (Pid, Visit_id, Height_in, Weight_lb, Temp_f, Pulse, Resp_
rate, Bp_syst, Bp_diast, SpO2)
VALUES ('5','10006',69,150.0,97.6,77,18,130,86,99);
```

쿼리 셋 #0f: MORT 테이블 만들기

MORT 테이블은 다음과 같은 코드를 사용해 만들고, 값을 채운다.

```
sqlite> CREATE TABLE MORT(
  Pid VARCHAR(30) NOT NULL,
  Mortality_date DATE NOT NULL,
  PRIMARY KEY (Pid)
);
sqlite> INSERT INTO MORT (Pid, Mortality_date)
```

```
VALUES ('1', '2016-05-15');

sqlite> INSERT INTO MORT (Pid, Mortality_date)
VALUES ('4', '2016-06-08');
```

쿼리 셋 #0g: 테이블 보기

테이블이 정확하게 만들어졌는지(예를 들어 PATIENT 테이블)를 확인하려면 SELECT * FROM PATIENT; 쿼리로 확인할 수 있다. 이 문법은 쿼리 셋 #2에서 설명한다.

```
sqlite> SELECT * FROM PATIENT;
1 John A Smith 1952-01-01 1206 Fox Hollow Rd. Pittsburgh PA 15213 6789871234 M
2 Candice P Jones 1978-02-03 1429 Orlyn Dr. Los Angele CA 90024 3107381419 F
3 Regina H Wilson 1985-04-23 765 Chestnut Ln. Albany NY 12065 5184590206 F
4 Harold Lee 1966-11-15 2928 Policy St. Providence RI 02912 6593482691 M
5 Stan P Davis 1958-12-30 4271 12th St. Atlanta GA 30339 4049814933 M
```

쿼리 셋 #1: MORT_FINAL 테이블 만들기

우리가 작성할 첫 번째 쿼리에서는 CREATE TABLE 문을 사용해 테이블을 만들 것이다. CREATE TABLE 문을 사용하는 한 가지 방법은 각 변수와 그에 대한 데이터 타입을 명시하는 것이다. 이런 방법을 사용해 앞에서 여섯 개의 테이블을 만들어봤다. 이와는 다르게 기존에 존재하는 테이블을 복사해 새로운 테이블을 만들 수 있다. 여기서는 이 두 번째 방법을 사용해볼 것이다.

다음은 어떤 테이블로부터 새로운 테이블을 만들지 결정해야 한다. 우리가 만들려고 하는 최종 테이블에 들어갈 환자 정보를 PATIENT 테이블로 복사해오고 싶을 수도 있다. 거기에는 한 행에 각 환자에 대한 기초 인구학적 데이터를 갖고 있기 때문이다. 그렇지만 이번 사례는 환자가 아니라 한 번의 외래 진료에 기반하고 있음을 기억해야 한다. 따라서 한 환자가 두 번 진료를 봤다면(환자 #1인 경우), 기술적으로 그 환자는 각 진료별로 하나씩 두 개의 위험 척도를 받게 될 것이다. 그러므로 VISIT 테이블에 정보를 복사하기 시작해야 한다. 이렇게 하면 각 진료당 하나씩 해서 여섯 개의 행으로 된 테이블이 만들어진다.

그래서 CREATE TABLE 절을 사용해 쿼리를 시작한다. 새로 만들 테이블 이름은 MORT_FINAL로 정했다. 다음은 AS 키워드를 사용했다. 그 후에 따르는 두 행의 쿼리는 SELECT-FROM-WHERE 문을 사용해 복사해올 정보를 지정하는 것이다.

```
sqlite> CREATE TABLE MORT_FINAL AS
SELECT Visit_id, Pid, Attending_md, Visit_date, Pri_dx_icd, Sec_dx_icd
FROM VISIT;
```

SELECT-FROM-WHERE은 하나의 테이블에서 정보를 추출하는 체계적인 접근법이다. SELECT 부분은 열 선택자 역할을 하는데, SELECT라는 키워드 뒤에 나오는 것은 새로운 테이블에 복사하고 싶은 열들이다. Pri_dx_name, Sec_dx_name과 같은 진단명을 제외했다는 점에 주목한다. 왜냐하면 이것들은 예측 변수가 아니기 때문이다. FROM이라는 키워드에는 우리가 복사할 정보를 가진 테이블 이름을 지정한다(이 경우에는 VISIT). WHERE 키워드는 선택 사항으로, 어떤 조건에 맞는 행들만 선택할 때 사용한다. 예를 들어 우리 모델이 심부전이 있는 환자들의 진료에만 한정된다고 한다면, WHERE Pri_dx_code = 'I50.9'라고 지정할 수 있다. 이 경우에는 모든 진료에 관심을 갖고 있기 때문에 이 쿼리에서 WHERE 절이 필요하지 않았다. 다음 쿼리 셋에서는 WHERE 절의 실제 사용 예를 보게 될 것이다.

쿼리 셋 #2: MORT_FINAL 테이블에 열 추가하기

이 절에서는 열을 추가하는 두 가지 방법을 설명한다. 하나는 ALTER TABLE 문을 사용하는 것이고, 다른 하나는 JOIN 연산을 사용하는 것이다.

쿼리 셋 #2a: ALTER TABLE을 사용해 열 추가하기

VISIT 테이블에서 MORT_FINAL 테이블로 정보들을 옮겼다. 이제 다른 테이블 정보도 여기에 합칠 때가 됐다. PATIENT 테이블로 시작하자. 이 테이블에서 생년월일과 성별 정보를 가져오자. 먼저 생년월일을 가져오자.

쿼리 셋 #2에서 테이블에 새로운 열(생년월일)을 추가하는 기본 쿼리 패턴을 설명한다. ALTER TABLE로 시작해 다음 테이블 이름, 연산명(ADD COLUMN), 새로운 열 이름, 변수 타입 순서로 입력한다. 표준 SQL은 DATE 변수 타입을 지원하지만, SQLite에서는 TEXT 타입을 사용해 입력한다. 날짜는 항상 YYYY-MM-DD 포맷으로 지정한다.

ALTER TABLE 문으로 새로운 열을 초기화하고 나면, 다음 단계는 PATIENT 테이블에서 생년월일 정보를 가져와 데이터를 채우는 것이다. 이 과정에서는 UPDATE 문을 사용한다. UPDATE 키워드 다음에 수정한 테이블 이름을 지정하고, 이후 SET 문에서 수정할 열 이름과 등호를 쓰고, 그다음에는 SELECT-FROM-WHERE 블록을 사용했다.

SELECT-FROM-WHERE 블록은 SQL 언어에서 기본 데이터 추출 쿼리다. 우리는 PATIENT 테이블에서 정보를 추출해 새로운 Bdate 열로 정보를 가져오려고 하므로, 등호 다음에 이 SELECT-FROM-WHERE을 괄호 안에 넣어서 사용한다. 최종 SQL 문은 SELECT 문을 사용해 'MORT_FINAL 테이블의 각 행에 대해, PATIENT 테이블의 Pid 값과 MORT_FINAL 테이블의 Pid 값이 같은 경우 PATIENT 테이블로부터 생년월일 정보를 가져오라.'라는 명령을 준다고 생각하면 된다.

Bdate 열에 대한 UPDATE 문 다음에 (ALTER TABLE, UPDATE) 쿼리를 사용해, PATIENT 테이블에서 Sex 열을 가져온다. 그 방법은 앞에서 생년월일을 가져오는 방법과 같다.

```
sqlite> ALTER TABLE MORT_FINAL ADD COLUMN Bdate TEXT;

sqlite> UPDATE MORT_FINAL SET Bdate =
(SELECT P.Bdate
FROM PATIENT AS P
WHERE P.Pid = MORT_FINAL.Pid);
```

```
sqlite> ALTER TABLE MORT_FINAL ADD COLUMN Sex CHAR;

sqlite> UPDATE MORT_FINAL SET Sex =
(SELECT P.Sex
FROM PATIENT AS P
WHERE P.Pid = MORT_FINAL.Pid);
```

쿼리 셋 #2b: JOIN을 사용해 열 추가

ALTER TABLE 및 UPDATE 문이 한 번에 하나의 테이블로 여러 열을 추가하는 좋은 방법이기는 하지만, 같은 테이블로부터 여러 개의 열을 복사할 때는 상당히 귀찮을 수 있다. JOIN 연산은 같은 테이블에서 여러 개의 열을 복사해 올 수 있는 두 번째 옵션이다.

JOIN 연산에서는 두 테이블을 결합해 하나의 테이블을 생성한다. 다음에 소개하는 예제 쿼리의 경우 VITALS 테이블에서 선택된 열들이 MORT_FINAL 테이블의 끝에 추가된다.

그런데 MORT_FINAL 테이블과 VITALS 테이블 모두 여러 개의 행을 갖고 있다. 그러면 쿼리가 각 테이블의 행이 다른 테이블의 행과 연관이 있다는 것을 어떻게 알 수 있을까? 이 규칙은 ON 절(쿼리의 끝에 있다.)에서 정의된다. ON 절이 의미하는 바는 '두 테이블을 조인시킬 때, 방문 아이디(Visit_id)가 같은 행들을 결합하라.'는 것이다. MORT_FINAL 테이블의 각 행에 대해 같은 방문 아이디에 따라 매칭되는 VISIT 테이블의 단 한 개의 행과 연결되며, 이 기준은 우리가 환자의 개별 방문을 별도의 행으로 데이터를 정리하고 있는 점을 고려하면 타당하다고 볼 수 있다. 즉, Visit_id가 하나의 레코드 또는 관측값으로 놓고 데이터를 정리하고 있는 것이다.

JOIN에 대해 더 알고 있어야 하는 내용은 표준 SQL에 LEFT JOIN, RIGHT JOIN, INNER JOIN, OUTER JOIN이라는 네 종류의 서로 다른 JOIN 타입이 있다는 사실이다. LEFT JOIN(SQLite에서는 LEFT OUTER JOIN이라고 한다.)은 우리가 여기서 사용하는 타입으로, '첫 번째 테이블(이 경우에는 MORT_FINAL)의 각 행에 대해 방문 아이디가 같은 경우 VISIT 테이블의 해당되는 열들을 추가하고, VISIT 테이블에 해당되는 방문 아이디가 없는 경우에는 NULL 값을 지정하라.'는 의미를 가진다. 다른 말로 하면, 오른쪽 테이블의 해당되는 행의 존재에 상관없이 첫 번째 테이블의 모든 행은 유지한다. 첫 번째 테이블에는 없고, 두 번째 테이블에는 있는 방문 아이디에 대한 행은 버린다.

RIGHT JOIN에서는 반대다. 두 번째 테이블의 고유한 방문 아이디들이 유지되고, 첫 번째 테이블의 방문 아이디와 해당되는 값으로 적절히 매칭된다. 첫 번째 테이블에 방문 아이디가 있는데, 두 번째 테이블에 없는 경우 그 행은 버려진다. INNER JOIN에서는 두 테이블에 동시에 방문 아이디가 매칭되는 행들만 유지된다. OUTER JOIN은 두 테이블의 모든 행을 포함하고, 결측값을 NULL 값으로 채운다. SQLite에서 RIGHT JOIN과 OUTER JOIN은 지원되지 않는다.

LEFT JOIN을 선택한 이유는 무엇일까? 기본적으로 우리가 할 일은 활력 징후가 기록된 것에 상관없이 각 외래 방문에 대한 예측을 하려는 것이다. 그래서 MORT_FINAL 테이블에는 모든 방문 아이디가 들어 있어야 하고, 그렇게 하려면 LEFT JOIN이 맞는 것이다.

아래 코드에서는 JOIN 방법을 사용함으로써 VITALS 테이블에서 여덟 열을 추가하는 데 단 하나의 쿼리면 충분하다. 그런데 단점이 있다. 무엇보다 새로운 테이블 MORT_FINAL_2 테이블을 만들 필요가 있다는 점이다. MORT_FINAL 테이블에는 바로 열을 추가할 수 없기 때문에 새로운 테이블을 만들어야 한다. 또한 마지막 결과에 유지시키고자 하는 모든 열을 일일이 타이핑해야 하는 것도 단점이다. SQL에서 별표(*)는 두 테이블의 모든 열을 추가하는 것을 의미한다. 하나의 테이블만 사용한다면 SELECT * FROM MORT_FINAL ...이라고 할 수 있었을 것이다. 그렇지만 이 경우 두 테이블을 사용하기 때문에 열의 이름들이 중복된다.

그런 다음 SELECT 문에서 중복되는 열들을 제외해야 한다. 그럼에도 불구하고 조인은 첫 번째 테이블로 합쳐야 할 열들이 두 번째 테이블에 많이 있는 경우에는 유용하게 사용된다.

```
sqlite> CREATE TABLE MORT_FINAL_2 AS
  SELECT M.Visit_id, M.Pid, M.Attending_md, M.Visit_date, M.Pri_dx_icd,
    M.Sec_dx_icd, M.Bdate, M.Sex, V.Height_in, V.Weight_lb, V.Temp_f, V.Pulse,
V.Resp_rate, V.Bp_syst, V.Bp_Diast, V.SpO2
  FROM MORT_FINAL AS M
    LEFT OUTER JOIN VITALS AS V
    ON M.Visit_id = V.Visit_id;
```

쿼리 셋 #3: 데이터 조작 – 나이 계산

이렇게 하면 MORT_FINAL_2 테이블에는 16개의 열이 있게 된다. 여섯 개는 VISIT 테이블에서, 두 개는 PATIENT 테이블에서, 여덟 개는 VITALS 테이블에서 가져온 것이다. SELECT * FROM MORT_FINAL_2; 명령으로 확인할 수 있으며, 이 쿼리 셋에서는 이들 변수 가운데 한 변수인 생년월일에 대한 변수를 날짜 연산이 가능하도록 변화시키려고 한다. 환자의 나이를 계산해볼 것이다.

앞 쿼리 셋 #2a에서 이야기했듯이, SQLite에서 날짜는 TEXT 변수 타입으로 YYYY-MM-DD 포맷으로 저장된다. 나이를 계산하려면 julianday() 함수를 두 번 사용해 계산한다. SQLite에서 julianday() 함수는 YYYY-MM-DD 형태로 돼 있는 날짜 정보를 받아 기원전 4714년 11월 24일 자정을 기준으로 지금까지 며칠이 소요됐는지 숫자로 알려준다. 그 자체로 보면 그다지 유용해 보이지 않을지 모르겠지만, 또 다른 julianday() 함수로 두 값을 빼는 방법을 사용해 두 날짜 사이의 날짜 수를 계산할 수 있다. 그래서 외래 방문일과 생년월일에 대한 줄리언 날짜$^{Julian\ day}$ 차이를 계산하고 365.25로 나누면 환자의 나이가 연수로 계산된다. 그리고 ROUND() 함수를 사용해 소숫점 이하 두 자리 이후는 버림 처리했다.

```
sqlite> ALTER TABLE `MORT_FINAL_2` ADD COLUMN Age_years REAL;

sqlite> UPDATE `MORT_FINAL_2` SET Age_years =
ROUND((julianday(Visit_date) - julianday(Bdate)) / 365.25, 2);
```

쿼리 셋 #4: 진단명에 대한 비닝과 집계

우리 데이터베이스의 VISIT 테이블은 환자 방문 시 진단 코드를 포함하고 있다. 비록 이 경우에는 하나의 독립적인 테이블로 구성돼 있지 않지만, 많은 애널리틱스 문제에서 가장 중요한 정보 가운데 하나다. 첫 번째 이유는 모델에 사용될 적절한 관측값을 선택할 수 있게 도움을 주기 때문이다. 한 가지 예로, 악성 종양을 예측하는 모델을 만들고 싶은 경우 진단 코드를 사용해 해당 암에 대한 환자 정보를 얻고 나머지는 걸러낼 수 있다. 두 번째는 진단 자체가 좋은 예측 변수가 되기 때문이다(Futoma et al., 2015). 예를 들어 7장, '헬스케어 예측 모델 만들기'에서 살펴보겠지만, 여러 만성 질환은 건강 결과에 지대한 악영향을 미친다. 따라서 예측 모델을 최적화하기 위해 이런 진단 코드에 들어 있는 정보를 충분히 활용할 수 있어야 한다.

여기서는 코드화된 변수를 변환시키는 두 가지 방법을 설명할 것이다. 첫 번째 변환은 비닝binning[1] 변환이다. 이는 특정 진단에 대한 카테고리형 변수를 이진 값으로 바꾸는 것을 말한다. 두 번째 변환은 집계aggregating로, 이진화된 변수들을 하나의 이진 또는 숫자형 변수로 그룹핑하는 것을 말한다. 이런 변환은 진단 코드뿐만 아니라 시술, 약물, 기타 검사실 코드에도 적용된다. 다음은 이 변환에 대한 예다.

쿼리 셋 #4a: 울혈성심부전 진단에 대한 비닝

여기서는 울혈성심부전 진단 코드를 비닝 전환하는 예를 설명한다. 먼저 ALTER TABLE 문으로 정수형 열인 Chf_dx를 만든다. DEFAULT 0은 초기화될 때 디폴트 값을 0으로 지정하게 한다. 그런 다음, Pri_dx_icd 열의 울혈성심부전 진단에 해당되는 코드가 있을 때 Chf_dx의 값을 1로 바꿔준다.

---

1   보통 데이터 과학에서 히스토그램을 만들 때 주로 사용되며, 연속 변수를 구간으로 나눠 각 구간에 해당되는 값이 몇 개인지를 계산하는 것을 말한다. - 옮긴이

```
sqlite> ALTER TABLE MORT_FINAL_2 ADD COLUMN Chf_dx INTEGER DEFAULT 0;

sqlite> UPDATE MORT_FINAL_2 SET Chf_dx = 1 WHERE Pri_dx_icd = 'I50.9' OR Sec_dx_icd =
'I50.9';
```

쿼리 셋 #4b: 다른 진단명에 대한 비닝

다섯 명의 데이터셋에 대한 단일 진단 코드에 대해 앞에서와 같은 비닝 변환을 실행한
다. 고혈압, 협심증, 당뇨병, 폐고혈압 등에 대한 비닝 변환은 다음과 같다.

```
sqlite> ALTER TABLE MORT_FINAL_2 ADD COLUMN Htn_dx INTEGER DEFAULT 0;

sqlite> UPDATE MORT_FINAL_2 SET Htn_dx = 1 WHERE Pri_dx_icd = 'I10' OR Sec_dx_icd =
'I10';

sqlite> ALTER TABLE MORT_FINAL_2 ADD COLUMN Angina_dx INTEGER DEFAULT 0;

sqlite> UPDATE MORT_FINAL_2 SET Angina_dx = 1 WHERE Pri_dx_icd = 'I20.9' OR Sec_dx_icd
= 'I20.9';

sqlite> ALTER TABLE MORT_FINAL_2 ADD COLUMN Diab_dx INTEGER DEFAULT 0;

sqlite> UPDATE MORT_FINAL_2 SET Diab_dx = 1 WHERE Pri_dx_icd = 'E11.9' OR Sec_dx_icd =
'E11.9';

sqlite> ALTER TABLE MORT_FINAL_2 ADD COLUMN Pulm_htn_dx INTEGER DEFAULT 0;

sqlite> UPDATE MORT_FINAL_2 SET Pulm_htn_dx = 1 WHERE Pri_dx_icd = 'I27.0' OR Sec_dx_
icd = 'I27.0';
```

쿼리 셋 #4c: 합을 이용해 심장병을 하나로 모으기

앞에서 본 비닝이 개별 진단을 하나씩 분리하는 데 중요하기는 하지만, 실제 작업에서
는 유사하거나 거의 동일한 진단 코드들을 단일 변수로 묶고 싶을 때가 종종 있다. 두

개 이상의 이진 변수들을 묶어서 하나의 이진 또는 숫자 변수로 묶는 것을 집계 aggregating라고 한다. 여기서는 심장과 관련된 울혈성심부전, 고혈압, 협심증을 덧셈 연산자를 사용해 하나로 집계한다. 그 결과는 총 심장 관련 진단의 개수가 된다.

```
sqlite> ALTER TABLE MORT_FINAL_2 ADD COLUMN Num_cardiac_dx INTEGER;

sqlite> UPDATE MORT_FINAL_2 SET Num_cardiac_dx = Chf_dx + Htn_dx +
Angina_dx;
```

쿼리 셋 #4d: 카운트를 사용한 심장 진단의 집계

쿼리 셋 #4b, #4c에서는 세 개의 심장 관련 질환을 열 이름에 덧셈을 사용해 집계했다. 그런데 다뤄야 할 질환의 진단 코드가 수십 개, 수백 개, 또는 수천 개가 될 경우에는 어떻게 해야 하는지에 대해 관심이 있을 수 있다. 앞에서 본 #4b, #4c는 이렇게 개수가 많아지면 실용적이지 않다.

여기서는 COUNT 함수와 보조 역할을 하는 테이블을 사용해 테이블에 있는 진단 코드를 집계하려고 한다. 먼저 CREATE TABLE 문을 사용해 CARDIAC_DX 테이블을 만든다. 이 CREATE TABLE 문은 앞에서 본 쿼리 셋 #1과 조금 다르다. 앞에서는 기존에 있는 테이블을 복사해 새로운 테이블을 만들었다. 여기서는 아예 처음부터 테이블을 만드는 것으로 괄호 안에 열 이름, 변수 타입, NOT NULL을 지정한다. 하나 이상의 열이 있는 경우에는 괄호 안에서 콤마comma(,)를 사용해 구분한다.

테이블을 만든 다음, INSERT 문을 사용해 I50.9, I10, I20.9 값을 삽입했다. 그리고 나서 MORT_FINAL_2 테이블에 Num_cardiac_dx_v2라는 열을 추가했다.

마지막 쿼리에서는 Pri_dx_icd 또는 Sec_dx_icd 열에 들어 있는 진단 코드의 개수를 합해서 Num_cardiac_dx_v2 열을 업데이트한다. 이 작업은 UPDATE 문 안에 들어 있는 각 열에 대한 SELECT-FROM-WHERE 블록을 사용해 처리한다. 이런 종류의 쿼리를 중첩 쿼리 nested query라고 부른다. 각각의 SELECT 블록 안에서 COUNT(*)는 단순히 결과로 얻어진 테이블의 행 개수를 반환한다. 예를 들어 VISIT #1001인 경우 Pri_dx_icd 열에 하나의 심장 질환 코드가 있고, Sec_dx_icd 열에 매칭되는 코드가 있다. 그래서 첫 번째 SELECT 블록은 1 값을 반환한다. COUNT를 사용하지 않은 쿼리인 경우 행이 하나인 테이블을 반환하기 때문이다. 두 번째 SELECT 블록 역시 매칭되는 것을 감지하고 1 값을 반환한다. 두 개의 블록의 값이 각각 1이기 때문에 + 연산을 수행한 값은 최종적으로 2가 된다. Num_cardiac_dx와 Num_cardiac_dx_2 열을 서로 비교해보면 결과가 같다는 것을 확인할 수 있다. 앞에서 Num_cardiac_dx는 집계 방법을 사용했었다. 그 방법과 여기서 Num_cardiac_dex_2를 만들어 사용하는 방법 가운데 어느 편이 더 좋을까? 작고 간단한 집계에서는 첫 번째 방법이 더 쉽다. 각 코드에 대해 하나의 열을 만들고 그런 다음 + 연산자를 사용해 그들을 집계하면 되기 때문이다. 그렇지만 실제로 코드들을 집계해 어떤 특징(열)을 만드는 작업을 자주 하게 된다. 이 경우에는 두 번째 방법이 더 쉽다.

```
sqlite> CREATE TABLE CARDIAC_DX (
 Dx_icd TEXT NOT NULL);

sqlite> INSERT INTO CARDIAC_DX (Dx_icd)
VALUES ('I50.9'),('I10'),('I20.9');

sqlite> ALTER TABLE MORT_FINAL_2 ADD COLUMN Num_cardiac_dx_v2 INTEGER;

sqlite> UPDATE MORT_FINAL_2 SET Num_cardiac_dx_v2 =
(SELECT COUNT(*)
  FROM CARDIAC_DX AS C
  WHERE MORT_FINAL_2.Pri_dx_icd = C.Dx_icd) +
(SELECT COUNT(*)
  FROM CARDIAC_DX AS C
  WHERE MORT_FINAL_2.Sec_dx_icd = C.Dx_icd);
```

쿼리 셋 #5 - 약물 개수 구하기

이제 약물로 넘어간다. 환자가 복용하고 있는 약물의 개수를 단순 집계할 열을 추가해보자. 아래 쿼리에서는 먼저 ALTER TABLE 문을 사용해 Num_meds라는 열을 추가한다. 그러고 나서 각 환자가 복용하는 약물의 개수를 알기 위해 UPDATE 문 안에서 SELECT-FROM-WHERE 블록을 사용했다. 이 쿼리는 MORT_FINAL_2 테이블에 있는 각 환자의 아이디에 대해 해당되는 환자의 아이디와 같은 값을 갖고 있는 MEDICATIONS 테이블의 행 개수를 계산한다. 여기서도 COUNT 함수를 사용해 열 개수를 구하며, 이 쿼리에서는 새로운 DISTINCT 함수를 소개한다. DISTINCT는 괄호 안의 어떤 열에 대해 중복된 열을 제거한다. 그래서 예를 들어, 한 환자에서 리시노프릴이 두 번 있는 경우 DISTINCT(Rx_name) 함수를 호출해 그것이 하나로 카운팅되게 한다.

```
sqlite> ALTER TABLE MORT_FINAL_2 ADD COLUMN Num_meds INTEGER;

sqlite> UPDATE MORT_FINAL_2 SET Num_meds =
(SELECT
  COUNT(DISTINCT(Rx_name))
  FROM MEDICATIONS AS M
  WHERE MORT_FINAL_2.Pid = M.Pid);
```

쿼리 셋 #6: 비정상 혈액 검사 결과 비닝

여러 연구 결과를 보면, 여러 가지 혈액 검사 값이 재입원과 같은 임상 건강 결과에 대한 중요한 예측 인자가 된다는 것을 알 수 있다(Donze et al., 2013). 그런데 혈액 검사 데이터는 문제가 많다. 대부분의 환자에서 결측값으로 존재하는 경우가 많기 때문이다. 예를 들어, 우리 데이터를 보면 모든 환자가 방문할 때마다 혈액 검사를 받지는 않았다. 우리 데이터에서는 세 종류의 혈액 검사가 있는데, 가장 많은 것은 BNP로 여섯 명 중 네 명에 대해 수행됐다. 그럼 다른 두 명의 환자는 어떻게 처리해야 하는가?

이 문제를 해결하는 한 가지 방법은 비정상 결과가 있다고 알리는 '신호기'를 설정하는 것이다. 아래 쿼리에서는 혈당 검사를 이런 식으로 처리했다. 먼저 ALTER TABLE 함수를 사용해 Abnml_glucose 열을 추가했다. 그런 다음 쿼리에서 각 환자가 외래 진료를 했을 때 혈당 검사가 200을 넘는 횟수를 계산하고, 이 값을 새로 만든 열의 값으로 설정했다. 여기서 AND 절을 여러 번 사용한 점에 주목한다. 이는 환자, 날짜, 검사 결과를 정확히 매칭하기 위한 것이다. 그래서 200이 넘는 결과를 보인 방문인 경우에만 새로 만든 열이 0보다 큰 값으로 설정된다. 여기서 CAST() 함수를 사용했는데, 이 함수는 비교 연산을 하기 위해 텍스트(TEXT)를 부동소수점 숫자(FLOAT)로 변환시키는 데 사용됐다.

```
sqlite> ALTER TABLE MORT_FINAL_2 ADD COLUMN Abnml_glucose INTEGER;
sqlite> UPDATE MORT_FINAL_2 SET Abnml_glucose =
(SELECT COUNT(\*)
  FROM ABS AS L
  WHERE MORT_FINAL_2.Pid = L.Pid AND
    MORT_FINAL_2.Visit_date = L.Lab_date AND
    L.Lab_name = 'Glucose' AND
    CAST(L.Lab_value AS FLOAT) >= 200);
```

이 방법으로 결측값을 가진 혈액 검사 문제를 일부 해결하기는 했지만, 이 방법은 결측된 결과와 정상 결과를 같은 것으로 처리한다는 점에서 한계가 있다. 다음 쿼리 셋 #7에서는 결측값을 대치하는 데 사용되는 기본 방법들을 설명한다.

쿼리 셋 #7: 결측값 대치

앞에서 본 쿼리 셋 #6이 결측값을 가진 혈액 검사의 문제를 일부 해결했지만, 원래 혈액 검사 수치에 담겨 있는 정보는 모두 버려지게 된다는 문제가 있다. 예를 들어 BNP인 경우 두 명의 환자가 이 값이 없으며, 체온인 경우에는 한 명의 환자가 이 값이 없다.

여기서 설명하는 원리를 갖고 실험한 이전 연구를 보면, 이 방법을 사용해 좋은 결과를 얻었다고 한다. 한 연구(Donze et al., 2013)에서는 퇴원 환자의 약 1%가 결측값을 갖고 있었는데, 그 값들이 정상 범위에 있다고 가정하고 값을 채운 후 모델을 만들었다.

SQL에서는 단일 결측값 대치가 쉽게 이뤄진다.

쿼리 셋 #7a: 체온 결측값을 정상 범위로 대치하기

여기서는 UPDATE 문을 사용해 체온 결측값을 98.6으로 바꾼다.

```
sqlite> UPDATE MORT_FINAL_2 SET Temp_f = 98.6 WHERE Temp_f IS NULL;
```

쿼리 셋 #7b: 체온 결측값을 평균값으로 대치하기

여기서는 체온 변수에서 결측된 값을 정상 값이 아닌 평균으로 대치하는 평균 결측값 대치법$^{\text{mean imputation}}$을 사용한다. 쿼리 셋 #7의 98.6 부분을 SELECT-FROM-WHERE 블록으로 대치하면 된다. 평균을 구하기 위해 결측값이 없는 값들을 필터링하고 평균을 구한다. AVG() 함수는 평균을 구하는 함수다. MIN(), MAX(), COUNT(), SUM() 등과 함께 여러 개의 값을 모아서 하나의 값으로 만드는 것을 집계 함수$^{\text{aggregate function}}$라고 부른다.

```
sqlite> UPDATE MORT_FINAL_2 SET Temp_f = (SELECT AVG(Temp_f) FROM
MORT_FINAL_2 WHERE Temp_f IS NOT NULL)
WHERE Temp_f IS NULL;
```

쿼리 셋 #7c: 결측 BNP 값을 균일 분포를 갖는 값으로 대치하기

우리 데이터셋에서 결측된 체온 값을 하나의 값으로 대치하는 것은 어렵지 않았다. 하지만 두 개의 결측된 BNP 값을 대치하는 것은 여러 가지 이유로 문제가 될 수 있다.

- 결측된 BNP 값을 갖는 환자 방문의 비율은 더 높을 수도 있다.

- 정상 체온의 경우에는 단순히 98.6이지만, BNP는 정상이 100~400pg/mL로 상당한 범위를 가진다. 그렇다면 정상값으로 대치할 때는 어떤 값을 선택해야 할까?

- 우리 데이터셋에서 BNP 값의 평균은 462.5이다. 이것은 사실 비정상 값에 해당한다. 그래서 우리가 이 변수에 평균 결측값 대치 방법을 사용하면 검사하

지 않은 환자에 대해 모두 비정상 값으로 대치하게 된다. 이는 의도하는 바가 아닐 것이다. 이런 문제에 대한 완벽한 해법은 없다.

그렇지만 기꺼이 원래 BNP 값을 갖고 이런 작업을 굳이 해야 한다면, 균일 분산^{uniform} ^{distribution}을 갖고 결측값을 대치해볼 수 있다.

```
sqlite> ALTER TABLE MORT_FINAL_2 ADD COLUMN Raw_BNP INTEGER;
sqlite> UPDATE MORT_FINAL_2 SET Raw_BNP = (SELECT CAST(Lab_value as
INTEGER) FROM LABS AS L WHERE MORT_FINAL_2.Pid = L.Pid AND
MORT_FINAL_2.Visit_date = L.Lab_date AND L.Lab_name = 'Natriuretic
peptide B');

sqlite> UPDATE MORT_FINAL_2 SET Raw_BNP = ROUND(ABS(RANDOM()) % (300 -
250) + 250) WHERE Raw_BNP IS NULL;
```

쿼리 셋 #8: 타깃 변수 추가하기

이제 해야 할 일은 거의 다 했으며, 모든 데이터에 대한 작업을 마쳤다. 마지막 남은 일은 타깃 변수를 추가하는 것이다. 다음과 같이 한다.

```
sqlite> ALTER TABLE MORT_FINAL_2 ADD COLUMN Mortality INTEGER DEFAULT 0;

sqlite> UPDATE MORT_FINAL_2 SET Mortality =
(SELECT COUNT(*)
FROM MORT AS M
WHERE M.Pid = MORT_FINAL_2.Pid
AND julianday(M.Mortality_date) -
julianday(MORT_FINAL_2.Visit_date) < 180);
```

지 않은 환자에 대해 모두 비정상 값으로 대치하게 된다. 이는 의도하는 바가 아닐 것이다. 이런 문제에 대한 완벽한 해법은 없다.

그렇지만 기꺼이 원래 BNP 값을 갖고 이런 작업을 굳이 해야 한다면, 균일 분산^{uniform distribution}을 갖고 결측값을 대치해볼 수 있다.

쿼리 셋 #9: 최종 MORT_FINAL_2 테이블 보기

이제 최종 결과를 확인해보자.

```
sqlite> .headers on
sqlite> SELECT * FROM MORT_FINAL_2;
Visit_id|Pid|Attending_md|Visit_date|Pri_dx_icd|Sec_dx_icd|Bdate|Sex|Height_in|Weight_
lb|Temp_f|Pulse|Resp_rate|Bp_syst|Bp_diast|SpO2|Age_years|Chf_dx|Htn_dx|Angina_dx|Diab_
dx|Pulm_htn_dx|Num_cardiac_dx|Num_cardiac_dx_v2|Num_meds|Abnml_glucose|Raw_
BNP|Mortality
10001|1|JOHNSON|2016-01-09|I50.9|I10|1952-01-
01|M|70|188.4|98.6|95|18|154|94|97|64.02|1|1|0|0|0|2|2|2|0|350|1
10002|1|JOHNSON|2016-01-17|I50.9|I10|1952-01-
01|M|70|188.4|99.1|85|17|157|96|100|64.04|1|1|0|0|0|2|2|2|0|263|1
10003|2|WU|2016-01-15|I20.9|E11.9|1978-02-
03|F|63|130.2|98.7|82|16|120|81|100|37.95|0|0|1|1|0|1|1|4|1|100|0
10004|3|JOHNSON|2016-02-01|I10||1985-04-
23|F|65|120.0|98.44|100|19|161|100|98|30.78|0|1|0|0|0|1|1|1|0|254|0
10005|4|WU|2016-02-27|I27.0|I50.9|1966-11-
15|M|66|211.4|98.2|95|19|143|84|93|49.28|1|0|0|0|1|1|1|3|0|1000|1
10006|5|WU|2016-03-01|I50.9|E11.9|1958-12-
30|M|69|150.0|97.6|77|18|130|86|99|57.17|1|0|0|1|0|1|1|3|1|400|0
```

▌ 요약

이 장에서는 SQL을 사용해 데이터베이스 포맷에 있는 헬스케어 데이터를 다루는 방법을 배웠다. SQLite를 다운로드해 설치했고, 모델링에 필요한 포맷으로 데이터를 얻기 위해 몇 개의 SQL 쿼리를 만들어봤다.

이어지는 5장, '컴퓨팅의 기초, 파이썬 언어'에서는 파이썬 프로그래밍 언어를 배우면서 컴퓨팅의 기초와 관련된 내용을 다룰 것이다.

❚ 참고 자료와 더 읽을거리

- Basole RC, Braunstein ML, Kumar V, Park H, Kahng M, Chau DH, Tamersoy A, Hirsh DA, Serban N, BostJ, Lesnick B, Schissel BL, Thompson M (2015). Understanding variations in pediatric asthma care processes in the emergency department using visual analytics. *Journal of the American Medical Informatics Association* 22(2): 318–323, https://doi.org/10.1093/jamia/ocu016.

- Donze J, Aujesky D, Williams D, Schnipper JL (2013). Potentially avoidable 30-day hospital readmissions in medical patients: derivation and validation of a prediction model. *JAMA Intern Med* 173(8): 632–638.

- Elmasri R, Navathe S (2010). Fundamentals of Database Systems, 6th Edition. Boston, MA: Addison Wesley.

- Futoma J, Morris J, Lucas J (2015). A comparison of models for predicting early hospital readmissions. *Journal of Biomedical Informatics* 56: 229–238.

- Kasper DL, Braunwald E, Fauci AS, Hauser SL, Longo DL, Jameson JL (2005), eds. *Harrison's Principles of Internal Medicine*, 16e. New York, NY: McGraw-Hill.

- Rajkomar A, Oren E, Chen K, Dai AM, Hajaj N, Hardt M, et al. (2018). Scalable and accurate deep learning with electronic health records. *npj Digital Medicine* 1:18; doi:10.1038/s41746-018-0029-1.

- Sahni N, Simon G, Arora R (2018). *J Gen Intern Med* 33: 921. https://doi.org/10.1007/s11606-018-4316-y

- SQLite Home Page. http://www.sqlite.org/. Accessed 04/03/2017.

5

컴퓨팅의 기초, 파이썬 언어

이 장에서는 애널리틱스를 위한 파이썬 언어를 소개하며, 파이썬에 익숙하지 않은 초보 프로그래머 또는 개발자가 주 대상이 된다. 이 장을 마치고 나면 파이썬 언어의 기초를 익히게 될 것이다. 이 지식은 머신러닝과 헬스케어 애널리틱스에 핵심적인 역할을 한다. 그리고 애널리틱스에서 아주 중요한 파이썬 라이브러리인 판다스와 사이킷런을 사용하는 방법도 배우게 될 것이다.

주피터 노트북을 사용해 따라 하고 싶은 경우에는 1장, '헬스케어 애널리틱스 개론'에서 소개한 방법을 참고해 주피터 세션에서 코드를 실행할 수 있다. 이 장에 해당하는 노트북 파일은 온라인에 있는 이 책의 공식 코드 저장소에 올려져 있다.

▌ 변수와 데이터 타입

파이썬 언어의 기본 변수 타입에는 숫자, 문자열, 불리언^{boolean} 등이 있다. 이 절에서는
숫자와 문자열을 들여다본다.

문자열

파이썬에서 문자열은 문자, 숫자, 특수 문자, 문장 부호 등을 저장하는 변수 타입이다.
파이썬에서는 작은따옴표나 큰따옴표를 사용해 변수가 숫자가 아니라 문자라는 사실
을 나타낸다.

```
var = 'Hello, World!'
print(var)
#> Hello, World!
```

문자열에는 숫자에 적용되는 진짜 수학 연산을 적용할 수 없다. 하지만 다음 예와 같
이 수학 연산은 아니지만 문자에 대한 연산이 정의돼 있다.

```
string_1 = '1'
string_2 = '2'
string_sum = string_1 + string_2
print(string_sum)
#> 12
```

위 코드 결과를 보면 '3'이 아닌 '12'를 출력한다. 파이썬에서 두 문자열에 적용된 + 연산
자는 숫자를 더하는 것이 아니며, 대신 문자열 결합^{concatenation}(첫 번째 문자열에 두 번째 문
자열을 붙임) 연산을 수행한다.

문자열에 사용할 수 있는 연산자로 *가 있는데, 이것은 문자열을 주어진 개수만큼 반
복한다. 그리고 < 또는 > 연산자를 사용해 문자열의 ASCII 값을 비교할 수 있다.

숫자형 변수를 문자열로 바꿀 때는 str() 메서드를 사용한다.

문자열은 문자들로 구성된 시퀀스이기 때문에 인덱스^{index}와 슬라이스^{slice}를 적용할 수 있다. 시퀀스에 대한 인덱스와 슬라이스는 뒤에서 다룰 데이터 보관소에서 다시 설명된다. 슬라이스는 문자에서 연속된 부분을 말한다. 인덱스나 슬라이스를 적용할 때는 대괄호([]) 안의 정수를 써서 문자의 위치를 지시한다.

```
test_string = 'Healthcare'
print(test_string[0])
#> H
```

문자열에 슬라이스를 적용할 때는 대괄호 안에 시작 지점과 끝 지점을 콜론으로 구분해 지정한다. 여기서 끝 지점으로 표시된 숫자는 다음 예와 같이 결과에 포함되지 않는다.

```
print(test_string[0:6])
#> Health
```

앞에서는 str() 함수를 언급했다. 문자열에 사용할 수 있는 메서드는 수십 개가 더 있다. 사용할 수 있는 모든 메서드 리스트는 www.python.org에 있는 온라인 파이썬 문서에서 확인할 수 있다. 대소문자 변환, 특정 서브 문자열^{substring} 검색, 공백 제거 등에 사용되는 메서드들이 있으며, 우리는 split()이라는 메서드를 더 소개한다. split() 메서드는 문자열에 사용되고, 분리자를 지정하는 인자를 취한다.

결과는 문자열을 요소로 갖는 리스트다. 이 리스트는 원 문자열을 구분자^{separator}를 기준으로 해서 쪼갠 서브 문자열로 구성된다. 이 함수는 구두 문자^{punctuation character}(, 또는 ;)로 나눠진 문자열을 파싱하는 데 매우 유용하다. 파이썬 리스트는 다음 절에서 설명한다. 다음은 split() 메서드를 사용하는 예다.

```
test_split_string = 'Jones,Bill,49,Atlanta,GA,12345'
output = test_split_string.split(',')
print(output)
#> ['Jones', 'Bill', '49', 'Atlanta', 'GA', '12345']
```

숫자형 데이터 타입

파이썬에서 애널리틱스에 가장 유용하게 사용되는 두 가지 숫자형 데이터 타입은 정수integer와 부동소수점floating-point number이다. 이 두 데이터 타입 간에 타입을 변환할 때는 int(), float() 함수를 사용한다. 숫자에 사용되는 연산자로는 +, -, *, /, <, > 등이 있다. 숫자형 데이터 타입을 위한 특수한 방법을 포함하는 모듈들은 수학과 난수를 포함하는 애널리틱스에서 특히 유용하다. 숫자형 데이터 타입에 대한 더 자세한 정보는 온라인 파이썬 문서에 나와 있다(앞 절에서 소개한 링크를 사용한다).

이전 파이썬 버전(파이썬 2.7)에서는 정수에 대해 / 연산자를 사용하면 바닥 나눗셈floor division이 수행된다(소수점 이하의 숫자는 생략). 예를 들어 10/4는 2가 되는 것이다. 때로는 이런 행동이 숫자 계산에서 큰 에러를 만들 수도 있다. 하지만 이 책에서 사용하는 파이썬(파이썬 3.X)에서는 이런 오류를 걱정할 필요가 없다.

불리언 데이터 타입은 특수한 정수형 타입으로 볼 수 있고, 참 값과 거짓 값을 표현한다. 정수를 불리언 타입으로 바꿀 때는 bool() 함수를 사용한다. 숫자 0은 False로, 나머지는 True 값으로 변환된다. 불리언 변수는 1(True) 또는 0(False)과 같이 행동한다.

▎데이터 구조와 데이터 저장소

앞 절에서는 하나의 값만을 저장하는 변수의 타입을 다뤘다. 이제 여러 개의 값을 저장할 수 있는 데이터 구조를 다루려고 한다. 이런 데이터 구조에는 리스트, 튜플, 딕셔너리, 셋이 있다. 리스트와 튜플은 파이썬에서 시퀀스^{sequence}라고 하는 데이터 구조의 일종이다. 이 책에서는 데이터 구조, 데이터 저장소라는 단어를 같은 뜻으로 사용한다.

리스트

리스트^{list}는 여러 개의 값을 저장할 때 가장 많이 사용되는 데이터 구조다. 리스트의 특징을 살펴보자.

- 리스트를 만들 때는 [ ]를 사용한다(예: `my_list = [1, 2, 3]`).
- 하나의 리스트에 숫자형, 문자열, 불리언, 튜플, 딕셔너리, 심지어 리스트까지 서로 다른 데이터 타입을 갖는 객체를 포함시킬 수 있다(예: `my_diverse_list = [51, 'Health', True, [1, 2, 3]]`).
- 리스트는 문자열과 함께 시퀀스의 일종으로 인덱싱과 슬라이싱을 지원한다 (예: 앞의 예에서 `my_diverse_list[0]`라고 하면 51에 접근할 수 있다. `my_diverse_list[0:2]`는 `[51, 'Health']`가 된다. 내포된 리스트에 있는 3에 접근할 때는 `my_diverse_list[3][2]`라고 한다).
- 리스트는 변경 가능한^{mutable} 객체이고, 문자열과 튜플은 변경 불가능한^{immutable} 객체다. 변경 가능하다는 것은 인덱스를 사용해 개별 요소를 바꿀 수 있다는 뜻이다(예: `my_diverse_list[2] = False`라고 명령을 줄 수 있으며, 그러면 새로운 `my_diverse_list`는 `[51, 'Health', False, [1, 2, 3]]`이 된다).

데이터 분석에서 리스트를 사용했을 때 좋은 점은 `append()`, `extend()`, `join()`과 같은 리스트 메서드가 많이 있고 판다스와 넘파이로 정의된 데이터 구조와 호환이 잘된다는 것이다.

튜플

튜플^{tuple}은 리스트와 비슷하다. 튜플을 만들 때는 `my_tuple = (1, 2, 3)`과 같이 괄호

(())를 사용한다. 튜플과 리스트가 다른 점은 튜플은 변경 불가능한 객체이기 때문에 튜플을 구성하는 어떤 요소도 바꿀 수 없다는 것이다. 만약 my_tuple[0] = 4라고 하면 에러가 발생한다. 튜플은 값들이 변경 불가능한 특징을 갖고 있어서 변하지 않는 변수 값들을 설정할 때 주로 사용된다.

딕셔너리

딕셔너리dictionary는 파이썬에서 자주 쓰이는 데이터 구조다. 딕셔너리는 '키와 그에 해당하는 값'으로 된 쌍들을 저장하는 데 사용된다. 예를 들어 환자 명단과 해당 환자의 병실 번호를 연결해 다음과 같은 코드로 저장할 수 있다.

```
rooms = {
    'Smith': '141-A',
    'Davis': '142',
    'Williams': '144',
    'Johnson': '145-B'
}
```

위 코드를 좀 더 자세히 살펴보자.

- rooms 딕셔너리에서 앞부분의 이름은 키key라고 부른다. 하나의 딕셔너리 안에서 키들은 고유해야 한다. 키 값을 확인할 때는 keys()라는 메서드를 사용해 rooms.keys()라고 하면 된다.
- rooms 딕셔너리의 병실 번호와 같은 것을 값value이라고 부른다. 한 딕셔너리에 있는 모든 값을 얻고자 할 때는 values()라는 메서드를 사용해 rooms.values()라고 명령한다. 개별 값을 사용할 때는 대괄호([]) 안에 해당되는 키 이름을 지정한다. 예를 들어 rooms['smith']라고 하면 '141-A'라는 값이 반환된다. 이런 이유로 딕셔너리가 키를 그 값에 매핑한다고 말하는 것이다.
- items() 메서드를 사용해 rooms.items()라고 명령하면, 키와 해당되는 값을 하

나의 튜플로 묶어서 전체 키-값 쌍들을 리스트로 반환한다.

- 딕셔너리의 값들은 단지 문자열만 될 수 있는 것은 아니다. 값으로 사용될 수 있는 것은 모든 데이터 타입/구조다. 키 역시도 정수나 문자열과 같은 변수가 될 수 있다. 다만 값들은 변경 가능하지만 키들은 변경 불가능하다.
- 딕셔너리를 구성하는 키-값은 내재적인 순서가 있는 것은 아니므로 숫자를 사용하는 인덱싱이나 슬라이싱은 사용할 수 없다.

셋

비록 파이썬에서 셋set은 그 사촌 격인 리스트에 비해 주목을 덜 받기는 하지만, 데이터 분석에서 중요한 역할을 하기 때문에 여기서 소개한다. 셋을 만들 때는 내장 함수인 set()을 사용한다. 셋에 대해 알아야 할 내용은 다음 세 가지다.

- 셋은 변경 가능한 데이터 구조다.
- 셋에는 순서가 없다.
- 하나의 셋을 구성하는 요소들은 고유하다(중복된 값을 가질 수 없다).

이런 측면에서 보면, 파이썬 셋은 수학의 집합 이론에서 말하는 '집합'이라는 개념과 상당히 유사하다. 또한 이런 셋에 적용되는 메서드들 역시 집합 연산을 다루는 것이 많고 union(), intersection(), add(), remove() 같은 것들이 있다. 이런 함수들은 리스트와 튜플에 대해 집합과 같은 연산을 적용할 때 매우 유용하게 쓰인다. 리스트와 튜플을 셋으로 변환한 다음 이런 메서드를 적용해 사용한다.

▌ 파이썬 언어를 사용한 프로그래밍 – 예시

이전 절에서는 변수의 타입과 데이터 구조/저장소에 대해 논의했다. 파이썬 언어와 관련해 if/else 문을 사용한 제어 구조, 루프loop, 컴프리헨션comprehension, 함수, 클래스와 객체지향 프로그래밍 등과 같은 주제들이 더 있다. 흔히 파이썬 프로그램들은 모듈^{module}로 패키지화된다. 모듈은 어떤 연산을 수행하기 위해 커맨드라인에서 독립적으로 실행되는 스크립트다.

직접 모듈을 만들어보면서 이런 개념들을 소개하려고 한다(이 코드는 주피터 노트북을 사용해 실행할 수도 있다).

```python
from math import pow

LB_TO_KG = 0.453592
IN_TO_M = 0.0254

class Patient:
    def __init__(self, name, weight_lbs, height_in):
        self.name = name
        self.weight_lbs = weight_lbs
        self.weight_kg = weight_lbs * LB_TO_KG
        self.height_in = height_in
        self.height_m = height_in * IN_TO_M
    def calculate_bmi(self):
        return self.weight_kg / pow(self.height_m, 2)
    def get_height_m(self):
        return self.height_m

if __name__ == '__main__':
    test_patients = [
        Patient('John Smith', 160, 68),
        Patient('Patty Johnson', 180, 73)
    ]
    heights = [patient.get_height_m() for patient in test_patients]
    print(
        "John's height: ", heights[0], '\n',
        "Patty's height: ", heights[1], '\n',
        "John's BMI: ", test_patients[0].calculate_bmi(), '\n',
        "Patty's BMI: ", test_patients[1].calculate_bmi()
    )
```

이 코드를 실행하면 다음과 같은 결과가 출력된다.

```
John's height:  1.7271999999999998
 Patty's height:  1.8541999999999998
 John's BMI:  24.327647271211504
 Patty's BMI:  23.74787410486812
```

위 코드는 하나의 파이썬 모듈로서, 두 명의 가상 환자의 키와 체질량지표(BMI)를 출력한다. 이 코드를 구성하는 각각의 요소를 들여다보자.

- 첫 번째 행은 임포트^{import} 문이다. 이것은 다른 모듈에서 작성된 함수, 클래스를 임포트한다. 모듈은 파이썬과 같이 배포되고 오픈소스 소프트웨어로 공유되거나 우리 스스로 만들어 사용할 수도 있다. 파이썬 모듈은 간단하게 파이썬 함수, 상수, 클래스 등을 담은 하나의 파일로 생각할 수 있다. 확장자는 .py를 사용한다. 어떤 모듈 전체를 한꺼번에 임포트할 때는 import라는 단어 뒤에 모듈 이름을 넣는다. 예를 들어 import math와 같은 형태다. 이 예에서는 from 이라는 키워드를 사용한 점에 주목한다. 모든 모듈을 임포트하는 대신 pow() 라는 함수만을 임포트하고자 하기 때문이다. 이렇게 하면 math.pow()라 하지 않고 pow()로 바로 사용할 수 있어서 편리하다.

- 다음 두 행에서는 단위 변환에 사용할 상수를 정의했다. 이런 상수들은 보통 대문자로 표시하는 것이 일반적이다.

- 그다음에는 Patient라는 클래스를 정의했다. 이 클래스 정의는 하나의 컨스트 럭터^{constructor}와 두 개의 메서드를 갖고 있다.[1] 컨스트럭터는 name, height, weigth라는 파라미터를 갖고 있으며, 컨스트럭터 안에서 객체의 속성 값으로 할당된다. 체중은 파운드 단위를 킬로그램 단위로 바꾸고, 키는 인치 단위에서 미터 단위로 바꿔서 이들 값을 별도의 두 개 속성에 저장한다.

- 두 개의 메서드는 함수를 정의하는 def 키워드로 코딩된다. calculate_bmi()는

---

1   파이썬에는 컨스트럭터에 대한 개념이 없다. 정확하게는 '이니셜라이저(initializer)'라고 해야 한다. – 옮긴이

환자의 체질량지수(BMI)를 반환하고, get_height_m()은 환자의 키를 미터 단위로 반환한다.

- 다음은 아주 간단한 if 문이다. 이 if 문의 의미는 커맨드라인에서 실행될 때 이것이 메인 모듈인 경우에만 다음에 이어지는 코드를 실행하라는 것이다.[2] 복잡한 if 문에서는 여러 개의 elif 절을 가지면서 마지막에 else 절을 가질 수도 있다.

- 다음은 'John Smith'와 'Patty Johnson'이라는 두 명의 환자를 정의한다. 그 키와 체중 정보를 줬다.

- 다음 행은 리스트 컴프리헨션list comprehension(함축)을 사용해 두 환자의 키에 대한 리스트를 만든다. 컴프리헨션은 파이썬 프로그램에서 매우 자주 사용되는 문법으로 딕셔너리에도 적용될 수 있다.

- 마지막으로, 출력문을 사용해 두 환자의 체중과 체질량지수를 출력했다.

> ℹ️ 기초 파이썬 프로그래밍 언어와 관련된 참고 서적은 이 장의 끝부분에 수록돼 있다. 또한 www.python.org에 있는 온라인 문서를 참고할 수도 있다.

▌판다스 소개

지금까지는 기본 파이썬 언어만 다뤘다. 즉, 외부 패키지나 라이브러리는 다루지 않았다. 그런데 이 책에서 작성한 코드 대부분은 애널리틱스에 흔히 사용되는 외부 파이썬 패키지들을 사용한다. 그 가운데 판다스(http://pandas.pydata.org) 패키지는 이후 소개할 프로그래밍에서 핵심적인 역할을 한다. 머신러닝에서 판다스의 기능을 세 가지로 요약할 수 있다.

---

2 이 코드 관련 내용은 온라인에서 파이썬과 관련해 자주 올라오는 질문 가운데 하나다. 구글에서 "if __name__ == '__main__'"을 입력하면 관련 내용을 많이 찾을 수 있을 것이다. – 옮긴이

- 플랫 파일에 있는 데이터를 파이썬 세션으로 임포트한다.
- 판다스의 데이터프레임과 라이브러리 함수들을 사용해 데이터를 처리하고, 조작하고, 포맷을 바꾸고, 정제한다.
- 파이썬 세션에서 플랫 파일로 데이터를 저장한다.

이런 기능에 대해 차례로 살펴보자.

플랫 파일은 (이 책에서 다루지는 않지만 HL7 포맷과 더불어) 헬스케어 관련 데이터를 저장할 때 자주 사용되는 방법이다. 플랫 파일은 데이터를 표현하는 텍스트 파일이다. 플랫 파일을 사용할 때 데이터는 데이터베이스와 같이 행과 열로 표현되는데, 구두점이나 공백을 사용해 열을 구분하고, 줄바꿈 문자^{carriage return}로 행을 구분한다. 플랫 파일의 실제 예는 7장, '헬스케어 예측 모델 만들기'에서 만나게 될 것이다.

판다스는 데이터를 데이터프레임이라고 부르는 사각형의 파이썬 데이터 구조로 임포트한다. 파이썬 딕셔너리, 피클 객체^{pickle object}, csv 파일(쉼표로 구분되는 파일), fwf 파일(일정한 폭으로 포맷돼 있는 파일), 엑셀 파일, JSON 파일, HTML 파일, SQL 데이터베이스 테이블 등을 포함한 아주 다양한 파이썬 데이터 구조를 데이터프레임으로 읽어들인다.

파이썬에 일단 데이터가 로딩되고 나면, 데이터 탐색 및 변형을 위해 사용될 수 있는 다양한 함수가 준비돼 있다. 그 합계를 알고 싶어 열에 수학 함수를 실행할 필요가 있을 수도 있고, 조인과 같은 SQL 비슷한 연산이 필요할 수도 있으며, 열을 추가할 필요도 있다(3장, '머신러닝의 기초'를 참고한다). 어떤 조건에 맞는 행들을 필터링할 필요도 있다. 이런 모든 기능이 판다스 패키지의 함수로 구현돼 있다. 6장, '헬스케어 질 측정'과 7장, '헬스케어 예측 모델 만들기'에서는 판다스를 자주 사용할 것이다.

마지막으로, 데이터를 탐색, 정제, 변환한 후 필요한 포맷으로 데이터를 내보낼 수 있다. 또는 넘파이 배열로 변형해 머신러닝 모델 훈련용으로 쓸 수도 있다. 이 내용은 뒤에서 다뤄진다.

판다스 데이터프레임

판다스 데이터프레임^{pandas DataFrame}은 행과 열로 구성된 행렬과 비슷한 2차원의 데이터 구조다. 판다스 데이터프레임은 R 언어에서 사용되는 데이터프레임 또는 SQL에서 사용되는 테이블과 비슷하다. 전통적인 행렬 또는 다른 파이썬 데이터 구조와 비교해 판다스 데이터프레임이 갖는 장점들이 있다. 하나의 데이터프레임에 서로 다른 데이터 타입을 가진 열들을 가질 수 있고, 편리하게 데이터를 조작할 수 있는 함수들을 많이 갖고 있으며 데이터베이스, 플랫 파일 포맷, 넘파이 배열(사이킷런의 머신러닝에 바로 통합돼 사용)로 바로 바꿀 수 있는 기능을 갖고 있다. 따라서 판다스는 데이터를 불러오는 것에서부터 알고리즘 애플케이션까지 수많은 머신러닝 파이프라인을 묶어주는 딱풀과 같은 역할을 한다.

판다스의 한계는 성능이 조금 느리고 그 자체에 병렬 프로세싱 내장 기능이 없다는 점이다. 그래서 수백만 또는 수억 개의 데이터 포인트를 다룰 때는 병렬 처리 기능이 내장된 아파치 스파크(https://spark.apache.org)가 더 나은 선택이 될 수도 있다.

데이터 불러오기

이 절에서는 딕셔너리, 플랫 파일, 데이터베이스에서 파이썬으로 데이터를 로딩하는 방법을 설명한다.

파이썬 데이터 구조에서 판다스로 데이터 불러오기

판다스 데이터프레임으로 작업하는 첫 단계는 판다스 컨스트럭터 함수인 `DataFrame()` 함수를 사용해 데이터프레임을 만드는 것이다. 이 함수는 여러 가지 파이썬 데이터 구조를 입력으로 받는다. 또한 넘파이 배열, 판다스 시리즈(시리즈^{Series}는 판다스가 제공하는 또 다른 데이터 구조로, 리스트와 비슷한 1차원 데이터 구조다.) 등도 입력으로 받는다. 우리는 여러 리스트를 가진 딕셔너리를 데이터프레임으로 바꿔볼 것이다.

```
import pandas as pd
data = {
    'col1': [1, 2, 3],
    'col2': [4, 5, 6],
    'col3': ['x', 'y', 'z']
}

df = pd.DataFrame(data)
print(df)
```

결과는 다음과 같다.

```
#>    col1  col2 col3
#> 0     1     4    x
#> 1     2     5    y
#> 2     3     6    z
```

플랫 파일에서 판다스로 데이터 불러오기

헬스케어 데이터들은 종종 .csv, .fwf와 같은 플랫 파일 포맷으로 돼 있는 경우가 많기 때문에 이 두 포맷으로 돼 있는 파일에서 데이터를 읽어오는 read_csv(), read_fwf()와 같은 함수를 아는 것이 중요하다. 두 함수 모두 필수 인자로 플랫 파일에 대한 경로를 취하고, 그 외 열 데이터 타입 지정, 헤더 행 지정, 데이터프레임에 포함시킬 열 지정 등을 포함해 수십 가지 인자를 지정할 수 있다. 이런 인자에 대한 정보는 온라인 자료를 참고한다. 보통 모든 열을 문자열 타입으로 불러들인 다음, 나중에 필요한 데이터 타입으로 변환시켜 사용하는 것이 편하다. 다음 예는 read_csv() 함수를 사용해 첫 번째 행(행 0)에 헤더가 있는 .csv 플랫 파일을 읽어서 pt_data라는 데이터프레임으로 읽어들이는 코드다.

```
pt_data = pd.read_csv(data_full_path, header=0, dtype='str')
```

고정폭 포맷을 사용한 파일에는 문자를 구분하는 기호가 없기 때문에 read_fwf() 함수를 사용할 때는 widths라는 인자에 개별 열들에 대한 폭을 지정한, 정수로 구성된 리스트를 지정한다. widths라는 인자에 할당되는 리스트 요소의 개수는 파일에 있는 열의 개수와 맞아야 한다. 또는 colspecs라는 인자에 각 열의 시작되는 지점과 끝나는 지점을 튜플로 지정함으로써 리스트로 묶은 값을 지정해 사용할 수도 있다.

```
pt_data = pd.read_fwf(source, widths=data_widths, header=None, dtype='str')
```

데이터베이스에서 판다스로 데이터 불러오기

판다스 라이브러리는 SQL 데이터베이스로부터 테이블 데이터를 직접 파이썬 세션으로 가져오는 기능을 제공한다. 이때 사용하는 함수가 read_sql_query()와 read_sql_table()이다. 이런 함수를 사용하려면 데이터베이스에 대한 커넥션connection을 구성해야 하고, 그 커넥션을 이들 함수에 넘겨줘야 한다. 다음 사례는 SQLite 데이터베이스에 있는 테이블을 read_sql_query() 함수를 사용해 데이터프레임으로 읽어들이는 것을 보여준다.

```
import sqlite3

conn = sqlite3.connect(pt_db_full_path)
table_name = 'TABLE1'
pt_data = pd.read_sql_query('SELECT * from ' + table_name + ';',conn)
```

MySQL 데이터베이스와 같은 다른 관계형 데이터베이스와 연결할 때, 비슷한 코드를 사용하게 된다. 단지 커넥션 문만 데이터베이스에 맞도록 함수를 선택해 사용하면 된다.

흔히 사용되는 데이터프레임 연산

이 절에서는 애널리틱스를 수행할 때 유용한 데이터프레임 연산을 살펴본다. 다른 연산에 대한 설명은 https://pandas.pydata.org/에 있는 온라인 판다스 문서를 참고한다.

열 추가

열 추가는 애널리틱스에서 아주 흔히 사용되는 연산이다. 처음부터 새로운 열들을 만들어 추가할 수도 있고, 기존 열을 변형시키는 방법으로 열을 추가할 수도 있다. 이 연산들을 차례로 살펴보자.

빈 값이나 새로운 값을 가진 열 추가하기

데이터프레임에 새로운 열을 추가할 때는 새롭게 추가할 열의 이름을 지정하고(대괄호([])에 그 이름을 따옴표 처리해 지정) 원하는 값을 지정한다. 빈 문자열이나 정수 열을 추가할 때는 ""이나 np.nan 값을 사용한다. np.nan을 사용할 때는 먼저 넘파이 패키지를 임포트해야 한다. 0 값으로 된 열을 추가할 때는 그 열에 0 값을 지정한다. 다음은 이런 과정에 대한 예다. 다음 df는 앞의 코드에서 만든 데이터프레임이다.

```
df['new_col1'] = ""
df['new_col2'] = 0
print(df)
```

결과는 다음과 같다.

```
#>    col1  col2 col3 new_col1  new_col2
#> 0    1     4    x              0
#> 1    2     5    y              0
#> 2    3     6    z              0
```

기존 열을 변형해 새로운 열로 추가하기

어떤 경우에는 기존 열을 변형해 새로운 열로 추가할 필요가 있다. 다음 사례는 new_column_3라는 새로운 열을 기존에 존재하는 열 old_column_1, old_column_2를 서로 합산한 값으로 채우는 예다. 여기서 axis=1이라는 인자는 수직 방향으로 합산하는 것이 아니라 수평 방향으로 계산하기 위해 지정한 것이다.

```
df['new_col3'] = df[[
    'col1','col2'
]].sum(axis=1)

print(df)
```

결과는 다음과 같다.

```
#>    col1  col2 col3 new_col1  new_col2  new_col3
#> 0     1     4   x             0         5
#> 1     2     5   y             0         7
#> 2     3     6   z             0         9
```

다음 예는 판다스 apply()라는 특수한 함수를 사용해 위와 비슷한 작업을 하는 예다. 이 함수를 사용하면 임의의 함수를 데이터프레임의 열에 적용시킬 수 있다. 이런 함수 안에는 사용자 정의 함수도 쓸 수 있다.

```
old_column_list = ['col1','col2']
df['new_col4'] = df[old_column_list].apply(sum, axis=1)
print(df)
```

결과는 다음과 같다.

```
#>    col1  col2 col3 new_col1  new_col2  new_col3  new_col4
#> 0     1     4   x             0         5         5
```

```
#> 1    2    5    y              0         7         7
#> 2    3    6    z              0         9         9
```

열 제거

열을 제거할 때는 판다스 drop() 함수를 사용한다. 이 함수는 하나의 열을 취하거나 열들의 리스트를 취할 수 있다. axis 인자는 제거할 방향을 결정하고(1인 경우에는 열 방향으로 제거), inplace=True는 데이터프레임을 있는 그 자체로 수정한다.

```
df.drop(['col1','col2'], axis=1, inplace=True)
print(df)
```

결과는 다음과 같다.

```
#>    col3 new_col1  new_col2  new_col3  new_col4
#> 0    x              0         5         5
#> 1    y              0         7         7
#> 2    z              0         9         9
```

함수를 여러 개의 열에 적용

어떤 함수를 데이터프레임의 여러 열에 적용시킬 때는 for 루프를 사용해 열 리스트에 대한 순회 방식을 사용할 수 있다. 다음 예는 사전 정의된 열들에 대해 원래 문자열로 돼 있는 것을 숫자로 변환시킨다.

```
df['new_col5'] = ['7', '8', '9']
df['new_col6'] = ['10', '11', '12']

for str_col in ['new_col5','new_col6']:
    df[[str_col]] = df[[str_col]].apply(pd.to_numeric)
print(df)
```

결과는 다음과 같다.

```
#>    col3 new_col1 new_col2 new_col3 new_col4 new_col5 new_col6
#> 0   x                  0        5        5        7       10
#> 1   y                  0        7        7        8       11
#> 2   z                  0        9        9        9       12
```

데이터프레임 결합시키기

결합시키려는 축^{axis}을 따라 항목 수가 같은 경우에는 데이터프레임을 서로 결합시킬 수 있다. 다음 사례는 두 개의 데이터프레임을 수직으로 결합시키는 예다. 이 둘은 열의 개수가 같으며, 행들은 수직으로 쌓이게 된다. 같은 수의 행을 가진 경우에는 수평 방향 결합도 가능하다. 이렇게 하려면 축(axis) 파라미터를 지정해줘야 한다. 각각의 경우 열 이름과 행 이름이 같아야 한다. 그렇지 않으면 새로운 열이 만들어지고 NaN 값(결측값)으로 채워진다.

먼저 df2라는 새로운 데이터프레임을 만들자.

```
df2 = pd.DataFrame({
    'col3': ['a', 'b', 'c', 'd'],
    'new_col1': '',
    'new_col2': 0,
    'new_col3': [11, 13, 15, 17],
    'new_col4': [17, 19, 21, 23],
    'new_col5': [7.5, 8.5, 9.5, 10.5],
    'new_col6': [13, 14, 15, 16]
});
print(df2)
```

결과는 다음과 같다.

```
#>    col3 new_col1  new_col2  new_col3  new_col4  new_col5  new_col6
#> 0   a              0        11        17       7.5        13
#> 1   b              0        13        19       8.5        14
#> 2   c              0        15        21       9.5        15
#> 3   d              0        17        23      10.5        16
```

그다음에는 concat() 함수를 사용해 결합시킨다^{concatenate}. 여기서는 ignore_index라는 인자를 True 값으로 지정해 행 인덱스 중복을 피하도록 했다.

```
df3 = pd.concat([df, df2] ignore_index = True)
print(df3)
```

결과는 다음과 같다.

```
#>    col3 new_col1  new_col2  new_col3  new_col4  new_col5  new_col6
#> 0   x              0         5         5       7.0        10
#> 1   y              0         7         7       8.0        11
#> 2   z              0         9         9       9.0        12
#> 3   a              0        11        17       7.5        13
#> 4   b              0        13        19       8.5        14
#> 5   c              0        15        21       9.5        15
#> 6   d              0        17        23      10.5        16
```

데이터프레임 열들을 리스트로 변환하기

하나의 열을 하나의 리스트로 바꾸려면 tolist() 함수를 사용하며, 리스트로 바꾸고 나서 for 루프나 컴프리헨션에 사용할 수 있다.

```
my_list = df3['new_col3'].tolist()
print(my_list)
```

결과는 다음과 같다.

```
#> [5, 7, 9, 11, 13, 15, 17]
```

데이터프레임의 값을 지정하거나 접근하기

판다스 라이브러리는 데이터프레임에 값을 지정하거나 접근할 때 주로 두 가지 방법을 사용한다. loc 또는 iloc 속성을 사용하는 것이다. loc 방법은 레이블 기반의 인덱싱(행의 index, 열의 columns 이름을 사용함)이고, iloc는 정수 기반의 인덱싱(위치를 나타내는 정수를 사용)이다. 접근하고자 하는 행과 열의 레이블/인덱스는 대괄호 안에서 콤마를 사용해 구분한다. 몇 가지 예를 살펴보자.

loc 속성을 사용한 레이블 기반 인덱싱으로 값에 접근하기

데이터프레임의 .loc 속성은 레이블을 사용해 값을 선택하는 데 사용된다. 이 방법은 하나의 행 또는 열의 레이블을 사용해 데이터프레임에서 하나의 값을 추출하는 데 사용되기도 하고, 행/열 레이블의 리스트를 갖고 복수의 값을 추출하는 데 사용되기도 한다. 또한 단일 또는 복수 인덱싱을 조합해 사용할 수 있다. 다음 코드는 df라는 데이터프레임에서 단 하나의 스칼라 값을 추출하는 예다.

```
value = df3.loc[0,'new_col5']
print(value)
```

결과는 다음과 같다.

```
#> 7.0
```

이런 인덱싱 방법을 사용해 단일/복수 값을 할당할 수도 있다.

```
df3.loc[[2,3,4],['new_col4','new_col5']] = 1
print(df3)
```

결과는 다음과 같다.

```
#>   col3 new_col1  new_col2  new_col3  new_col4  new_col5  new_col6
#> 0    x            0         5         5       7.0        10
#> 1    y            0         7         7       8.0        11
#> 2    z            0         9         1       1.0        12
#> 3    a            0        11         1       1.0        13
#> 4    b            0        13         1       1.0        14
#> 5    c            0        15        21       9.5        15
#> 6    d            0        17        23      10.5        16
```

iloc를 사용한 정수 기반 위치 인덱싱 사용

.iloc 속성은 .loc 속성과 매우 비슷하게 작동하는데, 다만 레이블이 아닌 행과 열의 위치를 기반으로 접근한다는 점이 다르다. 다음 예는 첫 번째 행, 여섯 번째 열의 값을 추출하는 방법이다.

```
value2 = df3.iloc[0,5]
print(value2)
```

결과는 다음과 같다.

```
#> 7.0
```

.loc와 비슷하게 .iloc 속성을 사용해 여러 가지 값을 추출하거나 할당할 수도 있다.

슬라이싱을 사용해 연속된 값에 접근하기

때로는 열이나 행에서 연속된 값들에 접근할 필요가 있다. 이런 경우에는 []를 사용해 여러 개의 값에 접근할 수 있는 슬라이싱^{slicing} 기능을 사용할 수 있다. 슬라이싱을 할 때는 접근하려는 값의 시작점과 끝점을 지정해준다. .loc와 .iloc라는 두 가지 속성을 사용한 접근법 모두에 슬라이싱을 적용할 수 있다. 물론 여기서도 레이블을 사용하거나 위치를 사용한다는 것은 변함이 없다. 다음 예는 슬라이싱을 사용해 데이터프레임의 일부를 추출하는 것을 보여준다. 앞에서도 봤지만, 이런 슬라이싱은 파이썬 리스트나 튜플의 값을 추출하는 데도 사용된다.

```
partial_df3 = df3.loc[1:3,'new_col2':'new_col4']
print(partial_df3)
```

결과는 다음과 같다.

```
#>    new_col2  new_col3  new_col4
#> 1         0         7         7
#> 2         0         9         1
#> 3         0        11         1
```

at, iat를 사용해 스칼라 값에 접근

정말로 하나의 데이터프레임에서 단 하나의 값만을 원한다면 .at, .iat 속성을 사용할 수 있다. 이 경우에는 하나의 레이블 또는 정수를 각각 사용한다. .iloc의 i는 '정수^{integer}'를 의미한다는 것을 기억할 필요가 있다.

```
value3 = df3.iat[3,3]
print(value3)
```

결과는 다음과 같다.

```
#> 11
```

행 필터링과 정렬

이어서 불리언 조건을 사용한 행 필터링과 행 정렬에 대해 알아보자.

불리언 인덱싱을 사용한 행 필터링

지금까지는 데이터프레임에서 레이블, 정수 인덱스, 슬라이싱을 사용하는 방법을 소개했다. 때로는 어떤 조건에 맞는 행들을 추출할 필요가 생긴다. 예를 들어 나이가 50세 이상인 사람들로 대상을 한정해 분석한다고 했을 때, 이런 환자들을 추출하는 과정이 필요하게 된다.

판다스 데이터프레임은 불리언 인덱싱을 지원한다. 이것은 불리언 값으로 구성돼 있는 벡터를 사용해 우리가 포함시키고 싶은 값의 위치를 알려줄 수 있다. 이때 이 불리언 벡터의 요소의 개수는 데이터프레임의 행의 개수와 일치해야 한다. 하나의 데이터프레임 열에 어떤 조건을 실행하는 경우에는 그와 같은 벡터를 얻을 수 있기 때문에 그런 조건문을 갖고 데이터프레임의 행을 추출할 수 있다. 다음 예는 df 데이터프레임에서 new_col3 열의 값이 10보다 큰 모든 행을 추출하는 것을 보여준다.

```
df3_filt = df3[df3['new_col3'] > 10]
print(df3_filt)
```

결과는 다음과 같다.

```
#>    col3 new_col1  new_col2  new_col3  new_col4  new_col5  new_col6
#> 3    a                 0        11         1       1.0        13
#> 4    b                 0        13         1       1.0        14
#> 5    c                 0        15        21       9.5        15
#> 6    d                 0        17        23      10.5        16
```

여러 조건이 필요한 경우에는 |(또는), &(그리고) 논리 연산자를 사용해 조건들을 연결할 수 있다.

행 정렬

데이터프레임의 열의 값을 기준으로 데이터프레임을 정렬할 때는 sort_values() 함수를 사용한다. 정렬할 때 기준으로 사용될 열 이름을 첫 번째 인자로 지정한다. 또한 ascending이라는 옵션을 사용해 내림차순 또는 오름차순과 같은 정렬 방향을 결정한다.

```
df3 = df3.sort_values('new_col4', ascending=True)
print(df3)
```

결과는 다음과 같다.

```
#>    col3 new_col1 new_col2 new_col3 new_col4 new_col5 new_col6
#> 2    z              0        9        1       1.0       12
#> 3    a              0       11        1       1.0       13
#> 4    b              0       13        1       1.0       14
#> 0    x              0        5        5       7.0       10
#> 1    y              0        7        7       8.0       11
#> 5    c              0       15       21       9.5       15
#> 6    d              0       17       23      10.5       16
```

SQL 유사 연산

관계형 데이터베이스에서 SQL 언어를 사용해 다양한 데이터 타입을 갖고 있는 테이블을 다루는 데 익숙했던 사람들이 파이썬에서 비슷한 분석을 하는 것은 아주 어려운 과제일 수 있다. 다행히도 그룹핑이나 조인과 같은 연산을 사용해 흔한 SQL 쿼리를 통해 얻을 수 있는 결과와 비슷한 결과를 도출해내는 다수의 판다스 함수들이 있다. 심지어 판다스 문서(https://pandas.pydata.org/pandas-docs/stable/comparison_with_sql.html)에는 판다스 데이터프레임을 갖고 SQL과 비슷한 연산을 수행하는 방법을 특별히 소개하는 장도 있다. 이 절에서는 이에 대한 두 가지 사례를 제시한다.

행 카운트(COUNT)에 대한 집계

한 열에서 어떤 값들이 몇 개 있는지 알아내고 싶을 수 있다. 예를 들어 헬스케어 데이터셋에서 진료 후에 환자들이 특정 결제 수단을 몇 번 사용하는지 알고 싶을 수 있다. SQL 언어로 한다면, 다음과 같이 GROUP BY 절을 집계 함수인 COUNT(*)와 함께 사용하는 방법으로 알아낼 수 있다.

```
SELECT payment, COUNT(*)
FROM data
GROUP BY payment;
```

판다스에서는 groupby()와 size() 함수를 묶어 이와 같은 결과를 얻을 수 있다.

```
tallies = df3.groupby('new_col4').size()
print(tallies)
```

결과는 다음과 같다.

```
#> new_col4
#> 1      3
#> 5      1
#> 7      1
#> 21     1
#> 23     1
#> dtype: int64
```

데이터프레임 조인

4장, '컴퓨팅의 기초, 데이터베이스'에서는 두 개의 데이터베이스 테이블을 JOIN 연산으로 결합시키는 방법을 소개했다. JOIN 연산을 사용할 때는 두 테이블의 이름을 명시해줘야 하고, 다음 조인의 타입(left, right, outer, inner 등)과 조인에 사용할 열을 명시해줘야 한다.

```
SELECT *
FROM left_table OUTER JOIN right_table
ON left_table.index = right_table.index;
```

판다스에서는 merge() 또는 join() 함수를 사용해 테이블 조인을 실행한다. join() 함수는 테이블의 인덱스를 따라 데이터를 조인시킨다. 그렇지만 파라미터를 지정하는 방법으로 다른 열들을 사용하게 할 수도 있다. 조인시킬 두 테이블의 이름이 겹치는 경우에는 rsuffix, lsuffix 인자를 사용해 열의 이름을 재지정하고 사용할 수 있다.

```
df_join_df2 = df.join(df2, how='outer', rsuffix='r')
print(df_join_df2)
```

결과는 다음과 같다(df 데이터프레임에 존재하지 않는 행에 대한 값은 NaN으로 채워진다).

```
#>    col3 new_col1 new_col2 new_col3 ... new_col3r new_col4r new_col5r new_col6r
#> 0    x            0.0      5.0 ...        11        17       7.5        13
#> 1    y            0.0      7.0 ...        13        19       8.5        14
#> 2    z            0.0      9.0 ...        15        21       9.5        15
#> 3  NaN      NaN    NaN      NaN ...        17        23      10.5        16
#>
#> [4 rows x 14 columns]
```

▎ 사이킷런 소개

사이킷런^{scikit-learn}(http://scikit-learn.org/stable/)을 소개하는 책들은 여러 권 나와 있다. 사이킷런에는 여러 개의 서브 모듈이 있으며, 이 책에서는 이 가운데 몇 개만 사용된다(7장, '헬스케어 예측 모델 만들기'에서 소개한다). 예를 들어 sklearn.linear_model, sklearn.ensemble 같은 모듈을 사용하려고 한다. 여기서는 흔하게 사용되는 서브 모듈들을 살펴본다. 편의상 1장, '헬스케어 애널리틱스 개론'에서 논의한 바대로 데이터 과학 파이프라인의 각 부분별로 해당되는 서브 모듈들을 구분해 설명한다.

샘플 데이터

사이킷런의 sklearn.datasets 서브 모듈에 여러 개의 샘플 데이터셋이 들어 있다. 이 가운데 sklearn.datasets.load_breast_cancer와 sklearn.datasets.load_diabetes가 헬스케어와 관련된 데이터셋이다. 여기에 들어 있는 데이터셋들은 이미 사전 처리가 돼 있고, 크기가 작으며, 특징의 개수가 대략 수십 개이고, 수백 명의 환자들의 정보가 포함돼 있다. 7장, '헬스케어 예측 모델 만들기'에서는 훨씬 크고 최근 의료 기관에서 실제로 받아볼 수 있는 것과 비슷한 데이터셋을 사용하게 될 것이다. sklearn.datasets 서브 모듈에 들어 있는 데이터셋들은 그와 같지 않지만 사이킷런 함수들을 실험하고 연습할 때 유용하다.

데이터 전처리

데이터 전처리에 필요한 기능들은 sklearn.preprocessing 서브 모듈에 주로 들어 있다. 이 모듈에 들어 있는 몇 개의 함수를 다음 절에서 소개한다.

카테고리형 변수에 대한 원핫 인코딩

거의 모든 데이터셋에는 카테고리형 데이터가 들어 있기 마련이다. 카테고리형 데이터는 이산형 데이터로 유한 개수의 선택 가능한 값들(보통은 문자열)에서 값을 취할 수 있다. 파이썬 사이킷런은 숫자형 데이터만 다루기 때문에 사이킷런을 갖고 머신러닝을 수행하기 전에 이런 카테고리형 변수들을 숫자로 인코딩하는 방법을 찾아서 처리해줘야 한다.

원핫 인코딩one-hot encoding('1-of-K 인코딩 스킴1-of-K encoding scheme'이라고도 한다.)에서는 k개

의 선택 가능한 값을 가진 하나의 카테고리형 변수를 k개의 이진 변수들로 변환시키며, 이 변수들 가운데 해당되는 값과 대응하는 변수 하나만 양성 값을 가지게끔 코딩한다. 7장, '헬스케어 예측 모델 만들기'에서는 실제 임상 데이터셋을 갖고 `get_dummies()`라는 판다스 함수를 사용해 원핫 인코딩을 실행하는 방법을 자세히 설명한다. 사이킷런에서는 `sklearn.preprocessing` 서브 모듈에 들어 있는 `OneHotEncoder`라는 클래스를 사용한다.

`OneHotEncoder`를 사용하는 방법은 사이킷런 온라인 문서 http://scikit-learn.org/stable/modules/preprocessing.html#encoding-categorical-features를 참고한다.

스케일링과 센터링

어떤 머신러닝 알고리즘들에서는 카테고리형 변수에 대한 변형(앞에서 소개한 원핫 인코딩을 사용)뿐만 아니라 연속 변수도 변형하는 것이 좋을 수 있다. 1장, '헬스케어 애널리틱스 개론'을 되돌아보면, 연속 변수는 숫자로 정수뿐만 아니라 임의의 실수 값도 취할수 있다. 실제적으로 가장 흔히 사용되는 방법은 연속 변수를 표준화해 변수의 평균이 0이고 표준편차가 1이 되도록 변형하는 방법이다. 예를 들어 `AGE`라는 변수는 보통 0에서 100까지의 값을 갖고 대체로 평균이 40 정도 된다. 어떤 그룹의 `AGE` 변수의 평균값이 40이고 표준편차가 20이라고 해보자. 우리가 변수 `AGE`의 중심을 이동시키고 스케일을 변형하고자 할 때, 40세인 사람은 변형된 변수의 0에 위치하게 된다. 20세인 경우 −1 , 60세인 경우 1, 80세인 경우 2, 50세인 경우 0.5의 위치에 오게 만든다. 이와 같은 변형을 통해 머신러닝 모델에서 큰 범위를 갖는 변수들이 더 큰 영향을 미치게 하는 것을 막을 수 있다.

사이킷런은 변수의 센터링과 스케일링을 위한 많은 클래스와 함수를 내장하고 있는데, `sklearn.preprocessing.StandardScaler()`, `sklearn.preprocessing.MinMaxScaler()`, `sklearn.preprocessing.RobustScaler()` 함수 등이 있다. 이런 다양한 툴을 사용해 정규

분포를 나타내는 변수나 여러 극단값을 갖는 변수의 중심을 재조정하고 스케일을 바꿀 수 있다.

스케일링 클래스에 대한 사용법은 온라인 사이킷런 문서를 참고한다.[3]

이진화

이진화[binarization]는 변수 변환 방법의 하나로, 연속 변수를 이진 변수로 변형시킨다. 예를 들어 AGE라는 연속 변수가 있을 때 50세를 기준으로 그 이상인 경우에는 1 값으로 만들고, 그 이하인 경우에는 0 값으로 만든다. 이진화를 통해 여러 변수를 갖고 있을 때 시간과 돈을 절약할 수 있다. 그렇지만 실제로는 이런 방법보다 원래의 연속값을 사용하는 것이 더 많은 정보를 갖고 있기 때문에 원래의 연속 변수를 사용하는 것이 더 낫다.

앞에서 소개한 코드로 판다스를 사용해 이진화할 수도 있지만, 사이킷런에는 `Binarizer` 클래스가 들어 있고, 이것을 사용해 특징을 이진화할 수 있다. `Binarizer` 클래스를 사용하는 방법은 온라인 문서를 참고한다.[4]

결측값 대체

1장, '헬스케어 애널리틱스 개론'에서는 결측값 다루기의 중요성을 언급했다. 결측값 대체[imputation]는 결측값을 존재하는 나머지 데이터를 바탕으로 추론한 값으로 대체하는 전략 가운데 하나다. 헬스케어에서는 제로 대체법과 평균 대체법이 많이 사용된다. 제로 대체법은 결측값을 0으로 채우는 방법으로, 예를 들어 어떤 진단에 대해 NULL 값으로 돼 있는 경우 이 값을 0으로 처리한다. 평균 대체법에서는 존재하는 데이터의 평균값으로 대체한다. 예를 들어 사람들의 나이 평균이 40인 경우 결측값을 40으로 지정한다. 4장, '컴퓨팅의 기초, 데이터베이스'에서는 다양한 대체 방법을 소개하고, 7장, '헬

---

3 http://scikit-learn.org/stable/modules/preprocessing.html#standardization-or-mean-removal-and-variance-scaling – 옮긴이

4 http://scikit-learn.org/stable/modules/preprocessing.html#binarization – 옮긴이

스케어 예측 모델 만들기'에서는 사용자 정의 함수를 만들어 대체에 사용하는 방법을 설명한다.

사이킷런에는 여러 가지 대체 방법에 사용할 수 있는 Imputer라는 클래스가 들어 있다. 그 사용법을 자세히 알고 싶다면 http://scikit-learn.org/stable/modules/preprocessing.html#imputation-of-missing-values를 참고하길 바란다.

특징 선택

머신러닝에서는 더 많은 데이터가 있을수록 더 좋다는 잘못된 인식이 있다. 보통 관측 observation(즉, 데이터셋의 행의 개수)에는 이런 인식이 잘 들어맞는다. 하지만 특징feature은 많을수록 항상 좋지만은 않다. 어떤 경우에는 특징이 적을수록 역설적으로 더 좋다. 서로 높은 상관값을 갖는 여러 개의 특징을 사용하는 경우 예측에 대한 바이어스bias가 높아질 수도 있고, 특징의 개수(열의 개수)가 관측 수(행의 개수)보다 많아져 특별한 조치가 추가로 필요할 수도 있기 때문이다.

어떤 경우에는 특징의 수를 절반으로 줄여도 성능이 같거나 아주 조금 떨어지는 상황이 있을 수 있다. 더 적은 수의 특징을 사용하는 것은 시간이 절약되고, 메모리를 많이 차지하지 않으며, 비전문 이해관계자들에게 설명과 해석이 용이하다는 측면에서 더 바람직하다고 할 수 있다. 언제나 데이터셋에서 일부 특징을 선택해 모델링하는 것이 좋다. 어떤 특징을 아예 삭제하길 원하지 않는다고 해도, 특징을 선택하고 특징의 중요도 순서를 부여하는 것은 모델에 대한 인사이트를 얻고 그것의 예측 행동과 성능을 이해하는 데 도움이 된다.

sklearn.feature_selection 모듈에는 특징 선택에 사용되는 다양한 클래스와 함수가 마련돼 있으므로 아주 다양한 필요에 대응할 수 있다. 예를 들어 단일 변수 특징 선택을 할 때는 예측 변수와 타깃 변수 사이의 통계적인 의존성을 측정할 필요가 있는데, 이는 SelectKBest나 SelectPercentile 클래스를 사용해 해결할 수 있다. VarianceThre shold 클래스는 관측에서 거의 0에 가까운 낮은 분산을 갖는 특징들을 제거한다. SelectFromModel 클래스는 모델 적합을 하고 나서 특정 강도의 필요도(계수 또는 특징 중요도라는 측면에서)를 맞추지 못하는 특징을 제거한다.

사이킷런에서 특징 선택을 위한 클래스들의 리스트는 온라인에서 확인할 수 있다.[5]

머신러닝 알고리즘

머신러닝 알고리즘은 새로운 관측 데이터에 대한 예측을 하기 위한 수학적 프레임워크를 제공한다. 사이킷런은 수십 가지, 서로 다른 장단점을 갖고 있는 머신러닝 알고리즘을 지원한다. 이들 가운데 일부 알고리즘과 그에 상응하는 사이킷런 API 기능을 간략하게 알아보고자 한다. 그리고 7장, '헬스케어 예측 모델 만들기'에서는 이런 알고리즘을 실제 사용하는 예를 소개한다.

일반화 선형 모델

3장, '머신러닝의 기초'에서 선형 모델은 간략하게 보면 타깃 값을 예측하기 위한 특징들에 대한 가중 결합이라고 생각할 수 있다고 설명했다. 특징들은 관찰을 통해 결정되고, 각 특징의 가중치는 모델 적합에 의해 결정된다. 선형 회귀는 연속 변수를 예측하고, 로지스틱 회귀는 선형 회귀를 확장한 것으로 타깃 값에 대해 로짓 변형을 통해 0에서 1까지의 값을 취하도록 변형하는 방법을 사용한다. 그와 같은 변형은 두 가지 가능한 결과를 따지는 이진 분류를 실행하는 데 도움이 된다.

사이킷런에서 이 두 알고리즘은 sklearn.linear_model.LogisticRegression과 sklearn.linear_model.LinearRegression 클래스를 통해 구현돼 있다. 7장, '헬스케어 예측 모델 만들기'에서 로지스틱 회귀 실제 사례를 설명한다.

---

5 http://scikit-learn.org/stable/modules/feature_selection.html#univariate-feature-selection - 옮긴이

앙상블 방법

앙상블 방법은 여러 가지 머신러닝 모델을 조합해 예측 모델을 만드는 것을 말한다. 예를 들어 랜덤 포레스트random forest는 의사 결정 나무 분류자들의 조합으로, 각각의 나무에서 적절한 특징을 선택하고 사용하는 방법으로 연관성이 적은 조합을 사용하는 기법이다. 아다부스트AdaBoost는 약한 분류자들을 조합해 좀 더 효과적인 예측 모델을 구성하는 방법이다. 이런 앙상블은 sklearn.ensemble 모듈을 통해 지원된다.

추가 머신러닝 알고리즘

그밖에도 많이 사용되는 머신러닝 알고리즘에는 나이브 베이즈 알고리즘, k-근접 이웃, 신경망, 의사 결정 나무, 서포트 벡터 머신 등이 있다. 이런 알고리즘들은 sklearn. naive_bayes, sklearn.neighbors, sklearn.neural_network, sklearn.tree, sklearn.svm 모듈을 통해 지원된다. 7장, '헬스케어 예측 모델 만들기'에서는 임상 데이터셋을 갖고 신경망 모델을 만들어볼 것이다.

성능 측정

마지막으로, 우리가 원하는 알고리즘을 통해 모델을 만들고 나면 그 성능을 측정하는 것이 중요하다. 이런 일을 할 때는 sklearn.metrics 서브 모듈이 유용하다. 3장, '머신러닝의 기초'에서 논의한 대로 혼동 행렬confusion matrix이 분류 과제를 평가할 때 특히 유용한데, sklearn.metrics.confusion_matrix() 함수로 지원된다. ROCReceiver Operating Characteristic 곡선과 AUCArea Under the Curve 면적은 sklearn.metrics.roc_curve()와 sklearn. metrics.roc_auc_score() 함수를 사용해 계산할 수 있다. 정밀도-재현율 곡선은 ROC 곡선에 대신 사용할 수 있는데 불균형imbalanced 데이터셋에서 중요한 것으로, 이를 다룰 때는 sklearn.metrics.precision_recall_curve() 함수를 사용한다.

▌ 추가 애널리틱스 라이브러리

여기서는 애널리틱스에 흔히 사용되는 중요한 세 패키지(넘파이, 사이파이, 맷플롯립)를 간단히 살펴본다.

넘파이와 사이파이

넘파이^{NumPy}(www.numpy.org)는 파이썬의 배열 계산을 위한 라이브러리다. numpy.array() 함수를 사용해 큰 배열을 만들 수 있고, 행렬 덧셈 및 곱셈을 비롯한 다양한 수학 연산을 실행할 수 있다. 그리고 배열의 형태를 조작하는 다양한 함수를 갖고 있으며 sin(), cos(), exp() 함수와 같은 익숙한 수학 함수들을 갖고 있기도 하다.

사이파이^{SciPy}(www.scipy.org)는 고급 수학 모듈을 갖고 있는 툴박스다. 머신러닝과 연관된 서브 패키지에는 cluster, stats, sparse, optimize 등이 있다. 사이파이는 파이썬을 사용한 과학 계산에서 아주 중요한 패키지다.

맷플롯립

맷플롯립^{matplotlib}(https://matplotlib.org)은 아주 인기 있는 2차원 파이썬 플롯팅 라이브러리다. 라이브러리 웹 사이트에는 '서너 행의 코드를 갖고도 플롯^{plot}, 히스토그램, 파워 스펙트라$^{power\ spectra}$, 막대 그래프, 에러 차트, 산점도^{scatterplot} 등을 만들 수 있다.'고 나와 있다. 이 라이브러리는 수많은 옵션과 기능을 갖고 있어서 높은 수준의 사용자 커스터마이징이 가능하다.

▌요약

이 장에서는 기초 파이썬 언어와 애널리틱스 성능에 중요한 판다스, 사이킷런이라는 두 개의 파이썬 라이브러리를 개략적으로 설명했다. 이제 이 책에서 기초에 해당되는 장들은 모두 마쳤다.

6장, '헬스케어 질 측정'에서는 실제 헬스케어 제공자들의 성적을 평가한 데이터를 갖고 판다스를 사용해 분석해볼 것이다.

6

헬스케어 질 측정

이 장은 모든 분야의 독자를 위한 것으로, 헬스케어 제공자들이 미국에서 현재의 가치 기반 프로그램에 따라 어떻게 평가되고 어떻게 보상을 받거나 페널티를 받는지 설명한다. 우리는 웹에서 다운로드한 실제 서비스 제공자의 데이터를 살펴보고, 파이썬을 사용해 필요한 정보를 추출해보려고 한다. 이 장에서 독자들은 서비스 제공자 데이터를 갖고 판다스로 분석해보면서 누가 좋은 실적을 내고 있고, 어떤 사람들이 애널리틱스로 도움을 받는지 확인할 수 있을 것이다.[1]

---

1 이 장은 미국의 의료 제도를 중심으로 기술돼 있다. 한국의 경우에도 의료기관평가인증원을 통해 의료 기관에 대한 질 평가가 이뤄지고 있다. 미국 제도에 관심이 있는 경우를 제외하고는 깊이 파고들 필요가 없어 보인다. – 옮긴이

▌헬스케어 평가법에 대한 소개

헬스케어 평가는 질의 수준을 따지기 위해 서비스 제공자의 케어 활동을 평가하는 것을 말한다. 서비스 제공자들이 양이 아닌 질에 근거해 보상을 받는 경향이 증가함에 따라, 어떤 케어 제공자가 보상을 받거나 또는 페널티를 받을지 결정한다는 측면에서 헬스케어 평가의 역할이 점점 더 중요해지고 있다. 메디케어 메디케이드 서비스 센터 Centers for Medicare and Medicaid Services(CMS)는 미국의 연방 수준 기관으로서 표준 평가법을 발행한다. 또한 주 정부 역시도 평가법을 발행한다. 서비스 제공자들은 자신이 서비스를 제공한 환자들에 대한 데이터를 갖고 평가하며, 그 결과를 관련 기관에 보고하고 감독을 받는다. 그 결과의 일부는 보험 수가를 정하는 데 사용된다.

전형적인 평가는 보통 케어의 질과 연관 관계를 갖도록 설계된 비율ratio을 사용한다. 그래서 이런 지표는 크게 분모와 분자로 나뉜다. 분모는 특정한 기간 동안에 서비스 제공자가 대면한 환자 수 또는 어떤 기준에 맞는 환자 수를 나타내는 값이다. 이런 분자를 결정할 때는 전체 집단에 대해 포함 기준 또는 제외 기준을 적용한 다음 환자 수를 정한다. 분모를 결정하고 나서 분자에는 특정 양성 또는 음성 결과나 이벤트를 보인 환자 수가 들어간다.

건강 결과 또는 이벤트는 환자 케어와 관련된 기초 또는 임상 연구에 의해 제안된다. 마지막으로, 분자를 분모로 나눈 값은 퍼센트로 계산된다. 이 퍼센티지는 독자적인 지표로 사용되거나 전체 질 스코어를 측정하기 위한 복잡한 수식 또는 가중치로 사용된다.

예를 들어, 어떤 주에서는 외래 기반의 서비스 기관에서 당뇨 케어에 대한 질을 측정하고자 할 때 먼저 당뇨 케어 권고안에 대한 논문을 검토한 다음 측정 지표를 선택한다. 이 가운데 매년 당뇨 환자들은 발 검사와 당화혈색소 검사를 받기 때문에 여기서는 이것을 지표로 활용하기로 결정했다고 생각해보자. 분모를 계산하기 위해 포함 기준을 지난해에 적어도 한 번 이상 당뇨병(ICD 코드)을 진단받은 환자로 했다. 평가 기관은 표준 성인 집단에 대해서만 기준을 정하고 싶어서, 65세 이상이거나 18세 이하의 경우는 제외하도록 했다. 어떤 클리닉이 전체 4,000명의 환자를 갖고 있다고 했을 때,

500명이 이런 기준에 부합한다면 이 500이 분모가 된다. 그러고 나서 다음 두 지표를 분자로 계산한다.

- 지난해 적어도 세 번 이상 발 검사를 받은 환자 수
- 지난 1년 동안 적어도 두 번 이상 당화혈색소 검사를 받은 환자 수

예를 들어 우리의 클리닉에서는 각각의 값이 350, 400이라고 하자. 그러면 지표는 당뇨발 검사가 350/500 = 0.70, 당화혈색소가 400/500 = 0.80이 된다. 이 값을 평균한 값 0.75를 클리닉의 당뇨 케어에 대한 전체 점수로 사용한다.

이런 지표는 문제도 갖고 있다. 서비스 제공자가 실제로는 케어의 질을 개선하지 않고 그들의 측정 값을 조작할 여지가 충분히 있다. 그리고 어떤 지표들은 환자의 의학적인 조언이나 적절한 치료에 대해 거부하는 경우, 서비스 제공자에게 불공정하게 페널티를 부여하게 될 수도 있다. 그렇지만 케어의 질에 따라 보상이 되려면, 케어의 질에 대한 정량화는 반드시 필요하다. 헬스케어의 평가는 이런 목적을 달성하기 위한 중요한 수단이다.

▌ 미국 메디케어의 가치 기반 프로그램

2장, '헬스케어의 기초'에서 행위별 수가제를 설명했다. 이것은 의료 가치가 아닌 제공한 양에 의해 보상을 받는 모델이다. 최근에는 케어의 양이 아닌 질에 근거해서 의료 서비스 제공자에 대한 보상이 이뤄지는 방향으로 바뀌고 있다.

행위별 수가제에서 가치 기반 보상 체계로 이동하는 것을 촉진하기 위해 메디케어 메디케이드 서비스 센터(CMS)는 가치 기반 프로그램을 운용해 왔다. 이 프로그램은 메디케어 환자들에게 제공된 케어의 질에 따라 서비스 제공자들에게 보상을 주거나 페널티를 준다. 2018년 기준으로 총 여덟 개의 프로그램이 있다. 그 종류는 다음과 같다.

- 병원 성과 기반 수가지급 프로그램^{The Hospital Value-Based Purchasing program}

- 병원 재입원 경감 프로그램^{The Hospital Readmission Reduction program}

- 원내 발생 합병증 경감 프로그램^{The Hospital Acquired Conditions program}

- 말기 신질환 환자 질 이니셔티브 프로그램^{The End-Stage Renal Disease quality initiative program}

- 전문 요양 시설 가치 기반 프로그램^{The Skilled Nursing Facility Value-Based Program}

- 가정 건강 가치 기반 프로그램^{The Home Health Value-Based Program}

- APM^{Alternative Payment Model}

- MIPS^{The Merit-Based Incentive Payment System}

다음 절들에서는 이들 프로그램을 자세히 살펴본다.

❙ 병원 성과 기반 수가지급(HVBP) 프로그램

병원 성과 기반 수가지급 프로그램은 메디케어 환자들에게 제공된 케어의 질에 대한 인센티브로 병원에 보상하는 제도다. 이 프로그램은 2010년 제정되고 2012년부터 시행된 환자보호 및 부담적정보험법^{Affordable Care Act}에 따라 제도화됐다.

도메인과 평가지표

2018년도 기준 HVBP 프로그램에는 병원 케어 질의 여러 도메인에 걸친 20개의 지표가 있다. 이 리스트는 점차 확대되고 있으며 2023년에는 약 25개가 될 것이다. 각각의 도메인과 평가지표를 살펴보자.

임상 케어 도메인

임상 케어 도메인 평가지표는 주로 사망률을 바탕으로 한 임상 케어 질을 평가한다.

사망률이란 특정 질환 환자가 사망하는 비율을 말한다. 이 도메인에는 다음에 나열한 다섯 가지 사망률 평가지표가 있다. 여섯 번째 지표는 고관절/무릎관절 인공관절치환술의 합병증 비율이다.

- MORT-30-AMI: 급성심근경색 환자의 30일 이내 사망률
- MORT-30-HF: 심부전 환자의 30일 이내 사망률
- MORT-30-PN: 폐렴 환자의 30일 이내 사망률
- THA/TKA: 고관절/무릎관절 인공관절치환술 이후 합병증 발생률
- MORT-30-COPD: 만성폐쇄성폐질환 환자의 30일 이내 사망률
- MORT-30-CABG: 심장관상동맥우회수술 후 30일 이내 사망률

환자 및 보호자 케어 경험 도메인

이것은 HCAHPS^{Hospital Consumer Assessment of Healthcare Providers and Systems} 설문을 통해 측정되는 항목이다. HCAHPS 설문은 메디케어 환자가 퇴원하고 이른 시기에 임의로 표본 추출해 실행된다. 열 개의 질문은 다음과 같은 여덟 개의 지표에 중점을 두고 이뤄져 있다.

- 간호사와의 의사 소통
- 의사와의 의사 소통
- 병원 직원의 응대
- 약물에 대한 의사 소통
- 병원 환경의 청결도 및 정숙
- 퇴원 정보
- 병원에 대한 전체적인 평가
- 퇴원에 대한 세 개 아이템

안전 도메인

이 도메인에 대한 평가지표는 유해 사건과 병원 감염에 대한 발생률을 갖고 병원의 안전도를 평가한다. 이 도메인의 모든 평가지표는 이후 절에서 소개한 HAC 프로그램에서 설명된다. PC-01 평가지표는 예외로 다음과 같이 기술된다.

- AHRQ Composite (PSI-90): 이후에 설명
- CAUTI^{Catheter-Associated Urinary Tract Infection}: 유치도뇨관 관련 요로 감염
- CLABSI^{Central Line-Associated Bloodstream Infection}: 중심정맥관 감염
- CDI^{Clostridium Difficile Infection}: *C. difficile* 감염[2]
- MRSA^{Methicillin-Resistant Staphylococcus Aureus infection}: MRSA 감염
- SSI^{Surgical Site Infection}: 수술 창상 감염로
- PC-01: 임신 39주 이전에 실행되는 선택적 분만(자연 분만 또는 제왕절개술). 가인드라인에 따르면 분만은 가급적 40주 부근에서 이뤄지는 것이 좋다.

효율성과 비용 절감 도메인

이 도메인의 네 가지 평가지표는 케어 비용과 관련된 것이다. MSBP는 환자당 전체 병원비를 말하고, 나머지 세 개 평가지표는 특정 질환과 관련된 비용을 평가한다.

- **수혜당 메디케어 병원비**(MSPB)
- **급성심근경색 지불액**
- **심부전 지불액**
- **폐렴 지불액**

---

2   주로 광범위 항생제 투여 후 이 균에 의한 장염이 자주 발생함 – 옮긴이

▌ 병원 재입원 경감 프로그램(HRR)

입원 케어 질을 평가하는 또 다른 방법은 특정 질환 환자에 대한 인덱스 입원(해당 문제로 처음으로 한 입원) 이후 재입원율을 계산하는 것이다. 이 방법의 기저에는 환자가 해당 질환에 대해 적절한 케어를 받았다면 이후 같은 문제로 입원할 확률이 기준 이하가 될 것이라는 논리가 있다. 이 수치가 기본 수준보다 높은 경우에는 낮은 수가를 준다. 이 프로그램은 2012년 시작됐다. 이 프로그램에 따르면, 다음 질환을 대상으로 해서 30일 이내 재입원율을 줄인 병원에 대해서는 그들의 입원비에서 3%만큼 추가한 인센티브를 제공한다.

- 심근경색
- 심부전
- 폐렴
- 만성폐쇄성폐질환
- 고관절/무릎관절 치환술
- 관상동맥 우회로 이식술

▌ 원내 발생 합병증 경감(HAC) 프로그램

입원 환자 케어 질을 측정하는 또 다른 방법은 특정 의료 기관에서 발생하는 원내 질환에 대한 숫자를 보는 것이다. 의인성iatrogenic 질환은 검사, 진찰 또는 치료 과정 중에 의료인에 의해 발생한 질환을 말하고, 원내 질환illness은 병원에서 생긴 질환으로 주로 원내 감염을 말한다. 원내 감염은 여러 종류의 항생제에 대한 저항성을 갖고 있어 치료하기 힘든 경향이 있다.

2014년 시작된 원내 발생 합병증 경감 프로그램에 따라 병원 감염의 위험에 노출시키는 병원은 총 메디케어 지불액의 1%만큼 페널티를 받는다. 더 자세하게 설명하면, 다섯 개의 흔한 원내 감염 발생 건수와 환자 안전 지표에 대한 90개의 복합 평가 성능지표를 넘어서는 병원에는 메디케어 보험 수가가 1% 낮아진다.

원내 발생 합병증 경감 프로그램은 두 개의 도메인, 여섯 개의 지표로 구성된다. 이 가운데 다섯 개는 원내 감염과 관련된 것이고, 다른 하나는 환자의 안전에 유해한 이벤트와 관련된 복합 평가지표다.

각 도메인과 평가지표를 자세히 살펴보자.

원내 감염 도메인

원내 감염에는 다음 다섯 가지가 있다.

- **유치도뇨관 관련 요로 감염**: 요로에 도뇨관을 삽입할 때 무균 기술을 잘못 사용해 균이 요도에 들어가 발생한다.

- **중심 정맥관 관련 감염**: 중심 정맥관을 혈관에 삽입할 때 잘못해서 혈액에 균이 들어가 생기는 감염

- **클로스트리디움 디피실 감염**: 다른 감염병으로 항생제가 투여된 경우, 장내에서 병원성 클로스트리디움 디피실 박테리아 증식을 억제함으로써 우리 몸을 보호하는 역할을 하는 정상 장내 세균총이 투여된 항생제 때문에 사멸해, 클로스트리디움 디피실이 증식하면서 장염을 일으킬 수 있다(따라서 항생제는 꼭 필요한 경우에만 사용하는 것이 좋다).

- **메티실린-저항성 황색포도상구균 감염**: 메티실린-저항성 황색포도상구균 감염은 특히 병원성이 있는 경우 여러 항생제에 대한 내성을 보이면서 피부나 혈액 감염을 일으킨다. 병원에서 흔히 발생하는 감염으로, 빠른 치료와 전파를 막기 위한 케어로 이를 피할 수 있다.

- **수술 창상 감염**: 수술이나 수술 후 창상에 대한 부적절한 멸균 처리로 수술 부위에 발생하는 감염

환자 안전 도메인(PSI)

PSI 90은 AHRQ^{Agency for Healthcare Research and Quality}에서 만든 환자 안전/합병증 측정법이다. 이는 2017년에 만들어졌고, 열 가지 평가지표를 사용해 환자의 안전과 합병증에 대한 수치를 측정한다.

- **PSI 03: 욕창 발생률**: 욕창은 환자가 침대에서 같은 자세로 오랫동안 누워 있을 때 발생하는 피부 손상이다. 이것은 병원 케어 질과 환자 방임의 지표로 흔히 사용되는 평가지표다.

- **PSI 06: 의인성 기흉률**: 기흉^{pneumothorax}은 폐의 벽이 손상받아 공기가 폐 주위의 공간으로 들어감에 따라, 환자가 호흡을 제대로 못하게 되는 질환이다. 어떤 기흉은 시술 중에 발생하는데, 이것을 의인성 기흉이라고 한다.

- **PSI 08: 원내 낙상에 의한 고관절 골절률**: 낙상은 입원 시 노인에게서 흔히 발생하는데 수술이나 시술 후에 특히 자주 발생한다. 그래서 낙상 위험이 높은 환자에 대해 여러 가지 예방 조치를 취해야 한다. 낙상이 제대로 관리되고 있지 않다는 사실은 병원 케어의 질이 나쁘다는 것을 의미한다.

- **PSI 09: 주술기 출혈 또는 혈종률**: 이 지표는 환자가 병원에서 시술 등을 받을 때 출혈하는 양을 측정한다.

- **PSI 10: 수술 후 급성 신장 손상률**: 시술이나 수술 이후에 환자는 혈류 감소나 콩팥에 해로운 조영제 등으로 인해 신장 손상 위험이 증가한다.

- **PSI 11: 수술 후 호흡부전율**: 수술 후에 발생하는 합병증에는 호흡부전이 있다. 이는 생명을 위협할 수 있는 질환이며 중환자실에서 인공호흡기가 필요할 수도 있다. 호흡부전 발생률은 환자에게 적절한 호흡 훈련을 지도하는 방법으로 줄일 수 있다.

- **PSI 12: 주술기 폐색전증 또는 심부정맥혈전증 발생률**: 심부정맥혈전증은 하지 근육에 들어 있는 큰 정맥에 혈전이 생기는 것이다. 폐색전증은 혈전이 혈액을 타고 폐로 넘어가 생기는, 생명을 위협하는 합병증이다. 심부정맥혈전증은 환

자에게 적극적인 활동을 독려해 예방할 수 있으며, 발생 시 헤파린을 투여하거나 기타 방법으로 치료한다.

- **PSI 13: 수술 후 폐혈증 발생률**: 이 평가지표는 수술 후에 폐혈증을 측정한다. 폐혈증은 박테리아가 혈액으로 침범해 장기들의 기능을 손상시키는 생명을 위협하는 질환이다.

- **PSI 14: 수술 후 창상 벌어짐 발생률**: 창상 벌어짐은 수술 부위가 제대로 접합되지 않거나 수술 이후에 창상이 제대로 치유되지 않을 때 발생한다. 이것은 수술 절차가 잘못됐거나 수술 후 영양 관리가 잘못됐다는 신호다.

- **PSI 15: 발견되지 않은 복부골반 우발적 천공/열상 발생률**: 복부나 골반 수술 중에 발생하는 우발적인 천공이나 열상의 발생 빈도를 체크한다.

> ⓘ 더 자세한 정보는 https://www.qualityindicators.ahrq.gov/News/PSI90_Factsheet_FAQ.pdf를 참고한다.

▎ 말기 신질환 환자 질 인센티브 프로그램

말기 신질환 질 인센티브 프로그램은 메디케어 말기 신질환 환자의 투석과 관련된 질을 측정한다. 16개의 평가지표가 있는데, 그중 11개는 임상적인 것이고 다섯 개는 보고 형식으로 돼 있다.

- **혈액투석 환자의 NHSN 혈액 감염률**[3]: 적절하지 못한 소독법이 유발하는 혈액 투석으로 인한 감염으로, 실제 발생한 감염 환자 수를 기대되는 감염 환자 수로 나눠 계산한다.

- **ICH CAHPS**In-Center Hemodialysis The Consumer Assessment of Healthcare Providers and Systems: 환

---

3 NHSN은 미국 질병관리본부의 헬스케어 관련 감염병 모니터링 시스템이다. - 옮긴이

자 설문지를 사용해 투석실의 케어 질을 평가한다.

- **표준화된 재입원율**: 계획되지 않은 급성으로 30일 이내에 재입원하는 환자 수를 일반적으로 기대되는 30일 이내 재입원 환자 수로 나눈 값이다.

- **Kt/V 투석 적절성 지표**: Kt/V는 투석의 적절성을 표시하는 지표이며 혈액 투석, 복막 투석, 소아 혈액 투석, 소아 복막 투석에 대한 Kt/V 지표가 있다.

- **표준화된 수혈률**: 투석 환자에서 실제 수혈 수를 기대되는 수혈 수로 나눈 값으로, 수혈은 투석에 의한 원하지 않는 결과의 하나다.

- **혈관 접근로 – 동정맥루**: 환자의 혈관에 적절한 혈관 접근로가 확보됐는지를 측정한다. 동정맥루 혈관 접근로는 투석에 필요한 두 개의 바늘에 사용된 동정맥루의 개수를 측정한다.

- **혈관 접근로 – 카세터**: 90일 이상 카세터^{Catheter}가 얼마나 많이 사용됐는지 따지는 것이다. 카세터가 있으면 감염의 위험이 높다.

- **고칼슘혈증**: 환자가 투석 합병증의 하나인 고칼슘혈증을 몇 달 동안 겪었는지 측정한다.

- **미네랄 대사 보고서**: 각 기관에서 보고되는 투석 환자 케어에 대한 다양한 측면을 반영한다. 여기서는 빈혈 관리, 통증 관리, 우울증 선별, 독감 백신 등을 측정한다.

전문 요양 시설 가치 기반 프로그램

전문 요양 시설 가치 기반 프로그램은 2019년에 시작될 예정이다. 이 지표는 두 개의 건강 결과 관련 평가지표를 주로 사용한다.

- 이유를 불문한 30일 이내 재입원율
- 30일 이내 잠재적으로 예방 가능한 재입원율

위 비율은 전문 요양 시설의 거주자가 다른 병원에 입원할 때 적용된다. 이 프로그램이 실행될 경우, 전문 요양 시설은 어떤 환자가 재입원 가능성이 높을지 예측하는 머신러닝 전문가와 협업하면 도움이 될 것이다.

 더 자세한 정보는 https://www.cms.gov/Medicare/Quality-Initiatives-Patient-Assessment-Instruments/Value-Based-Programs/Other-VBPs/SNF-VBP.html을 참고한다.

▎ 가정 건강 가치 기반 프로그램

이는 가정 건강 에이전시^{Home Health Agencies}(HHA)[4]에 대한 것으로, 2016년 1월 미국 50개주 가운데 아홉 개 주에서 시작됐다. 이 프로그램은 가정 건강 에이전시의 케어 질에 따라 수가를 조정하는 역할을 하며, 22개의 평가지표로 구성돼 있다. 여기에는 설문조사, 프로세스, 건강 결과 평가, 응급실 방문, 갑작스런 입원 등이 포함돼 있다.

▎ MIPS

MIPS^{The Merit-Based Incentive Payment System}[5]는 개인 또는 그룹 의원에 대한 가치 기반 프로그램이다. 이 프로그램은 2015년 제정된 의료개혁법률인 MACRA에 따라 2017년 시행되기 시작했다. 메디케어의 QPP^{Quality Payment Program}는 크게 이 MIPS와 APM^{Alternative Payment Model}으로 나뉘고, 의료 서비스 제공자는 선택해 참여할 수 있다. MIPS는 기존의 가치 기반 프로그램인 PRSS^{Physician Quality Reporting System}, VM^{Value Modifier} 프로그램을 대체한다. MIPS는 다음 네 카테고리에 기반해 평가된다.

---

4   이것은 한국의 가정간호 제도와 비슷하며, 더 폭넓은 서비스를 제공한다. – 옮긴이
5   적절한 용어가 아직 없어 우리말로 번역하지 않았다. – 옮긴이

- 질
- 더 나은 케어 정보
- 개선 활동
- 비용

2017년에 60%는 케어 질, 25%는 더 나은 케어 정보, 15%는 개선 활동 등으로 구성돼 있는데, 2018년에는 좀 더 수정될 예정이다.

이들 성과 카테고리를 더 자세히 들여다보자.

질

의료 서비스 제공자들은 2018년 기준 271개의 평가지표 가운데 여섯 개를 선택한다. 각 전문 분야별로 평가지표들이 마련돼 있어서 자신에게 가장 적합한 평가지표를 선택하면 된다. 서비스 제공자들은 해당 지표에 맞는 데이터를 수집해 제출한다.

더 나은 케어 정보

이 카테고리에서는 더 나은 헬스 정보 기술과 관련된 평가지표들이 포함된다. 15개의 평가지표가 있는데, 전자 의무 기록 사용, 임상 데이터를 데이터 레지스트리에 보고하는 일, 환자 정보 불일치 수정 작업 등이 들어간다.

개선 활동

케어 코디네이션, 환자 참여, 환자 안정 등의 분야에서 어떤 조치들을 취했는지 의료 서비스 제공자가 설명해야 한다. 서비스 제공자는 3개월 동안 최소 네 개의 평가에 대해 보고해야 한다.

비용

케어 비용은 청구 데이터로 결정된다. 가장 효율적인 케어를 제공한 서비스 제공자는 보상을 받는데, 2018년부터 시작됐다.

❚ 기타 가치 기반 프로그램

앞에서 언급된 메디케어 메디케이드 서비스 센터가 관리하는 가치 기반 프로그램 이외에 다른 기관에서 관리되는 프로그램도 있다. 여기서 이들을 간단히 언급한다.

HEDIS

HEDIS^{Healthcare Effectiveness Data and Information Set}는 건강 보험 플랜의 질에 대한 평가다. 이 지표는 NCQA^{National Committee for Quality Assurance}가 관리하며, 거의 모든 전문 과목에 대한 90개의 평가지표가 있다. 이 평가지표들의 상당 부분은 앞에서 논의한 내용과 겹친다.

주 정부 평가지표

2018년 기준으로 미국의 거의 모든 주는 어떤 형태로든 가치 기반 프로그램과 인센티브 제도를 운용하고 있다. 대부분 이 프로그램은 메디케이드 환자에게 적용된다. 메디케이드는 주로 주 정부 단위에서 관리되기 때문이다. 주 정부들은 연방정부에서 발행한 평가들을 채용해 그들의 용도에 맞게 수정한다.

▌ 파이썬을 사용해 투석 기관 비교하기

이전 절에서는 메디케어 메디케이드 서비스 센터에서 관리하는 가치 기반 인센티브 프로그램들을 개괄적으로 알아봤다. 그중에는 말기 신질환 환자의 질과 관련된 인센티브 프로그램이 있었는데, 이것은 메디케어 말기 신질환 환자에게 제공되는 케어의 질에 바탕을 두고 투석 기관에 재정적 보상을 하기 위한 시스템이다. 각각의 말기 신질환 환자 케이스에 대해 16개의 평가지표가 있다고 설명했다.

이 절에서는 미국 전역의 투석 센터에 대한 메디케어 메디케이드 서비스 센터 데이터를 다운로드한 후, 파이썬을 사용해 어떤 센터가 잘하고 있는지 알아보기 위해 필요한 정보를 추출해보려고 한다.

데이터 다운로드

투석 기관 비교 데이터를 다음 절차에 따라 다운로드한다.[6]

1. https://data.medicare.gov/data/dialysis-facility-compare를 사용해 이동한다.

2. 윈도우/맥 프로그램이나 리눅스 커맨드를 이용해 zip 파일의 압축을 해제한다.

3. 2018년 데이터를 얻기 위해 아래 부분에 있는 **GET ARCHIVED DATA**를 클릭한다. 그러고 나서 다음 그림과 같이 2018년 데이터 파일인 **ESRD_QIP_PY2018_PSSR.zip**을 클릭해 다운로드한다. 이 파일의 URL은 http://www.medicare.gov/download/DialysisFacilityCompare/2018/January/ESRD_QIP_PY2018_PSSR.zip이다.

---

6 향후 사이트나 데이터 링크 등이 바뀔 수도 있으므로, 이 책의 예제 코드 사이트에 여기서 사용할 ESRD QIP - Complete QIP Data - Payment Year 2018.csv 파일을 올려놓았다. 이 파일을 그대로 다운로드해 사용한다면, 이하 데이터 준비 과정은 생략할 수 있다. – 옮긴이

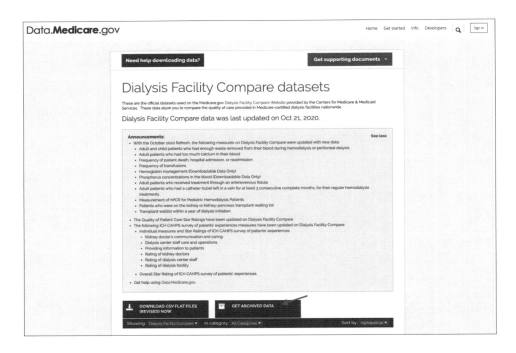

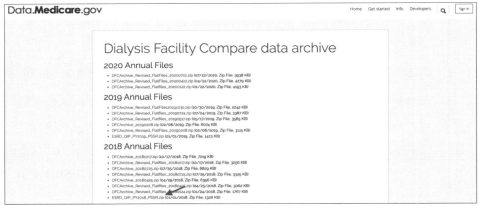

4. 해당 .zip 파일의 압축을 해제한다. 이 파일을 풀면 'ESRD QIP – Complete QIP Data – Payment Year 2018.csv'를 얻을 수 있다.

5. 이 파일에 대한 디렉터리와 경로를 확인한다.

주피터 노트북 세션으로 데이터 불러오기

주피터 노트북 세션으로 .csv 파일을 읽기 위해서는 주피터 노트북을 1장, '헬스케어 애널리틱스 개론'에서 설명한 방법으로 실행한다. 그러고 나서 처음 셀에 다음과 같은 코드를 입력한다. read_csv() 함수의 첫 번째 인자는 앞에서 다운로드한 파일에 대한 경로다. 이 파일이 있는 디렉터리에서 주피터 노트북이 실행된다고 가정했다.

```
import pandas as pd
df = pd.read_csv(
    './' + 'ESRD QIP - Complete QIP Data - Payment Year 2018.csv', header=0)
```

여기서는 판다스(pandas) 라이브러리의 read_csv() 함수를 사용해 .csv 파일을 읽은 후, 데이터를 데이터프레임으로 갖고 왔다. header 옵션은 데이터 첫 번째 행에 열 이름을 포함하고 있는지를 나타낸다.

윈도우 사용자인 경우, 파이썬에서는 경로 구분자를 문자열에서 표현할 때 백슬래시를 두 개 사용해 경로 구분자가 이스케이프[^escape]되게 한다. 이를테면 다음과 같이 입력한다.

```
df = pd.read_csv(
    'C:\\Users\\Vikas\\Desktop\\Bk\\Data\\DFCompare_Revised_FlatFiles\\' +
    'ESRD QIP - Complete QIP Data - Payment Year 2018.csv', header=0
)
```

데이터 행과 열 탐색

이제 데이터를 탐색해보자. 다음 셀에 다음 코드를 타이핑해 실행시켜보자.

```
print('Number of rows: ' + str(df.shape[0]))
print('Number of columns: ' + str(df.shape[1]))
```

결과는 다음과 같다.

```
#> Number of rows: 6825
#> Number of columns: 153
```

6,825개의 행과 153개의 열이 있어야 한다. 하나의 행은 미국의 투석 기관에 해당한다. 여기서는 판다스 데이터프레임의 shape 속성을 사용하는데, 이것은 행, 열의 수로 구성된 튜플이다.

다음 head() 함수를 사용해 데이터프레임이 어떻게 생겼는지 확인할 수 있다. head() 함수는 n 파라미터를 취하는데, 이는 행의 개수를 지정한다. 다음 셀을 입력하고 실행해본다.

```
print(df.head(n=5))
```

결과는 다음과 같다.

```
#>                       Facility Name  ... Date of Ownership Record Update
#> 0     CHILDRENS HOSPITAL DIALYSIS    ...                       3/6/2012
#> 1              FMC CAPITOL CITY      ...                       3/6/2012
#> 2             GADSDEN DIALYSIS       ...                     11/18/2009
#> 3  TUSCALOOSA UNIVERSITY DIALYSIS    ...                     11/17/2009
#> 4              PCD MONTGOMERY        ...                      3/16/2012
#>
#> [5 rows x 153 columns]
```

처음 다섯 개 행과 열을 볼 수 있을 것이다. 열에는 기관명, 주소, 평가지표에 대한 값들이 들어 있다. head() 함수는 열의 개수가 많은 경우 ...을 사용해 열 리스트를 축약해 보여준다.

전체 153개 열 리스트를 확인해보자. 다음 코드를 입력해 실행한다.

```
print(df.columns)
```

결과는 다음과 같다.

```
#> Index(['Facility Name', 'CMS Certification Number (CCN)', 'Alternate CCN 1',
#>         'Address 1', 'Address 2', 'City', 'State', 'Zip Code', 'Network',
#>         'VAT Catheter Measure Score',
#>         ...
#>         'STrR Improvement Measure Rate/Ratio',
#>         'STrR Improvement Period Numerator',
#>         'STrR Improvement Period Denominator', 'STrR Measure Score Applied',
#>         'National Avg STrR Measure Score', 'Total Performance Score',
#>         'PY2018 Payment Reduction Percentage', 'CMS Certification Date',
#>         'Ownership as of December 31, 2016', 'Date of Ownership Record Update'],
#>         dtype='object', length=153)
```

여기서는 데이터프레임의 columns 속성을 사용했다. 이 속성에는 데이터프레임 열 이름이 리스트 형태로 저장돼 있다. 불행하게도, 여기서도 판다스는 열들의 이름을 축약해 보내준다. 이것을 풀어보기 위해 for 루프를 사용해 각 열의 이름을 명시적으로 출력시켜본다.

```
for column in df.columns:
    print(column)
```

결과는 다음과 같이 보일 것이다.

```
#> Facility Name
#> CMS Certification Number (CCN)
#> Alternate CCN 1
#> Address 1
#> Address 2
#> City
#> State
```

```
#> Zip Code
#> Network
#> VAT Catheter Measure Score
#> ...
```

이제 153개 열의 이름을 모두 볼 수 있을 것이다. 스크롤러를 사용해 대강 훑어보길 바란다. 기관 평가에 사용되는 16개 평가지표들이 몇 개의 열과 관련이 있어 보인다. 그리고 인구학적 데이터, 총 성과 점수 등을 확인할 수 있다.

데이터셋에 대한 감을 잡았으므로 좀 더 자세히 분석해보자.

지리적인 탐색

이후에는 판다스를 갖고 SQL과 비슷한 여러 가지 방식으로 데이터를 다뤄보고자 한다. 다음 표는 기본 연산에 대한 SQL과 판다스 문법을 간략히 요약한 것이다.

동작	SQL 문법	pandas 함수	SQL 예	pandas 예
열 선택	SELECT	[[]]	SELECT col1, col2, FROM df;	df[['col1','col2']]
행 선택	WHERE	loc(), iloc()	SELECT * FROM df WHERE age=50;	df.loc[df['age']==50]
열 기준 정렬	ORDER BY	sort_values()	SELECT * FROM df ORDER BY col1;	df.sort_values('col1')
그룹핑	GROUP BY	groupby()	SELECT COUNT(*) FROM df GROUP BY col1;	df.groupby('col1').size()
보여줄 행의 개수	LIMIT	head()	SELECT * FROM df LIMIT 5;	df.head(n=5)

이런 내용을 감안하면서 지리적인 분석을 시작해보자.

처음 시작할 때, 6,825개라는 투석 기관 수가 많아 보인다. 주별로 좁혀보자. 각 주별 투석 기관의 수를 확인해보자.

```
"""대응 SQL: SELECT COUNT(*)
                FROM df
                GROUP BY State;
"""
df_states = df.groupby('State').size()
print(df_states)
```

결과는 다음과 같다.[7]

```
#> State
#> AK     9
#> AL   170
#> AR    69
#> AS     1
#> AZ   120
#> CA   625
#> CO    75
#> CT    49
#> DC    23
#> DE    27
#> ...
```

50개 주에서 주당 기관 수가 계산된 표를 볼 수 있다.

이제 내림차순으로 정리해보자.

```
"""대응 SQL: SELECT COUNT(*) AS Count
                FROM df
                GROUP BY State
                ORDER BY Count ASC;
"""
df_states = df.groupby('State').size().sort_values(ascending=False)
print(df_states)
```

---

7   파이썬에서 삼중 따옴표 """ … """는 문자열을 만들 때, 특히 여러 행에 걸친 문자열을 만들 때 사용한다. 여기서는 'SQL로 했
    으면 이렇게 했을 것이다.'라고 이해하면 된다. — 옮긴이

결과는 다음과 같다.

```
#> State
#> CA    625
#> TX    605
#> FL    433
#> GA    345
#> OH    314
#> IL    299
#> PA    294
#> NY    274
#> NC    211
#> MI    211
#> ...
```

상위 열 개 주로 한정해보자.

```
"""대응 SQL: SELECT COUNT(*) AS Count
                FROM df
                GROUP BY State
                ORDER BY Count DESC
                LIMIT 10;
"""
df_states = df.groupby('State').size().sort_values(ascending=False).head(n=10)
print(df_states)
#> State
#> CA    625
#> TX    605
#> FL    433
#> GA    345
#> OH    314
#> IL    299
#> PA    294
#> NY    274
#> NC    211
#> MI    211
#> dtype: int64
```

결과에 따르면 캘리포니아, 텍사스 순서로 투석 기관 수가 많다. 만약 주에 기반해 투석 기관을 필터링하길 원한다면, 다음과 같은 방법으로 행들을 추출할 수 있다.

```
"""대응 SQL: SELECT *
               FROM df
               WHERE State='CA';
"""
df_ca = df.loc[df['State'] == 'CA']
print(df_ca)
#>                                    Facility Name  ...  Date of Ownership Record Update
#> 368            SANTA CLARA VALLEY RENAL CARE CENTER  ...                      9/19/2001
#> 369                CHILDRENS HOSPITAL OF LOS ANGELES  ...                      1/11/2016
#> 370  KAISER FOUNDATION HOSPITAL MEDICAL CTR.- SUNSET  ...                      5/20/1999
#> 371             ARROWHEAD REGIONAL MEDICAL CENTER  ...                       5/2/2016
#> 372          LOMA LINDA UNIVERSITY MEDICAL CENTER  ...                       6/4/1999
#> ...                                          ...  ...                            ...
#> 6398                        DAVITA-AVALON DIALYSIS  ...                      1/12/2017
#> 6399                   KERMAN DIALYSIS CENTER, LLC  ...                       2/8/2017
#> 6400                    FMC-SOUTH BAY HOME THERAPY  ...                      3/30/2017
#> 6401                   DAVITA-BEVERLYWOOD DIALYSIS  ...                      4/18/2017
#> 6402                    DAVITA-EL DORADO DIALYSIS  ...                      4/18/2017
#>
#> [625 rows x 153 columns]
```

총점에 기반해 투석 기관 살펴보기

이와 같은 서비스 제공자 중심의 데이터를 분석할 때는 기관의 케어 질 스코어에 따라 분석해볼 필요가 있다.

먼저 투석 기관이 받은 총 스코어에 따라 몇 개 기관이 그런 스코어를 받았는지 확인해보자.

```
print(df.groupby('Total Performance Score').size())
#> Total Performance Score
```

```
#> 10            10
#> 100           30
#> 11             2
#> 12             2
#> 13             1
#>             ...
#> 96             2
#> 97            11
#> 98             8
#> 99            12
#> No Score     276
#> Length: 95, dtype: int64
```

주의할 점은 Total Performance Score 열이 정수가 아닌 문자열 포맷으로 돼 있다는 점이다. 그러므로 숫자 값에 따라 정렬해보려면 먼저 이 열을 정수 포맷으로 바꿔야 한다. 두 번째 276번 투석 센터는 No Score 값을 갖고 있다. 따라서 정수로 변환하기 전에 삭제해야 변환할 때 오류가 발생하지 않는다.

다음 코드에서는 먼저 No Score 행을 제거하고, 판다스의 to_numeric() 함수를 사용해 문자열로 된 열을 정수형 열로 변환했다.

```
df_filt= df.loc[df['Total Performance Score'] != 'No Score']
df_filt['Total Performance Score'] = pd.to_numeric(
    df_filt['Total Performance Score']
)
#> <string>:1: SettingWithCopyWarning:
#> A value is trying to be set on a copy of a slice from a DataFrame.
#> Try using .loc[row_indexer,col_indexer] = value instead
#>
#> See the caveats in the documentation: https://pandas.pydata.org/pandas-docs/stable/
user_guide/indexing.html#returning-a-view-versus-a-copy
```

이제 새로운 데이터프레임을 만들었다. 이 데이터프레임을 갖고 가장 성적이 좋지 않은 투석 기관이 맨 위에 나오게 정렬해보자. 가장 안 좋은 다섯 개 기관이 어떤 곳인지 확인하자.

```
df_tps = df_filt[[
    'Facility Name',
    'State',
    'Total Performance Score'
]].sort_values('Total Performance Score')
print(df_tps.head(n=5))
#>                              Facility Name State  Total Performance Score
#> 5622    462320 PRIMARY CHILDREN'S DIALYSIS CENTER    UT                    5
#> 698                PEDIATRIC DIALYSIS UNIT AT UCSF    CA                    7
#> 6766                  VITAL LIFE DIALYSIS CENTER     FL                    8
#> 4635   BELMONT COURT DIALYSIS - DOYLESTOWN CAMPUS    PA                    8
#> 3763                      WOODMERE DIALYSIS LLC     NY                    9
```

이어서 미국의 각 주별로 투석 기관의 평균 성적을 계산해보자. 넘파이의 numpy.mean() 함수와 groupby() 함수를 사용한다.

```
import numpy as np

df_state_means = df_filt.groupby('State').agg({
    'Total Performance Score': np.mean
})
print(df_state_means.sort_values('Total Performance Score', ascending=False))
```

결과는 다음과 같다.

```
#>        Total Performance Score
#> State
#> ID               73.178571
#> WY               71.777778
#> HI               70.500000
#> UT               70.421053
#> CO               70.173333
#> WA               70.146067
```

```
#> ME             70.058824
#> OR             70.046154
#> KS             69.480769
#> AZ             68.905983
#> ...
```

이 결과에 따르면 아이다호, 와이오밍 주에 위치한 투석 기관들의 성적이 가장 좋다. 다음으로는 각 주별로 투석 기관 수도 확인할 수 있게 하자.

```python
df_state_means = df_filt.groupby('State').agg({
    'Total Performance Score': np.mean,
    'State': np.size
})
print(df_state_means.sort_values('Total Performance Score', ascending=False))
```

결과는 다음과 같다.

```
#>        Total Performance Score  State
#> State
#> ID                   73.178571     28
#> WY                   71.777778      9
#> HI                   70.500000     26
#> UT                   70.421053     38
#> CO                   70.173333     75
#> WA                   70.146067     89
#> ME                   70.058824     17
#> OR                   70.046154     65
#> KS                   69.480769     52
#> AZ                   68.905983    117
#> ...
```

결과를 보면, 적어도 100개 이상의 투석 센터가 있는 주들 중에서는 애리조나가 가장 우수하다는 것을 알 수 있다.

투석 기관에 대한 다른 내용 분석

이와 비슷한 코드를 갖고 다른 측면을 분석할 수도 있다. 주별 성적이 아니라 투석 기관 소유주별로 평균 성적을 확인하고 싶을 수도 있다. 이 경우 가장 최근에 사용한 예에서 열을 바꿔 그룹핑해보면 된다. 이와 비슷하게 총점이 아닌 각 항목에 대해서도 열을 바꿔 확인해볼 수 있다.

첫 번째 예에서는 투석 기관의 성적을 비교해봤다. 이제 좀 더 복잡한 데이터셋으로 입원 치료 성적 데이터셋을 다뤄보자.

▌파이썬을 사용한 병원 비교

이전 예에서는 파이썬을 사용해 투석 기관의 성적을 분석해봤다. 투석 기관은 헬스케어 서비스 제공자 풀에서 아주 작은 부분을 차지하며, 그 풀에는 병원, 의원, 요양원, 입원 재활 기관, 호스피스 제공자 등 아주 다양한 요소가 포함된다. 아마도 데이터를 다운로드할 때 https://data.medicare.gov 홈페이지에서 이와 같은 기관들에 대한 성적 데이터가 존재하는 것을 봤을 수도 있다. 이제는 좀 더 복잡한 입원 병원에 대한 데이터를 검토하고자 한다. 병원 비교^{Hospital Compare} 데이터셋에는 여덟 개의 메디케어 메디케이드 서비스 센터(CMS) 프로그램 가운데 세 개가 포함돼 있다. 이는 아주 큰 데이터셋이며, 그 데이터를 사용해 파이썬과 판다스의 고급 기능을 설명하려고 한다.

데이터 다운로드[8]

병원 비교 데이터셋은 다음 과정을 거쳐 얻는다.

1. https://data.medicare.gov/data/hospital—compare로 이동한다.

8　향후 사이트나 링크가 바뀔 수 있으므로, 소스 코드 저장소에 HOSArchive_Revised_FlatFiles_20180126이라는 폴더를 만들고 그 안에 데이터를 올려놓았다. 이를 다운로드해 사용할 수 있으며, 그럴 경우 이 단계는 건너뛰어도 좋다. - 옮긴이

2. 다음과 같이 GET ARCHIVED DATA를 클릭하고, 그림에서 표시한 데이터셋을 다운로드한 후 압축을 해제한다.

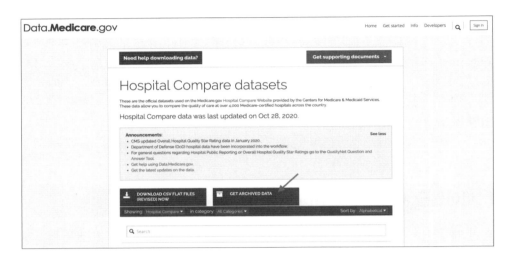

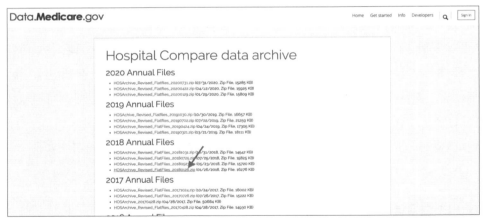

3. 압축 해제된 파일들의 경로를 기록한다.

주피터 노트북 세션으로 데이터 읽기

압축 해제된 폴더에는 71개의 파일이 있다. 대부분은 .csv 파일이다. 그리고 여러 개의 테이블이 있다. 이 가운데 몇 개의 테이블을 주피터 노트북으로 읽어오자.

```
pathname = './HOSArchive_Revised_FlatFiles_20180126/'
files_of_interest = [
    'hvbp_tps_11_07_2017.csv',
    'hvbp_clinical_care_11_07_2017.csv',
    'hvbp_safety_11_07_2017.csv',
    'hvbp_efficiency_11_07_2017.csv',
    'hvbp_hcahps_11_07_2017.csv'
]

dfs = {
    foi: pd.read_csv(pathname + foi, header=0) for foi in files_of_interest
}
```

앞의 코드는 HVBP 평가지표 데이터를 파이썬으로 읽어오게 한다. 총 다섯 개의 테이블이 있는데, 네 개는 평가지표의 네 개 도메인에 해당하는 것이고 나머지 하나는 총점에 대한 것이다.

여기서는 다섯 개의 데이터프레임으로 만드는 대신, 데이터프레임으로 구성된 하나의 딕셔너리를 컴프리헨션을 사용해 만들었다. 5장, '컴퓨팅의 기초, 파이썬 언어'에서는 딕셔너리, 리스트, 컴프리헨션을 다뤘다. 이렇게 하면 코드의 양을 상당히 줄일 수 있다.

테이블 탐색

테이블을 보면서 행과 열의 개수가 몇 개인지 알아보자.

```
for k, v in dfs.items():
    print(
        k + ' - Number of rows: ' + str(v.shape[0]) +
```

```
              ', Number of columns: ' + str(v.shape[1])
    )
```

결과는 다음과 같다.

```
#> hvbp_tps_11_07_2017.csv - Number of rows: 2808, Number of columns: 16
#> hvbp_clinical_care_11_07_2017.csv - Number of rows: 2808, Number of columns: 28
#> hvbp_safety_11_07_2017.csv - Number of rows: 2808, Number of columns: 64
#> hvbp_efficiency_11_07_2017.csv - Number of rows: 2808, Number of columns: 14
#> hvbp_hcahps_11_07_2017.csv - Number of rows: 2808, Number of columns: 73
```

앞의 코드에서는 딕셔너리의 items() 메서드를 사용해 딕셔너리에 포함돼 있는 데이터 프레임을 순환함으로써 각 데이터프레임에 대한 행과 열의 개수를 구했다.

모든 테이블의 행의 수는 같다. 여기서 각 행은 하나의 병원에 해당하며, 모든 테이블에 대해 같은 병원들의 정보가 들어 있어야 할 것이기 때문이다(조만간 확인해본다).

우리가 하는 분석은 테이블이 분리돼 있어 제한될 수밖에 없다. 이 데이터에 있는 모든 병원 정보는 동일하다고 가정하면 모든 열을 모아서 하나의 테이블로 결합시킬 수 있을 것이다. 우리는 판다스의 merge() 함수를 사용해 그런 일을 할 수 있다. 판다스 merge()는 SQL의 조인(JOIN)과 같다. SQL JOIN은 4장, '컴퓨팅의 기초, 데이터베이스'에서 설명했다. 두 테이블을 머징할 때는 비교할 값을 가진 각 테이블의 열을 지정해줘야 한다. HVSP 테이블에 공통된 아이디 열이 있는지 확인해보자.

```
for v in dfs.values():
    for column in v.columns:
        print(column)
    print('\n')
```

결과를 쭉 보면, Provider Number라고 하는 열이 모든 테이블에 있다는 것을 확인할 수 있다. 이것은 테이블을 서로 연결하는 데 사용될 수 있는 고유 아이디를 제공한다.

210

HVBP 테이블 머징

두 테이블을 조인시켜보자.

```
df_master = dfs[files_of_interest[0]].merge(
    dfs[files_of_interest[1]],
    on='Provider Number',
    how='left',
    copy=False
)

print(df_master.shape)
```

결과는 다음과 같다.

```
#> (2808, 43)
```

df_master에 있는 열의 개수가 처음 두 데이터 테이블의 열 개수의 합에서 1을 뺀 값과 같아서 제대로 머징됐다는 것을 알 수 있다(on으로 지정된 열은 제외된다). 새로운 데이터 프레임의 열 이름을 확인하자.

```
print(df_master.columns)
```

결과는 다음과 같다.

```
#> Index(['Provider Number', 'Hospital Name_x', 'Address_x', 'City_x', 'State_x',
#>        'Zip Code', 'County Name_x',
#>        'Unweighted Normalized Clinical Care Domain Score',
#>        'Weighted Normalized Clinical Care Domain Score',
#>        'Unweighted Patient and Caregiver Centered Experience of Care/Care
Coordination Domain Score',
#>        'Weighted Patient and Caregiver Centered Experience of Care/Care Coordination
Domain Score',
```

```
#>       'Unweighted Normalized Safety Domain Score',
#>       'Weighted Safety Domain Score',
#>       'Unweighted Normalized Efficiency and Cost Reduction Domain Score',
#>       'Weighted Efficiency and Cost Reduction Domain Score',
#>       'Total Performance Score', 'Hospital Name_y', 'Address_y', 'City_y',
#>       'State_y', 'ZIP Code', 'County Name_y',
#>       'MORT-30-AMI Achievement Threshold', 'MORT-30-AMI Benchmark',
#>       'MORT-30-AMI Baseline Rate', 'MORT-30-AMI Performance Rate',
#>       'MORT-30-AMI Achievement Points', 'MORT-30-AMI Improvement Points',
#>       'MORT-30-AMI Measure Score', 'MORT-30-HF Achievement Threshold',
#>       'MORT-30-HF Benchmark', 'MORT-30-HF Baseline Rate',
#>       'MORT-30-HF Performance Rate', 'MORT-30-HF Achievement Points',
#>       'MORT-30-HF Improvement Points', 'MORT-30-HF Measure Score',
#>       'MORT-30-PN Achievement Threshold', 'MORT-30-PN Benchmark',
#>       'MORT-30-PN Baseline Rate', 'MORT-30-PN Performance Rate',
#>       'MORT-30-PN Achievement Points', 'MORT-30-PN Improvement Points',
#>       'MORT-30-PN Measure Score'],
#>      dtype='object')
```

중복된 이름을 가진 열들에는 조인된 테이블에서 열 이름의 끝에 _x, _y가 부가된다. 이것은 어느 테이블에서 왔는지 알려준다.

for 루프를 사용해 나머지 테이블들도 df_master로 합쳐보자.

```
for df in dfs.values():
    df.columns = [col if col not in ['Provider_Number'] else 'Provider Number'
        for col in df.columns]

for num in [2,3,4]:
    df_master = df_master.merge(
        dfs[files_of_interest[num]],
        on='Provider Number',
        how='left',
        copy=False
    )

print(df_master.shape)
```

결과는 다음과 같다.

```
#> (2808, 191)
```

위 코드에서는 먼저 루프를 사용해 모든 열에 대해 `Provider_Number`를 `Provider Number`로 이름을 바꿔서 테이블을 깨끗하게 조인시켰다.

그런 다음 루프를 사용해 남아 있는 테이블을 `df_master`로 조인시켰다. 그렇게 얻어진 테이블의 열 수는 모든 테이블의 열 수를 합한 값에서 4를 뺀 값이 돼야 한다.

제대로 머징된 것을 확인하기 위해 새로운 테이블의 열 이름을 출력할 수 있다.

```
for column in df_master.columns:
    print(column)
```

결과를 쭉 스크롤해서 보면, 다섯 개 테이블의 모든 열이 존재하는 것을 확인할 수 있다.

나머지 분석은 독자 여러분에게 맡긴다. 앞에서 투석 기관을 비교할 때와 비슷한 코드를 갖고 작업할 수 있다.

▌요약

이 장에서는 오늘날 미국 헬스케어 산업을 구성하는 대표적인 가치 기반 프로그램을 알아봤으며, 이런 프로그램들이 여러 평가지표를 사용해 실적을 정량화하고 있다는 사실을 확인했다. 또한 투석 기관 데이터와 입원 데이터를 파이썬을 사용해 분석해봤다.

이 장에서 작업했던 분석은 프로그래밍 방식이 아니라 마이크로소프트 엑셀을 사용하는 방식으로도 충분히 할 수 있다고 말할 수 있다. 7장, '헬스케어 예측 모델 만들기'에서는 헬스케어 데이터셋을 갖고 응급실 환자의 퇴원 형태를 예측하는 모델을 훈련시킬 것이다. 이런 내용을 보면 왜 코드로 작업해야 하는지 좀 더 확실히 알 수 있다.

▌ 참고 자료

- Data.Medicare.gov (2018). Retrieved April 28, 2018 from https://data. medicare.gov.

- MIPS Overview (2018). Retrieved April 28, 2018, from https://qpp.cms. gov/mips/overview.

- What are the value−based programs? (2017, November 9th). *Centers for Medicare and Medicaid Services*. Retrieved April 28, 2018, from https:// www.cms.gov/Medicare/Quality−Initiatives−Patient−Assessment− Instruments/Value−Based−Programs/Value−Based−Programs.html.

7

헬스케어 예측 모델 만들기

이 장은 모든 독자를 대상으로 하며, 이 책에서 설명하는 여러 주제가 통합된 내용을 담고 있다. 여기서는 예제 데이터를 사용해 헬스케어에서 필요한 머신러닝 예측 모델을 만드는 방법을 설명한다. 이 장을 마칠 때쯤이면, 임상 데이터를 갖고 머신러닝 모델을 훈련시키는 방법을 이해하게 될 것이다.

▌ 헬스케어 분야에서 예측적 애널리틱스에 대한 소개

1장, '헬스케어 애널리틱스 개론'에서는 애널리틱스의 세 가지 하위 요소로 기술적 애널리틱스descriptive analytics, 예측적 애널리틱스predictive analytics, 처방적 애널리틱스prescriptive analytics가 있다는 점을 설명했다. 이 가운데 예측적 애널리틱스와 처방적 애널리틱스가 케어, 비용, 건강 결과를 호전시키기 위한 헬스케어 미션의 핵심이다. 우리가 미래에 발생할지도 모르는 나쁜 이벤트를 예측할 수 있다면, 한정된 자원을 이런 안 좋은 이벤트가 발생하지 않도록 예방하는 데 사용할 수 있기 때문이다.

헬스케어에서 우리가 예측할 수 있고 나아가 예방할 수 있는 나쁜 이벤트란 무엇일까?

- **사망**: 명백하게 어떤 사망이 예방 가능하고 예측 가능하다면, 이것은 반드시 피해야 한다. 어떤 사망이 발생할 것으로 예측된다면, 그 환자에 대해 간호 인력을 더 투입하거나 그 환자를 위해 더 많은 자문을 하거나 더 늦기 전에 취할 수 있는 여러 가지 옵션을 가족들과 논의하는 등의 예방 활동을 할 수 있다.

- **유해한 임상 이벤트**: 사망은 아니지만 이환율^{morbidity}과 사망률을 높일 우려가 매우 큰 이벤트들이 있다. 이환율은 합병증과 관련이 있고, 사망률은 사망과 관련이 있다. 이런 유해한 임상 이벤트에는 심장 마비, 심부전 악화, 폐기능 저하, 폐렴, 낙상 같은 것들이 있다. 이런 유해한 임상 이벤트가 발생할 위험이 있는 환자에 대해서는 더 많은 간호 케어나 예방적 치료를 적용할 필요가 있다.

- **재입원**: 재입원은 환자에게 눈에 보이는 위험은 아니다. 그렇지만 비용이 많이 들어가므로 재입원은 피해야 한다. 더 나아가 재입원을 줄이는 것은 6장, '헬스케어 질 측정'에서 봤듯이 메디케어 메디케이드 서비스 센터가 인센티브를 크게 부여하는 요소다. 재입원을 줄이는 활동에는 고위험 환자에 대해 사회복지사나 케이스 매니저를 배정함으로써 확실하게 외래 추적과 필요한 처방을 제대로 따르게 하는 조치가 있을 수 있다.

- **의료 자원 과다 사용**: 문제가 발생해 입원 시 의료 비용을 많이 지불할 가능성이 높은 환자를 예측하고, 이런 환자에 대해서는 더 많은 케어 매니저를 할당해 외래 내원과 추적을 자주 하도록 할 수 있다.

이제 나쁜 이벤트가 무엇인지 알았다. 그다음은 '어떻게'를 풀어야 할 차례다. 케어 제공자가 조치가 필요한 이벤트를 예측하려면 어떻게 해야 할까?

- **먼저 데이터가 필요하다**: 의료 서비스 제공자가 여러분에게 과거 환자 데이터를 보내줘야 한다. 이런 데이터에는 보험 청구 데이터, 임상 경과 기록, 전자 의무 기록 자료나 이런 것들이 조합된 형태가 있을 수 있다. 데이터의 형태가 어떤 것이든 이것들을 정리해 사각형의 포맷, 그러니까 각각의 행은 하나의 환자 또는 한 번의 방문이 되게 하고 각각의 열은 환자나 방문에 대한 특정 특징으로 표현되게 한다.
- **주어진 데이터의 일부를 사용해 예측 모델을 훈련한다**: 3장, '머신러닝의 기초'에서는 예측 모델을 훈련한다는 것이 정확히 무엇을 의미하는지, 일반적인 모델링 파이프라인이 어떻게 되는지를 배웠다.
- **주어진 데이터 가운데 일부를 사용해 모델의 성능을 평가한다**: 모델의 성능을 측정하는 것은 의료 서비스 제공자가 기대하는 모델의 정확도를 맞추는 데 있어 중요하다.
- **모델을 실전에 배치해 일상적으로 실제 환자에 대한 예측 서비스를 제공한다**: 이 단계에서는 주기적으로 의료 서비스 제공자로부터 분석 팀(회사)으로 주기적인 데이터 제공이 있어야 한다. 분석을 담당하는 팀은 환자에 대해 정기적으로 예측 작업을 수행한다.

이 장의 나머지 부분에서는 헬스케어 예측 모델을 만드는 '방법'을 집중적으로 설명한다. 먼저 가상 모델링 과제를 기술한다. 그다음 공개 데이터셋을 설명하고 이 데이터를 확보한다. 그런 다음 데이터셋을 정제하고, 여러 가지 머신러닝 알고리즘을 사용해 예측 모델을 훈련한다. 마지막으로 모델에 대한 성능을 평가한다. 우리가 만든 모델을 환자를 위한 실제 예측에 사용할 것은 아니지만, 그렇게 하는 데 필요한 절차를 설명한다.

모델링 과제 – 응급실 내원 환자의 퇴원 형태 예측

매년 미국 전역에서 수백만의 환자들이 응급실을 이용한다. 이런 응급 시설 자원들은 적절히 관리될 필요가 있다. 어떤 시간에 많은 환자가 몰리는 경우에는 이에 대응하기 위해 더 많은 의료진과 병실이 필요해진다. 응급 의료 자원과 환자 내원 수의 불균형은 자원 낭비와 응급 케어의 질 저하로 이어진다.

이런 점을 고려해서 응급실 내원 환자의 퇴원 형태^{discharge status}를 예측하는 모델링 과제를 만들어보려고 한다. 여기서 말하는 퇴원 형태란 환자가 병원에 입원하는지 아니면 집으로 귀가하는지를 말하는 것이다. 보통 증상이 심한 경우 입원을 하게 된다. 따라서 응급실에 내원한 후 빠른 시간 안에 이 환자의 향후 퇴원 형태를 예측하려고 시도하는 것이다.

이와 같은 모델을 사용해 자원뿐만 아니라 병원의 업무 흐름도 크게 개선할 수 있다. 이전에도 이런 문제를 다룬 여러 학술 논문이 있었다(Cameron et al., 2015).

아마도 우리가 재입원 모델링 또는 심부전 악화와 같은 모델링 과제를 선택하지 않은 이유를 궁금해할 수 있다. 한 가지 이유는 공개적으로 사용할 수 있는 임상 데이터가 제한돼 있기 때문이다. 등록하지 않고 자유롭게 다운로드 가능한 공개된 입원 환자 데이터셋은 없기 때문에 응급실 환자 데이터셋을 선택했다. 그렇지만 우리가 선택한 과제를 예시로 헬스케어 예측 모델을 만드는 방법을 설명하는 데는 충분할 것이다.

데이터셋 얻기

이 절에서는 데이터셋과 데이터 관련 문서를 얻는 방법을 단계적으로 설명한다.

NHAMCS 데이터셋이란?

이 책에서 선택한 데이터셋은 NHAMCS^{National Hospital Ambulatory Medical Care Survey}라는 공개 데이터이며, 미국 질병관리본부(CDC)가 수집하고 유지한다. 이 데이터셋의 홈페이지는 https://www.cdc.gov/nchs/ahcd/ahcd_questionnaires.htm이다.

- NHAMCS 데이터는 설문 조사 데이터이며 병원에서 만난 환자와 헬스케어 제공자를 통해 얻어진 것이다.

- 데이터 파일은 고정폭 포맷으로 돼 있다. 즉, 이 파일들은 텍스트 파일이며, 하나의 행은 독립적인 행을 구성하고 열들은 일정한 폭의 길이로 구분된다. 각각의 특징에 대한 문자열 길이 정보는 해당되는 NHAMCS 문서에서 확인할 수 있다.

- 이 파일들은 외래 진료에서 피설문자를 만나 얻어졌는지 아니면 응급실에서 얻어졌는지에 따라 다르게 구성돼 있는데, 이 장에서는 응급실에서 만나 얻어진 데이터를 사용할 것이다.

- 데이터는 각 특징에 대한 상세한 설명서와 함께 제공된다.

- 데이터의 각 행은 응급실에서 만난 개별 환자를 의미한다.

다음은 이 책에서 사용할 NHAMCS 응급실 데이터 파일을 요약한 내용이다.

파일 이름	데이터 타입과 연도	행 수 (환자 수)	열 (특징 수)	특징 카테고리
ED2013	ED Encounters, 2013	24,777	579	방문일과 정보, 인구학적 특징, 흡연 여부, 도착 수단, 지불, 생체 징후, 환자 분류(triage), ED 관련성, 방문 이유, 부상, 진단, 만성 상태, 받은 서비스, 의료진, 처리, 입원, 결측값 대체, 응급실 정보, 사회경제적인 데이터

NHAMCS 데이터 다운로드

원래의 데이터 파일과 설명 문서는 CDC NHAMCS 홈페이지 https://www.cdc.gov/nchs/ahcd/ahcd_questionnaires.htm에서 접근 가능하다.[1] 관련된 모든 파일은 다운로드할 것을 권한다. 다운로드한 파일을 보관하는 디렉터리를 기억해두자.

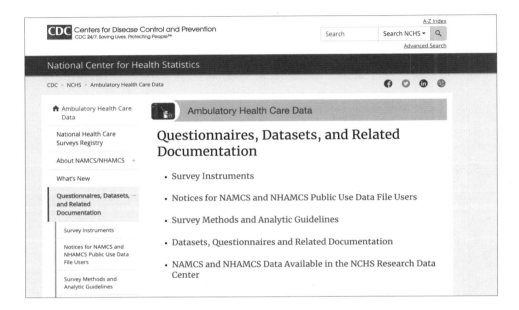

ED2013 파일 다운로드

ED2013 파일에 원래의 데이터가 들어 있다. 다음과 같은 절차를 따라 다운로드한다.

1. CDC NHAMCS 홈페이지 https://www.cdc.gov/nchs/ahcd/ahcd_questionnaires.htm으로 이동한다.

2. 다음 그림과 같이 Datasets, Questionnaires and Related Documentation을 클릭한다.

---

1   CDC 홈페이지가 책이 저술된 때와 비교해 달라져 있으므로, 2020년 11월 CDC 홈페이지를 기준으로 정리했다. 링크나 웹 사이트 내용이 바뀔 수 있기 때문에 코드 저장소에 관련 데이터셋을 올려놓았으며, 필요한 경우 이것을 직접 사용하면 된다(파일명(확장자 없음): ED2013). – 옮긴이

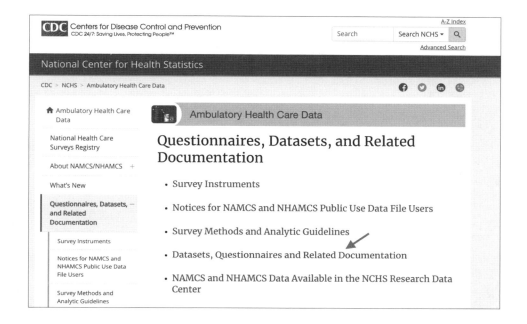

3. 이어서 NHAMCS 1992–2017을 클릭한다.

4. 새로 열리는 FTP 페이지에서 ED2013.zip을 클릭하면 다운로드된다.

/pub/Health_Statistics/NCHS/Datasets/NHAMCS의 색인

📁 [상위 디렉터리]

이름	크기	수정된 날짜
AS2010.zip	795 kB	17. 1. 19. 오전 9:00:00
ED1992.exe	1.4 MB	09. 2. 11. 오전 9:00:00
ed1993.exe	1.1 MB	04. 9. 28. 오전 9:00:00
ed1994.exe	1.0 MB	04. 9. 28. 오전 9:00:00
ed1995.exe	1008 kB	02. 8. 30. 오전 9:00:00
ed1996.exe	1.0 MB	02. 8. 30. 오전 9:00:00
ed1997.exe	1.3 MB	02. 9. 16. 오전 9:00:00
ed1998.exe	1.4 MB	02. 9. 16. 오전 9:00:00
ed1999.exe	1.3 MB	02. 9. 16. 오전 9:00:00
ed2000.exe	1.6 MB	02. 9. 16. 오전 9:00:00
ED2001.EXE	2.3 MB	03. 8. 29. 오전 9:00:00
ED2002.EXE	2.8 MB	04. 12. 10. 오전 9:00:00
ED2003.exe	3.1 MB	05. 7. 19. 오전 9:00:00
ED2004.exe	2.9 MB	06. 8. 4. 오전 9:00:00
ED2005.exe	3.3 MB	07. 8. 29. 오전 9:00:00
ED2006.exe	3.8 MB	08. 7. 11. 오전 9:00:00
ED2007.exe	3.5 MB	10. 7. 15. 오전 9:00:00
ED2008.exe	3.1 MB	11. 4. 29. 오전 9:00:00
ED2009.exe	3.2 MB	12. 3. 14. 오전 9:00:00
ED2010.exe	3.0 MB	12. 10. 16. 오전 9:00:00
ed2011.zip	2.5 MB	15. 6. 12. 오전 9:00:00
ED2012.zip	2.5 MB	16. 4. 18. 오전 9:00:00
ED2013.zip	2.1 MB	16. 11. 3. 오전 9:00:00
ED2014.zip	2.4 MB	17. 4. 10. 오전 9:00:00
ED2015.zip	2.2 MB	17. 11. 20. 오전 9:00:00
ed2016.zip	1.9 MB	19. 1. 28. 오전 9:00:00

파일을 다운로드하고 압축을 해제한다. 압축을 풀면 확장자 없는 'ED2013'이라는 이름의 파일이 보인다. 이것이 데이터 파일이다. 이 파일을 작업할 디렉터리로 옮긴다.

body_namcsopd.pdf라는 설문 항목 리스트에 대한 설명서 다운로드

1. CDC NHAMCS 홈페이지 https://www.cdc.gov/nchs/ahcd/ahcd_questionnaires.htm으로 이동한다. 그림과 같이 Survey Methods and Analytic Guidelines를 클릭한다.

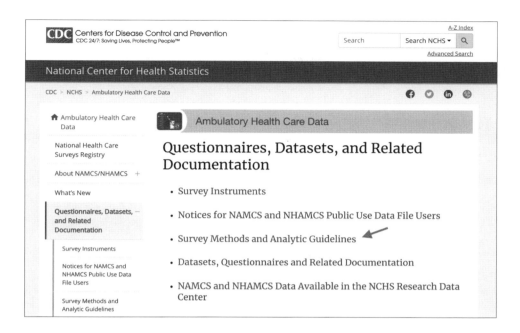

2. 다음 페이지에서 아래로 스크롤한 후 그림과 같은 링크를 클릭해 PDF 문서를
   다운로드한다.

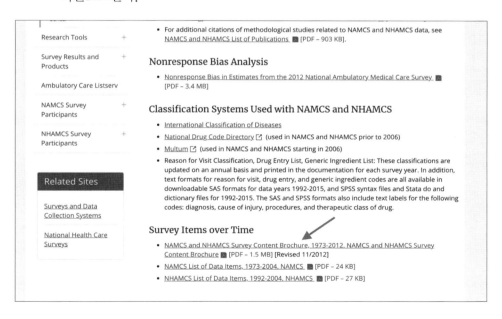

이 파일은 https://www.cdc.gov/nchs/data/ahcd/body_namcsopd.pdf 링크를
사용해 직접 볼 수 있다. 여기에는 설문 항목 리스트가 들어 있다. 이 파일 역시 작업
할 디렉터리로 이동시킨다.

데이터 관련 문서 doc13_ed.pdf 다운로드

1. CDC NHAMCS 홈페이지 https://www.cdc.gov/nchs/ahcd/ahcd_questio
   nnaires.htm으로 이동해 다음 그림과 같이 Datasets, Questionnaire and Relat
   ed Documentation을 클릭한다.

2. 다음 페이지에서는 그림과 같이 Downloadable Documentation에서 NHAMCS
   1992-2017을 클릭한다.

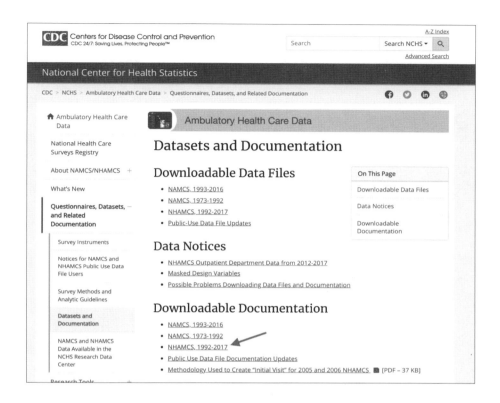

3. 다음 페이지에서 doc13_ed.pdf를 클릭해 파일을 다운로드한다.

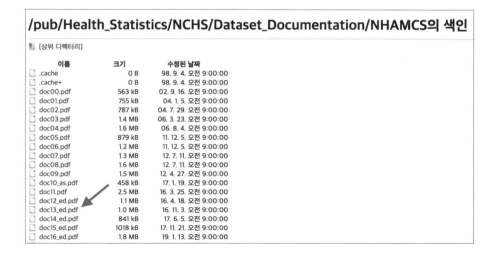

이 PDF 파일에는 ED2013 데이터 파일에 대한 설명이 들어 있다. 이 파일도 작업할 디렉터리로 이동시킨다.

▌ 주피터 노트북 세션 시작하기

다음으로는 주피터 노트북 세션을 시작해 데이터를 파이썬으로 가져온 후 머신러닝 모델을 만들어보자. 주피터 노트북은 1장, '헬스케어 애널리틱스 개론'에서 설명했다. 다음 순서대로 따라 한다.

1. 주피터 앱을 실행시킨다.
2. 디폴트 브라우저에서 열린 주피터 탭에서 노트북을 시작하는 기준이 될 디렉터리로 이동한다.
3. 오른쪽에서 New 버튼을 클릭해 드롭다운 메뉴에서 Python 3를 선택한다.
4. 새로 생기는 파일 이름은 Untitled인 것을 확인한다.
5. 새로운 이름으로 바꾸려면 왼쪽 위에 있는 파일 이름을 클릭하고, 원하는 이름을 입력한다. 여기서는 ED_predict라고 했다.

이제 주피터로 데이터셋을 임포트할 준비가 됐다.

▌ 데이터셋 임포트

데이터셋을 로딩하기 전에 데이터에 대해 알고 있어야 할 내용은 다음과 같다.

- 데이터는 고정폭으로 돼 있다. 즉, 값을 구분하는 기호가 없으며, 값이 무엇을 의미하는지 알려주기 위해 열의 폭을 매뉴얼로 지정해줄 필요가 있다.
- 열 이름에 사용할 헤더 행이 없다.

- 텍스트 에디터를 사용해 파일을 열어보면 단순히 숫자들이 나열된 행들만 보일 것이다.

고정폭 .fwf 파일을 가져오기 위해 열의 폭에 대한 정보가 필요하다. 그래서 ED_metadata.csv 파일에 폭, 이름, 열의 데이터 타입을 명시한 보조 파일을 만들어뒀다 (이 파일은 이 책의 소스 저장소에서 다운로드할 수 있다). 우리 데이터는 579개의 행을 갖고 있기 때문에 그런 파일을 만들려면 몇 시간은 필요하다. 갖고 있는 데이터가 더 크다면, 이를 자동화할 수 있는 방법이나 이 귀찮은 일을 정리해줄 팀원이 필요할지도 모른다.

메타데이터 로딩

첫 번째 셀에서 다음 코드를 입력해 메타데이터를 임포트하고 간략한 내용을 살펴본다. 경로를 지정하는 방법은 원래 책에서 설명한 것과 다르다. 여기서는 현재 디렉터리에 데이터 파일이 있도록 해서 정리했다.

```python
import pandas as pd
pd.set_option('mode.chained_assignment',None)

# HOME_PATH = 'C:\\Users\\Vikas\\Desktop\\Bk\\health-it\\ed_predict\\data\\'
HOME_PATH = "./"

df_helper = pd.read_csv(
    HOME_PATH + 'ED_metadata.csv',
    header=0,
    dtype={'width': int, 'column_name': str, 'variable_type': str}
)

print(df_helper.head(n=5))
```

다음과 같은 결과를 볼 것이다.

```
#>   width column_name variable_type
#> 0     2      VMONTH   CATEGORICAL
#> 1     1       VDAYR   CATEGORICAL
#> 2     4     ARRTIME  NONPREDICTIVE
#> 3     4    WAITTIME    CONTINUOUS
#> 4     4         LOV  NONPREDICTIVE
```

ED_metadata.csv 파일은 단순히 쉼표로 구분된 값으로 구성돼 있고, 그 안에는 폭, 열 이름, 변수 타입이 명시돼 있는 것을 알 수 있다. 이 파일은 이 책의 코드 저장소에서 다운로드할 수 있다.

다음 셀에서는 아래 코드를 사용해 판다스 데이터프레임 열들을 개별적인 리스트로 변환한다.

```
width = df_helper['width'].tolist()
col_names = df_helper['column_name'].tolist()
var_types = df_helper['variable_type'].tolist()
```

ED2013 데이터 로딩

그다음에는 고정폭 포맷으로 돼 있는 ED2013 데이터를 파이썬을 사용해 판다스 데이터프레임으로 읽어오려고 한다. 이전 셀에서 만든 width라는 변수에 폭에 대한 정보가 있으므로, widths 인자에 그 정보를 전달한다. 그런 다음 col_names 리스트를 사용해 생성된 데이터프레임에 열 이름을 부여한다. 값들은 문자열로 우선 읽어오려고 한다.

```
df_ed = pd.read_fwf(
    HOME_PATH + 'ED2013',
    widths=width,
    header=None,
    dtype='str'
)
```

```
df_ed.columns = col_names
```

제대로 읽어왔는지 데이터셋의 일부로 확인한다.

```
print(df_ed.head(n=5))
#>    VMONTH VDAYR ARRTIME WAITTIME  LOV ... YEAR   CSTRATM   CPSUM   PATWT EDWT
#> 0    01     3    0647     0033   0058 ... 2013  20113201  100020  002945  NaN
#> 1    01     3    1841     0109   0150 ... 2013  20113201  100020  002945  NaN
#> 2    01     3    1333     0084   0198 ... 2013  20113201  100020  002945  NaN
#> 3    01     3    1401     0159   0276 ... 2013  20113201  100020  002945  NaN
#> 4    01     4    1947     0114   0248 ... 2013  20113201  100020  002945  NaN
#>
#> [5 rows x 579 columns]
```

다운로드한 문서(doc13_ed.pdf)에서 열의 의미를 살펴보고, 그 값을 서로 비교해 제대로 돼 있는지 확인한다. NaN 값은 데이터 파일에서 비어 있는 공간(결측값)을 의미한다.

마지막으로, 데이터의 차원을 검토하고 정확히 24,777개의 행과 579개의 열로 구성돼 있는지 확인한다.

```
print(df_ed.shape)
#> (24777, 579)
```

이제 데이터가 정확하게 임포트됐다. 이제 반응 변수^{response variable}를 설정할 차례다.

▌ 반응 변수 만들기

어떤 경우에는 예측하고자 하는 반응 변수가 하나의 잘 정의된 열로 미리 준비돼 있다. 이 경우에는 문자열을 숫자로 바꿔 반응 변수를 지정하고 나서 훈련셋과 테스트셋으로 데이터를 분리하려고 한다.

우리가 목표로 하는 모델링 작업은 응급실 내원 환자의 입원 여부를 예측하는 것이다. 여기서 입원은 다음 경우들을 모두 포함하는 것이다.

- 추가 검사나 치료를 위해 입원하는 경우
- 추가 치료를 위해 다른 병원으로 전원되는 경우
- 추가 관찰을 위해 관찰실observation unit로 입원하는 경우로, 이 경우에는 관찰실에 머물다 입원 또는 퇴원이 결정된다.

따라서 이런 다양한 결과를 하나의 반응 변수로 묶기 위해 데이터들을 정리해야 한다.

```
response_cols = ['ADMITHOS','TRANOTH','TRANPSYC','OBSHOS','OBSDIS']

df_ed.loc[:, response_cols] = df_ed.loc[:, response_cols].apply(pd.to_numeric)

df_ed['ADMITTEMP'] = df_ed[response_cols].sum(axis=1)
df_ed['ADMITFINAL'] = 0
df_ed.loc[df_ed['ADMITTEMP'] >= 1, 'ADMITFINAL'] = 1

df_ed.drop(response_cols, axis=1, inplace=True)
df_ed.drop('ADMITTEMP', axis=1, inplace=True)
```

코드를 하나씩 자세히 살펴보자.

- 1행은 우리가 마지막 타깃 변수로 넣을 열들을 그 이름으로 지정한 것이다. 타깃은 이런 이름들을 갖고 있는 경우 1 값을 가지게 된다.
- 2행에서는 문자열로 된 열들을 숫자로 전환했다.
- 3-5행에서는 ADMITTEMP라는 이름의 열을 생성하고, 여기에 다섯 개의 타깃 열들을 행의 방향으로 합친 값을 넣도록 했다. 그런 다음 마지막 타깃 열 ADMITFINAL을 만들고 ADMITTEMP 값이 1 이상이 되는 경우 1 값을 가지도록 했다.
- 6-7행에서는 다섯 개의 원래 반응 변수 열들과 ADMITTEMP 열을 제거하고, 마지막 하나의 반응 변수 열 ADMITFINAL만 남겼다.

▍ 훈련셋과 테스트셋으로 데이터 나누기

앞에서 반응 변수를 지정했으므로, 다음은 데이터를 훈련셋training set과 테스트셋test set으로 나눌 차례다. 데이터 과학에서 훈련셋이란 모델 계수를 결정하는 데 사용되는 데이터를 말한다. 훈련하는 동안 모델은 예측 변수의 값과 반응 변수의 값을 함께 고려해 규칙을 발견하고 새로운 데이터를 예측하는 데 가이드가 되는 가중치를 구하게 된다. 테스트셋은 모델의 성능을 평가하는 데 사용되는 데이터이며 3장, '머신러닝의 기초'에서 그 내용을 설명했다. 전체 데이터의 70~80%를 훈련셋으로, 20~30%는 테스트셋으로 사용하는 것이 보통이다(데이터가 아주 크지 않은 경우에는 일반적으로 테스트셋에 작은 퍼센티지를 할애한다).

어떤 모델 개발자는 랜덤 포레스트의 나무 개수 또는 규제 로지스틱 회귀에서의 라쏘 파라미터lasso parameter 등과 같은 모델 파라미터를 훈련할 때 검증셋validation set을 사용하기도 한다.

scikit-learn 라이브러리에는 train_test_split()이라는 함수가 제공돼 테스트셋의 퍼센티지를 주면, 거기에 맞춰 쉽게 난수적 방법으로 데이터를 나눌 수 있다. 이 함수를 사용하려면 먼저 나머지 데이터에서 타깃 변수를 분리해내야 한다. 다음과 같이 한다.

```
def split_target(data, target_name):
    target = data[[target_name]]
    data.drop(target_name, axis=1, inplace=True)
    return (data, target)

X, y = split_target(df_ed, 'ADMITFINAL')
```

이 코드를 실행하고 나면 y라는 변수에는 반응 변수가 할당되고, x에는 나머지 데이터셋이 할당된다. 이 두 변수를 train_test_split() 함수로 전달한다. 그리고 test_size 인자에 0.25 값을 준다. 또한 재현성을 위해 난수 상태 값을 random_state에 지정한다.

```
from sklearn.model_selection import train_test_split

X_train, X_test, y_train, y_test = train_test_split(
    X, y, test_size=0.25, random_state=1234
)
```

코드가 실행되면 X_train, X_test, y_train, y_test와 같이 2×2로 데이터가 나뉜다. X_train, y_train은 모델을 훈련시킬 때, X_test, y_test는 모델 성능을 평가할 때 사용할 것이다.

기억하고 있어야 할 중요한 내용은 전처리 과정에서 훈련셋에 어떤 변형을 가했다면 이후 테스트할 때 테스트셋에도 똑같은 변형을 줘야 한다는 것이다. 그렇지 않으면 새로운 데이터에 대한 모델의 출력이 부정확해진다.

제대로 됐는지 검증하기 위해 타깃 변수에 대한 불균형 여부도 검사해보자. 반응 변수의 양성, 음성 반응의 숫자를 체크한다.

```
print(y_train.groupby('ADMITFINAL').size())
#> ADMITFINAL
#> 0    15996
#> 1     2586
#> dtype: int64
```

그 결과를 보면, 테스트셋에서 7 대 1의 비율로 나타난다. 이 경우 완전하게 균형 잡힌 데이터셋은 아니지만, 그렇게 불균형이 심한 것도 아니다. 완전한 균형이 되는 경우에는 1 대 1이 돼야 한다. 필요할 경우 데이터에 대한 가감 샘플링을 더할 필요가 있다. 이제 예측 변수들에 대한 전처리를 시작해본다.

┃ 예측 변수에 대한 전처리

헬스케어 데이터에서 자주 볼 수 있는 예측 변수들을 살펴보자.

방문 정보

ED2013 데이터셋의 첫 번째 카테고리는 병원 방문 시점에 대한 정보다. 월, 요일, 도
착 시간 등이 여기에 포함된다. 그리고 분 단위로 돼 있는 대기 시간과 머문 기간도 포
함된다.

월

VMONTH 예측 인자를 자세히 분석해보자. 다음은 훈련셋에 들어 있는 모든 값과 그 개
수다.

```
print(X_train.groupby('VMONTH').size())
#> VMONTH
#> 01    1757
#> 02    1396
#> 03    1409
#> 04    1719
#> 05    2032
#> 06    1749
#> 07    1696
#> 08    1034
#> 09    1240
#> 10    1306
#> 11    1693
#> 12    1551
#> dtype: int64
```

결과를 보면 월이 01에서 12로 돼 있는데, 데이터 설명 문서를 보면 이 값들이 월을 표
현한다는 것을 확인할 수 있다.

데이터 전처리 과정에는 특징 엔지니어링feature engineering이라 불리는 방법이 있다. 이는 특징을 결합하거나 어떤 식으로 변형해 이전 특징보다 더 나은 예측 성능을 보이는 새로운 특징을 만들어 사용하는 기술을 말한다. 예를 들어, 겨울에 응급실을 방문하는 환자가 입원할 가능성이 높다는 가설을 세웠다고 해보자. VMONTH 예측 변수의 값을 사용해 그 값이 12월, 1월, 2월 또는 3월인 경우에 1 값을 갖는 WINTER라는 새로운 예측 변수를 만들어 사용할 수 있다. 다음은 이런 작업을 하는 코드다. 나중에 머신러닝 모델을 만드는 과정에서 변수의 중요성을 평가할 때 이 가설을 검증해볼 것이다.

```python
def is_winter(vmonth):
    if vmonth in ['12','01','02','03']:
        return 1
    else:
        return 0

X_train.loc[:,'WINTER'] = df_ed.loc[:,'VMONTH'].apply(is_winter)
X_test.loc[:,'WINTER'] = df_ed.loc[:,'VMONTH'].apply(is_winter)
```

간단한 검증 방법으로 WINTER 변수의 분포를 확인하고, 이전 3개월의 값의 합과 같은지 확인해보자.

```python
X_train.groupby('WINTER').size()
#> WINTER
#> 0    12469
#> 1     6113
#> dtype: int64
```

6113 = 1551 + 1757 + 1396 + 1409로 특징 엔지니어링이 정확히 됐다는 사실을 확인할 수 있다. 이 장에서는 특징 엔지니어링의 다른 기술들도 보게 될 것이다.

요일

데이터가 정확하게 임포트됐는지 확인하는 방법으로, VDAYR 변수도 탐색해보자. 이것은 환자가 방문한 요일을 나타낸다.

```
X_train.groupby('VDAYR').size()
#> VDAYR
#> 1    2559
#> 2    2972
#> 3    2791
#> 4    2632
#> 5    2553
#> 6    2569
#> 7    2506
#> dtype: int64
```

기대한 대로 일곱 개의 값이 있고, 비교적 골고루 분포돼 있다. 이 데이터를 사용해 주말을 표현하는 WEEKEND라는 특징을 만들어볼 수 있다. 그렇지만 특징 엔지니어링을 하는 작업은 시간과 메모리가 많이 들고, 그럼에도 성과는 별로 없는 경우가 있다. 그러므로 이 시도는 독자에게 맡기고자 한다.

도착 시간

도착 시간은 또 하나의 데이터에 포함된 방문 정보다. 그런데 원래 데이터 포맷은 0에서 2,359 사이의 정수로 표현돼 있으므로(2359년 23시 59분이라는 의미다.) 그다지 도움이 될 것 같지 않다. 따라서 환자가 오후 8시에서 오전 8시 사이에 방문한 경우에 양성 1의 값을 갖는 NIGHT 변수를 만들어보자. 이런 변수를 만드는 시도에 깔린 논리는 정규시간 외에 응급실에 방문하는 환자인 경우 병이 중하고, 그에 따라 병원에 입원할 가능성이 높다는 가정이다. 다음과 같은 코드를 사용해 NIGHT라는 변수를 만들어보자.

```
def is_night(arrtime):
    arrtime_int = int(arrtime)
    if ((arrtime_int >= 0) & (arrtime_int < 800)):
```

```
        return 1
    elif ((arrtime_int >= 2000) & (arrtime_int < 2400)):
        return 1
    else:
        return 0

X_train.loc[:,'NIGHT'] = df_ed.loc[:,'ARRTIME'].apply(is_night)
X_test.loc[:,'NIGHT'] = df_ed.loc[:,'ARRTIME'].apply(is_night)

X_train.drop('ARRTIME', axis=1, inplace=True)
X_test.drop('ARRTIME', axis=1, inplace=True)
```

위 코드에서는 먼저 환자가 오후 8시에서 오전 8시 사이에 도착하는 경우에 1을 반환하고, 그렇지 않은 경우 0을 반환하는 함수를 정의했다. 그런 다음에 판다스의 apply() 함수를 사용해 ARRTIME 열에 적용함으로써 NIGHT라는 열을 만들었다. 그런 다음에는 앞으로 그다지 유용하지 않은 원래 ARRTIME이라는 열을 제거했다.

대기 시간

응급실 대기 시간도 환자 방문 정보 가운데 타깃 변수와 상관관계를 가질 가능성이 높은 변수다. 환자가 중한 질환으로 응급실에 오면 증상이 뚜렷해서 응급실 중증도 분류 간호사가 높은 중증도를 부여하기 때문에 대기 시간이 덜 중한 환자보다 짧을 것이라는 가설을 세울 수 있다.

데이터에 대한 문서를 보면 WAITTIME 변수는 값이 비어 있는 경우 -9, 적용 불가능한 경우 -7 값을 가진다고 설명돼 있다. 연속 변수가 이와 같은 종류에 대한 값을 갖는 경우에는 이 값들에 대해 결측값 처리를 해줘야 한다. 그렇지 않은 경우, 이들 값을 -7분 등으로 읽어서 모델이 만들어지게 되므로 제대로 된 모델이 만들어지지 않을 것이다.

이 경우에는 평균 결측값 대치법mean imputation이 적절할 것으로 판단된다. 평균 결측값 대치법이라는 이 결측값을 데이터셋의 나머지 값들의 평균으로 채우는 것이다. 평균 값으로 대치되기 때문에 이 변수에 대한 계수 추정을 할 때 영향을 거의 미치지 않게 된다.

대치법을 실행하기 위해 먼저 열을 숫자형 타입으로 바꾼다.

```
X_train.loc[:,'WAITTIME'] = X_train.loc[:,'WAITTIME'].apply(pd.to_numeric)
X_test.loc[:,'WAITTIME'] = X_test.loc[:,'WAITTIME'].apply(pd.to_numeric)
```

그런 다음 아래 mean_impute_values()라고 하는 함수를 정해 열에서 -7, -9 값을 제거하고 열의 평균값으로 대체한다. 이후에도 다른 열에 대해 사용할 수 있도록 함수는 일반화될 수 있게 만들었다.

```
def mean_impute_values(data,col):
    temp_mean = data.loc[(data[col] != -7) & (data[col] != -9), col].mean()
    data.loc[(data[col] == -7) | (data[col] == -9), col] = temp_mean
    return data

X_train = mean_impute_values(X_train,'WAITTIME')
X_test = mean_impute_values(X_test,'WAITTIME')
```

데이터에 함수를 호출해 정리했으며, 이후 이 함수가 제대로 적용됐는지 확인할 것이다. 그보다 먼저 다른 몇 개의 변수를 살펴보자.

기타 방문 정보

이 데이터셋에 있는 방문 정보의 마지막은 응급실에 머문 시간이다(LOV). 그런데 머문 시간은 환자가 응급실을 완전히 나간 다음 결정되고, 그런 시점이라면 입원할지 퇴원할지가 이미 결정돼 있을 것이다. 그러므로 예측할 시기 동안 유효하지 않은 값을 갖고 있는 변수는 빼는 것이 중요하다. 그래서 다음과 같은 코드로 LOV 변수를 제거했다.

```
X_train.drop('LOV', axis=1, inplace=True)
X_test.drop('LOV', axis=1, inplace=True)
```

이제 방문 정보 탐구를 마치고, 인구학적 변수로 넘어가보자.

인구학적 정보

헬스케어에서 인구학적 변수는 건강 결과와 연관되는 것이 보통이다. 나이, 성별, 인종은 헬스케어의 중요한 인구학적 변수이며 이 데이터셋에는 인종과 주거 타입이 포함돼 있다. 이들 변수를 탐구해보자.

나이

사람들은 나이가 들어가면서 점점 더 아플 가능성이 높아지고 병원에 더 자주 입원할 것이다. 우리 모델의 변수 중요성을 살펴본 다음 이 가설을 검증할 것이다.

데이터셋에서 나이를 반영하는 변수는 세 개가 있다. AGE는 환자의 연령으로 정숫값을 가진다. AGEDAYS는 환자가 1세 미만인 경우 일수^{days}를 나타내는 정수다. AGER는 카테고리형 변수로 변환된 형태로 돼 있다는 점만 빼고 AGE와 같다. 그래서 우리는 AGE 변수를 숫자형 타입으로 바꾸고, AGER 변수는 있는 그대로 둔다. 그리고 대세에 지장을 주지 않기 때문에 AGEDAYS는 삭제하려고 한다.

```
X_train.loc[:,'AGE'] = X_train.loc[:,'AGE'].apply(pd.to_numeric)
X_test.loc[:,'AGE'] = X_test.loc[:,'AGE'].apply(pd.to_numeric)

X_train.drop('AGEDAYS', axis=1, inplace=True)
X_test.drop('AGEDAYS', axis=1, inplace=True)
```

성별

헬스케어에서 여성은 남성보다 기대 수명이 길고 더 건강하다고 알려져 있다. 그래서 우리 모델에는 SEX 변수를 포함시켰다. 이 변수는 이미 카테고리형으로 돼 있어서 건드리지 않고 그대로 두기로 했다.

인종

데이터에는 인종에 대한 정보도 들어 있다. 가난한 사회경제학적 상태로 갈 가능성이 높은 인종은 헬스케어에서도 나쁜 건강 결과를 가질 가능성이 높다. 여기서 인종에 대한 대치된 값을 가지지 않는 ETHIM과 RACERETH 변수는 그대로 둔다. 반면에 대치된 버전인 RACER는 중복되는 정보를 갖는 변수이므로 데이터에서 제거한다.

```
X_train.drop(['ETHIM','RACER','RACERETH'], axis=1, inplace=True)
X_test.drop(['ETHIM','RACER','RACERETH'], axis=1, inplace=True)
```

다른 인구학적 정보

환자의 주거 정보가 이 데이터에 들어 있다. 이 변수는 카테고리형 변수이므로 변환시키지 않고 그대로 둔다.

지금까지 해온 결과를 보자. head() 함수를 사용해 처음 다섯 개 행을 살펴보기로 한다.

```
X_train.head(n=5)
#>        VMONTH VDAYR   WAITTIME  AGE AGER  ...    CPSUM   PATWT EDWT WINTER NIGHT
#> 15938      11     3  27.000000   58    4  ...   000024  003201  NaN      0     0
#> 5905       10     3   5.000000   91    6  ...   100091  003784  NaN      0     1
#> 4636       07     1  45.561676   29    3  ...   100075  002214  NaN      0     0
#> 9452       08     1  23.000000   20    2  ...   100227  002262  NaN      0     0
#> 7558       02     4  32.000000   51    4  ...   100242  002108  NaN      1     0
#>
#> [5 rows x 570 columns]
```

수평으로 스크롤해서 변환시키거나 뺀 변수들이 제대로 됐는지 확인하자.

응급실 중증도 분류에 대한 변수들

중증도 분류에 대한 변수는 응급실 모델링 과제에서 중요하다. 중증도 분류란 응급실 방문 형태와 활력 징후를 갖고 환자의 위험도를 체크하는 것을 말한다. 주로 중증도 분류를 담당하는 전문 간호사가 하게 되고, 이 정보에는 주관적, 객관적 정보가 들어 있다. 보통 중증도는 1점(위중함)에서 5점(위중하지 않음)까지 점수로 부여된다. IMMEDR 변수(설명 문서의 아이템 번호 34)가 이 중증도 분류 스코어다. 우리는 이 변수를 포함시킬 것이다.

기타 응급실 중증도 분류 변수로 볼 수 있는 변수는 환자가 응급환자 이송 방법으로 응급실에 왔는지 여부(ARREMS 변수), 환자가 지난 72시간 이내에 진료를 받았거나 퇴원한 경우인지 여부(SEEN72)를 포함한다. 우리는 이 변수들도 모델에 포함시킬 것이다.

재정적인 변수

환자의 병원비 지불 방식도 헬스케어 데이터셋에 흔히 포함된다. 보통 지불 방식에 따라 결과가 좋거나 나쁠 수 있다. 지불할 방법이 없는 환자(NOPAY), 메디케이드(PAYMCAID), 메디케어(PAYMCARE)인 경우 사보험(PAYPRIV)이나 자신이 직접 지불(PAYSELF)하는 경우보다 덜 건강한 경향을 보인다. PAYTYPER라는 변수를 제외하고 이들 변수는 모두 모델에 포함시킨다.

```
X_train.drop('PAYTYPER', axis=1, inplace=True)
X_test.drop('PAYTYPER', axis=1, inplace=True)
```

활력 징후

활력 징후는 헬스케어 모델에서 중요한 정보원이다. 그 이유는 여러 가지다.

- 얻기가 쉽다.

- 보통 환자를 처음 대할 때 획득된다.

- 객관적이다.

- 환자 건강에 대한 수치적 지표다.

이 데이터셋에서 활력 징후와 관련된 정보는 체온, 맥박, 호흡수, 혈압, 산소포화도, 산소 투입 여부 등이다. 키와 체중도 보통 활력 징후에 포함되지만, 우리 데이터에는 포함돼 있지 않다. 이들 활력 징후를 하나씩 살펴보자.

체온

체온은 주로 환자가 처음 왔을 때 체온계를 사용해 측정하고, 보통 섭씨 또는 화씨로 기록된다. 보통 37.1℃(98.6 ℉)를 정상 체온으로 본다. 이 체온보다 높으면 열fever이 있다고 하거나 과체온hyperthermia이라고 하며, 일반적으로 감염, 염증, 햇빛 과다 노출 등이 그 원인이다. 정상 체온보다 낮은 경우 저체온hypothermia이라 하고, 보통 추위에 노출된 경우가 대부분이다. 정상에서 벗어나면 벗어날수록 질환이 증증임을 시사한다.

우리 데이터셋에는 TEMPF 변수에 체온 정보가 있으며, 10이 곱해져서 정수로 기록돼 있다. 어떤 값은 -9로, 이는 결측값이다. 체온은 연속형 변수이기 때문에 다른 값으로 대치할 필요가 있다. 다음 코드에서는 체온을 숫자형 타입으로 변환하고, 앞에서 만든 mean_impute_values() 함수를 사용해 결측값을 평균값으로 대치한다. 그다음 파이썬 람다 함수를 사용해 모든 값을 10으로 나눴다.

```
X_train.loc[:,'TEMPF'] = X_train.loc[:,'TEMPF'].apply(pd.to_numeric)
X_test.loc[:,'TEMPF'] = X_test.loc[:,'TEMPF'].apply(pd.to_numeric)

X_train = mean_impute_values(X_train,'TEMPF')
X_test = mean_impute_values(X_test,'TEMPF')

X_train.loc[:,'TEMPF'] = X_train.loc[:,'TEMPF'].apply(lambda x: float(x)/10)
X_test.loc[:,'TEMPF'] = X_test.loc[:,'TEMPF'].apply(lambda x: float(x)/10)
```

제대로 프로세싱돼 있는지 확인하기 위해 이 열 가운데 30개의 값을 출력해보자.

```
X_train['TEMPF'].head(n=30)
#> 15938     98.200000
#> 5905      98.100000
#> 4636      98.200000
#> 9452      98.200000
#> 7558      99.300000
#> 17878     99.000000
#> 21071     97.800000
#> 20990     98.600000
#> 4537      98.200000
#> 7025      99.300000
#> 2134      97.500000
#> 5212      97.400000
#> 9213      97.900000
#> 2306      97.000000
#> 6106      98.600000
#> 2727      98.282103
#> 4098      99.100000
#> 5233      98.800000
#> 5107     100.000000
#> 18327     98.900000
#> 19242     98.282103
#> 3868      97.900000
#> 12903     98.600000
#> 12763     98.700000
#> 8858      99.400000
#> 8955      97.900000
#> 16360     98.282103
#> 6857      97.100000
#> 6842      97.700000
#> 22073     97.900000
#> Name: TEMPF, dtype: float64
```

결과를 보면, 체온은 부동소수점으로 표시됐고 10으로 곱해지지 않았다는 것을 알 수 있다. 그리고 평균인 98.282103으로 결측값이 대치됐다. 그다음 변수로 넘어가자.

242

맥박

맥박은 심장 박동수를 말하며, 분당 60~100회가 정상이다. 100회 이상인 경우에는 빈맥^{tarchycardia}이라 하고 심장 기능 이상, 탈수 상태, 감염이나 폐혈증을 의미한다. 60회 이하인 경우에는 서맥^{bradycardia}이라고 한다.

여기서도 결측값에 대해 평균 대치법을 사용해야 한다. 먼저 숫자형 변수로 변환한다.

```
X_train.loc[:,'PULSE'] = X_train.loc[:,'PULSE'].apply(pd.to_numeric)
X_test.loc[:,'PULSE'] = X_test.loc[:,'PULSE'].apply(pd.to_numeric)
```

그런 다음 아래와 같이 mean_impute_vitals()라는 함수를 만들었는데, 앞의 mean_impute_values() 함수와 유사하다. 다른 점은 -7, -9가 -998, -9로 바뀐 것이다.

```
def mean_impute_vitals(data,col):
    temp_mean = data.loc[(data[col] != 998) & (data[col] != -9), col].mean()
    data.loc[(data[col] == 998) | (data[col] == -9), col] = temp_mean
    return data

X_train = mean_impute_vitals(X_train,'PULSE')
X_test = mean_impute_vitals(X_test,'PULSE')
```

호흡수

호흡수는 1분당 환자의 호흡수로 보통 18-20이 정상이다. 빠른 호흡^{tarchypnea}은 체내 산소 부족을 의미하고, 보통 심장이나 폐의 문제인 경우가 많다. 느린 호흡^{bradypnea}은 호흡수가 정상보다 낮은 것을 말한다.

다음 코드에서는 RESPR 변수를 숫자형 타입으로 바꾼 다음 결측값을 평균 대치법을 사용해 대체했다.

```
X_train.loc[:,'RESPR'] = X_train.loc[:,'RESPR'].apply(pd.to_numeric)
X_test.loc[:,'RESPR'] = X_test.loc[:,'RESPR'].apply(pd.to_numeric)

X_train = mean_impute_values(X_train,'RESPR')
X_test = mean_impute_values(X_test,'RESPR')
```

혈압

혈압은 혈액이 혈관 벽에 가하는 압력이며 단위 면적당 힘을 나타낸다. 혈압은 두 개의 숫자로 표시되는데, 하나는 심장이 수축할 때 나타나는 수축기 혈압$^{systolic\ pressure}$이고 다른 하나는 심장이 이완할 때 나타나는 이완기 혈압$^{diastolic\ pressure}$이다. 정상 혈압은 수축기 혈압 100–120mmHg, 이완기 혈압 70–80mmHg이다. 혈압이 올라간 경우 고혈압이라고 한다. 혈압이 오르는 가장 흔한 원인으로 본태성 고혈압$^{essential\ hypertension}$을 꼽을 수 있으며, 주로 여러 요인에 의한 유전적인 문제로 발생한다. 혈압이 낮은 경우 저혈압이라고 한다. 고혈압, 저혈압 모두 종종 그 원인을 특정하기 어렵다.

우리 데이터셋에서 수축기 혈압은 BPSYS, 이완기 혈압은 BPDIAS 변수에 저장돼 있다. 먼저 수축기 혈압을 숫자형 타입으로 변환하고 결측값을 평균 대치법을 사용해 대치한다.

```
X_train.loc[:,'BPSYS'] = X_train.loc[:,'BPSYS'].apply(pd.to_numeric)
X_test.loc[:,'BPSYS'] = X_test.loc[:,'BPSYS'].apply(pd.to_numeric)

X_train = mean_impute_values(X_train,'BPSYS')
X_test = mean_impute_values(X_test,'BPSYS')
```

이완기 혈압은 약간 복잡하다. 998이라는 숫자는 혈압이 PALP임을 의미하며, 이는 혈압계로 감지되지 않지만 촉진에 의해서는 느껴질 정도가 된다는 뜻이다. 숫자형 타입으로 변환한 다음 PALP 값은 숫자 40으로 대치했다.

```
X_train.loc[:,'BPDIAS'] = X_train.loc[:,'BPDIAS'].apply(pd.to_numeric)
X_test.loc[:,'BPDIAS'] = X_test.loc[:,'BPDIAS'].apply(pd.to_numeric)
```

mean_impute_bp_diast()라고 하는 함수를 만들어 PALP 값을 40으로 대치하고, 다른 결측값은 평균으로 대치한다.

```
def mean_impute_bp_diast(data,col):
    temp_mean = data.loc[(data[col] != 998) & (data[col] != -9), col].mean()
    data.loc[data[col] == 998, col] = 40
    data.loc[data[col] == -9, col] = temp_mean
    return data

X_train = mean_impute_values(X_train,'BPDIAS')
X_test = mean_impute_values(X_test,'BPDIAS')
```

산소포화도

산소포화도는 혈액 내의 산소 수치를 의미하며 주로 퍼센티지로 보고된다. 우리는 이 값을 수치형 타입으로 바꾸고 결측값을 평균값으로 대치한다.

```
X_train.loc[:,'POPCT'] = X_train.loc[:,'POPCT'].apply(pd.to_numeric)
X_test.loc[:,'POPCT'] = X_test.loc[:,'POPCT'].apply(pd.to_numeric)

X_train = mean_impute_values(X_train,'POPCT')
X_test = mean_impute_values(X_test,'POPCT')
```

이제 지금까지 했던 활력 징후 변수들의 변환 작업을 head() 함수와 열들을 선택해 확인하자.

```
X_train[['TEMPF','PULSE','RESPR','BPSYS','BPDIAS','POPCT']].head(n=20)
#>            TEMPF      PULSE   RESPR      BPSYS     BPDIAS      POPCT
#> 15938   98.200000  101.000000  22.0  159.000000  72.000000  98.000000
```

```
#> 5905     98.100000    70.000000    18.0  167.000000   79.000000    96.000000
#> 4636     98.200000    85.000000    20.0  113.000000   70.000000    98.000000
#> 9452     98.200000    84.000000    20.0  146.000000   72.000000    98.000000
#> 7558     99.300000   116.000000    18.0  131.000000   82.000000    96.000000
#> 17878    99.000000    73.000000    16.0  144.000000   91.000000    99.000000
#> 21071    97.800000    88.000000    18.0  121.000000   61.000000    98.000000
#> 20990    98.600000    67.000000    16.0  112.000000   65.000000    95.000000
#> 4537     98.200000    85.000000    20.0  113.000000   72.000000    99.000000
#> 7025     99.300000   172.000000    40.0  124.000000   80.000000   100.000000
#> 2134     97.500000    91.056517    18.0  146.000000   75.000000    94.000000
#> 5212     97.400000   135.000000    18.0  125.000000   71.000000    99.000000
#> 9213     97.900000    85.000000    18.0  153.000000   96.000000    99.000000
#> 2306     97.000000    67.000000    20.0  136.000000   75.000000    99.000000
#> 6106     98.600000    90.000000    18.0  109.000000   70.000000    98.000000
#> 2727     98.282103    83.000000    17.0  123.000000   48.000000    92.000000
#> 4098     99.100000   147.000000    20.0  133.483987   78.127013   100.000000
#> 5233     98.800000    81.000000    16.0  114.000000   78.000000    97.311242
#> 5107    100.000000    95.000000    24.0  133.000000   75.000000    94.000000
#> 18327    98.900000    84.000000    16.0  130.000000   85.000000    98.000000
```

이 결과를 보면 원하는 대로 돼 있음을 알 수 있다. 각 열의 결측값이 잘 대치돼 있다. 이제 활력징후 마지막인 통증 수준을 보자.

통증 수준

통증은 신체에 뭔가 문제가 있다는 신호다. 통증 수준은 초진 기록이나 경과 기록을 할 때 문진을 통해 보통 확인된다. 통증의 수준은 0(통증이 없음)에서 10(참을 수 없음)까지 스케일에 따라 정한다. PAINSCALE 열을 숫자형 타입으로 먼저 바꾸자.

```
X_train.loc[:,'PAINSCALE'] = X_train.loc[:,'PAINSCALE'].apply(pd.to_numeric)
X_test.loc[:,'PAINSCALE'] = X_test.loc[:,'PAINSCALE'].apply(pd.to_numeric)
```

이 변수에는 -7이 아닌 -8을 결측치로 사용하고 있어서 여기에 사용할 함수로 새로 작성했다.

```
def mean_impute_pain(data,col):
    temp_mean = data.loc[(data[col] != -8) & (data[col] != -9), col].mean()
    data.loc[(data[col] == -8) | (data[col] == -9), col] = temp_mean
    return data

X_train = mean_impute_pain(X_train,'PAINSCALE')
X_test = mean_impute_pain(X_test,'PAINSCALE')
```

이러한 활력 징후는 환자의 건강 상태를 알려주는 중요한 정보를 제공한다. 이후 변수 중요성을 따질 때 이런 변수들이 어떤 역할을 하는지 보게 될 것이다.

이제 다음 카테고리의 변수를 검토하자.

방문 이유에 대한 코드

응급실 방문 이유에 대한 변수들에는 환자가 응급실을 방문한 이유를 인코딩한 정보가 들어가는데, 이것은 의무 기록에서 주소chief complaint로 기록된다(이는 2장, '헬스케어의 기초'에서 설명했다). 우리 데이터셋에서는 'Reason for Visit Classification for Ambulatory Care'라는 코드셋이 사용됐다. 이 코드에 대한 설명을 굳이 확인하려면 다음과 같은 순서를 따른다. 먼저 앞에서 다운로드한 doc13_ed.pdf 문서에서 부록 2를 보면, 링크를 확인할 수 있다. 그다음 이 링크를 클릭해 doc13.pdf 파일을 다운로드한다. 정보는 doc13.pdf 문서의 부록 2에 설명돼 있다. 일부 스크린샷은 아래 그림과 같다.

APPENDIX II
REASON FOR VISIT CLASSIFICATION

A. SUMMARY OF CODES

MODULE	CODE NUMBER
SYMPTOM MODULE	
General Symptoms	1001-1099
Symptoms Referable to Psychological and Mental Disorders	1100-1199
Symptoms Referable to the Nervous System (Excluding Sense Organs)	1200-1259
Symptoms Referable to the Cardiovascular and Lymphatic Systems	1260-1299
Symptoms Referable to the Eyes and Ears	1300-1399
Symptoms Referable to the Respiratory System	1400-1499
Symptoms Referable to the Digestive System	1500-1639
Symptoms Referable to the Genitourinary System	1640-1829
Symptoms Referable to the Skin, Nails, and Hair	1830-1899
Symptoms Referable to the Musculoskeletal System	1900-1999
DISEASE MODULE	
Infective and Parasitic Diseases	2001-2099
Neoplasms	2100-2199
Endocrine, Nutritional, Metabolic, and Immunity Diseases	2200-2249
Diseases of the Blood and Blood-forming Organs	2250-2299
Mental Disorders	2300-2349
Diseases of the Nervous System	2350-2399
Diseases of the Eye	2400-2449
Diseases of the Ear	2450-2499
Diseases of the Circulatory System	2500-2599
Diseases of the Respiratory System	2600-2649
Diseases of the Digestive System	2650-2699
Diseases of the Genitourinary System	2700-2799
Diseases of the Skin and Subcutaneous Tissue	2800-2899
Diseases of the Musculoskeletal System and Connective Tissue	2900-2949
Congenital Anomalies	2950-2979
Perinatal Morbidity and Mortality Conditions	2980-2999

정확한 코드가 환자가 왔을 때 바로 결정되지 않을 수 있음에도 불구하고 다음과 같은 이유로 여기에 포함시키려고 한다.

- 환자가 처음 방문했을 때의 가용한 정보가 어떤 것인지를 가늠해볼 수 있다.

- 코드화된 변수를 어떻게 처리하는지 그 예시를 보여주고 있다(다른 코드화된 정보는 환자가 방문하고 나서 아주 늦게 수집되는 경우가 많다).

코드화된 변수는 다음과 같은 이유들 때문에 특별한 주의가 필요하다.

- 테이블에는 하나 이상의 코드를 넣을 수 있도록 복수의 열이 존재하는 경우가 많은데, 방문 사유 역시 예외가 아니다. 이 데이터셋에도 RFV1, RFV2, RFV3와 같은 RFV 코드들을 갖고 있다. 예를 들어 천식asthma에 대한 코드도 이 열들에서 복수로 들어갈 수 있다. 그래서 이런 열들은 원핫 인코딩 처리만으로는 부족하다. 이 3열의 어디에라도 들어 있는지 확인할 수 있도록 특수한 함수를 만들어야 한다.

- 코드는 카테고리형 타입으로, 숫자 자체는 의미가 없다. 나중에 해석을 쉽게 하기 위해 열에 적절한 이름을 부여해야 하며, 이 작업을 쉽게 할 수 있도록 각 코드에 대한 설명을 포함하는 RFV_CODES.csv라는 파일을 독자들을 대신해 만들어뒀다. 이 파일은 코드 저장소에서 다운로드할 수 있다.

- 그래서 최종 형태는 각 코드에 대해 하나의 열이 만들어지고, 해당 코드가 존재하는 경우 1, 존재하지 않는 경우 0 값이 들어가게 한다(Futoma et al., 2015에서 작업한 예를 참고한다). 그런 다음 원하는 변환 등을 시행한다. 우리도 그러한 포맷을 여기서 사용한다.

이제 방문 사유에 대한 변수들의 변형 작업을 시작해보자. 먼저 RFV 코드 설명서를 임포트한다.

```
rfv_codes_path = HOME_PATH + 'RFV_CODES.csv'
rfv_codes = pd.read_csv(rfv_codes_path,header=0,dtype='str')
```

이제 RFV 코드 프로세싱을 해보자.

먼저 이름을 적절하게 붙일 열들에 대해 re 모듈(regular expression의 앞 글자를 딴 이름이며, 파이썬의 기본 라이브러리 중 하나다.)에서 sub() 함수를 불러온다.

그런 다음 RFV 열들을 스캔해 주어진 코드가 존재하는지 확인하고, 해당 코드가 존재하는 경우 1, 존재하지 않는 경우 0을 반환하는 함수를 만든다.

다음은 for 루프를 사용해 .csv 파일에 있는 모든 코드에 대해 순회하고 모든 가능한 코드에 대해 이진 값을 가진 열을 추가한다. 이런 작업을 훈련셋과 테스트셋에 모두 적용한다. 마지막으로 원래의 RFV 열을 제거한다. 더 이상 필요 없기 때문이다. 코드는 다음과 같다.

```python
from re import sub

def add_rfv_column(data,code,desc,rfv_columns):
    column_name = 'rfv_' + sub(" ", "_", desc)
    data[column_name] = (data[rfv_columns] == rfv_code).any(axis=1).astype('int')
    return data

rfv_columns = ['RFV1','RFV2','RFV3']
for (rfv_code,rfv_desc) in zip(
    rfv_codes['Code'].tolist(),rfv_codes['Description'].tolist()
):
    X_train = add_rfv_column(
        X_train,
        rfv_code,
        rfv_desc,
        rfv_columns
    )
    X_test = add_rfv_column(
        X_test,
        rfv_code,
        rfv_desc,
        rfv_columns
    )

# Remove original RFV columns
X_train.drop(rfv_columns, axis=1, inplace=True)
X_test.drop(rfv_columns, axis=1, inplace=True)
```

이제 head() 함수로 변형된 데이터셋을 살펴보자.

```
X_train.head(n=5)
#>        VMONTH VDAYR  ...  rfv_Premarital_blood_test  rfv_Direct_admission_to_hospital
#> 15938     11     3  ...                          0                                 0
#> 5905      10     3  ...                          0                                 0
#> 4636      07     1  ...                          0                                 0
#> 9452      08     1  ...                          0                                 0
#> 7558      02     4  ...                          0                                 0
#>
#> [5 rows x 1264 columns]
```

이제 1,264개의 열이 있는 것을 확인할 수 있다. 전체 데이터프레임이 일부 잘려져 나
갔지만, 수평으로 스크롤해서 보면 새로운 rfv_ 열들이 끝에 추가된 것을 볼 수 있다.

손상에 대한 코드

데이터에는 손상에 대한 코드도 들어 있다. 앞의 방문 이유에 대한 코드는 모든 응급
실 방문 환자에게 적용되지만, 이 손상 코드는 물리적 손상, 중독, 의학적 치료에 의한
유해 작용, 자살 시도와 같은 환자들에게게만 적용된다. 손상에 대한 정확한 이유는 환
자에 대한 정밀검사가 이뤄지고 난 이후에 파악되고, 그러한 정밀검사는 보통 입원이
결정되고 나서 행해진다. 따라서 우리는 이 손상 정보를 제거하려고 한다. '응급실 내
원 당시를 기준으로' 환자의 퇴원 형태를 예측하고자 하는데, 이 손상에 대한 코드는
이 기준 시점보다 이후에 얻어지는 데이터이므로 예측 시점에는 존재하지 않는 미래
의 정보를 보유할 가능성이 있기 때문이다. 그렇지만 독자들이 그와 같은 코드를 모델
링 작업에 사용하고 싶다면, 앞에서와 같은 방법으로 코드 전처리 작업이 필요하다.

```
inj_cols = [
    'INJURY','INJR1','INJR2','INJPOISAD','INJPOISADR1',
    'INJPOISADR2','INTENT','INJDETR','INJDETR1','INJDETR2',
    'CAUSE1','CAUSE2','CAUSE3','CAUSE1R','CAUSE2R','CAUSE3R'
]
```

```
X_train.drop(inj_cols, axis=1, inplace=True)
X_test.drop(inj_cols, axis=1, inplace=True)
```

진단 코드

이 데이터셋은 각 방문에 대한 ICD-9-DM 질병 진단 코드를 포함하고 있다. 이와 관련된 열은 세 개다. 이는 '방문 이유에 대한 코드' 절에서 이미 설명했던 내용과 같다. ICD-9 코드는 정밀검사가 시행돼 증상의 원인이 밝혀진 이후에 부여되기 때문에 이 모델 작업에서 제외한다.

```
diag_cols= [
    'DIAG1','DIAG2','DIAG3',
    'PRDIAG1','PRDIAG2','PRDIAG3',
    'DIAG1R','DIAG2R','DIAG3R'
]

X_train.drop(diag_cols, axis=1, inplace=True)
X_test.drop(diag_cols, axis=1, inplace=True)
```

약물 과거력

2장, '헬스케어의 기초'에서는 만성 질환을 가진 환자가 그렇지 않은 환자에 비해 덜 건강하고 좋지 않은 결과로 이어질 수 있다고 설명했다. 이 데이터셋은 11개의 흔한 만성 질환을 갖고 있는지에 대한 정보를 갖고 있다. 여기에는 암, 심혈관 질환, 만성폐쇄성폐질환, 투석이 필요한 말기 신질환, 울혈성심부전, 치매, 당뇨, 심근경색의 과거력, 폐색전증 또는 심부정맥혈증의 과거력, HIV/AIDS 감염의 과거력 등에 대한 정보가 들어 있다. 과거력은 이전에 병원을 방문했던 환자인 경우 전자 의무 기록을 통해 확인할 수 있고, 보통 응급실 중환자 중증도를 평가할 때 확인한다. 우리는 이런 변수들을 포함시키려고 한다. 이 변수들은 이미 이진 형태로 돼 있어서 별도의 추가 작업이 필요하지 않다.

그리고 연속형 변수로 된 TOTCHRON이라는 변수가 있는데, 이 변수에는 각 환자가 가진 만성 질환의 수를 표시한다. 여기서도 평균 결측치 대치법을 적용해 처리한다.

```python
X_train.loc[:,'TOTCHRON'] = X_train.loc[:,'TOTCHRON'].apply(pd.to_numeric)
X_test.loc[:,'TOTCHRON'] = X_test.loc[:,'TOTCHRON'].apply(pd.to_numeric)

X_train = mean_impute_values(X_train,'TOTCHRON')
X_test = mean_impute_values(X_test,'TOTCHRON')
```

검사 결과

의학적인 검사가 중요하기는 하지만 현재 시도하는 예측이 응급실에 바로 방문했을 때라는 점을 생각해보면, 이런 검사 결과는 예측 시점 이후에 이뤄진다. 그러므로 이 모델에서는 제외한다. 이런 변수들은 재입원이나 사망률 예측과 같은 다른 모델링 과제에서는 거의 필수적으로 사용될 것이다.

```python
testing_cols = [
    'ABG','BAC','BLOODCX','BNP','BUNCREAT',
    'CARDENZ','CBC','DDIMER','ELECTROL','GLUCOSE',
    'LACTATE','LFT','PTTINR','OTHERBLD','CARDMON',
    'EKG','HIVTEST','FLUTEST','PREGTEST','TOXSCREN',
    'URINE','WOUNDCX','URINECX','OTHRTEST','ANYIMAGE',
    'XRAY','IVCONTRAST','CATSCAN','CTAB','CTCHEST',
    'CTHEAD','CTOTHER','CTUNK','MRI','ULTRASND',
    'OTHIMAGE','TOTDIAG','DIAGSCRN'
]

X_train.drop(testing_cols, axis=1, inplace=True)
X_test.drop(testing_cols, axis=1, inplace=True)
```

시술

시술에 대한 정보도 앞의 검사 결과와 같이 예측 시점 이후에 이뤄지기 때문에 제외한다.

```
proc_cols = [
    'PROC','BPAP','BLADCATH','CASTSPLINT','CENTLINE',
    'CPR','ENDOINT','INCDRAIN','IVFLUIDS','LUMBAR',
    'NEBUTHER','PELVIC','SKINADH','SUTURE','OTHPROC',
    'TOTPROC'
]

X_train.drop(proc_cols, axis=1, inplace=True)
X_test.drop(proc_cols, axis=1, inplace=True)
```

약물 코드

데이터에는 응급실 진료나 퇴원 시 처방된 약물에 대한 많은 정보가 포함돼 있으며, 12개 약물에 대한 정보가 여러 열로 할당돼 있다. 약물 처방은 입원 결정이 된 다음 이뤄지기 때문에 우리 모델에서는 제외한다.

그럼에도 불구하고 독자 자신의 예측 모델에 사용해보고 싶다면, 그 코딩 시스템에 대한 설명을 잘 읽어볼 필요가 있다.

```
med_cols = [
    'MED1','MED2','MED3','MED4','MED5',
    'MED6','MED7','MED8','MED9','MED10',
    'MED11','MED12','GPMED1','GPMED2','GPMED3',
    'GPMED4','GPMED5','GPMED6','GPMED7','GPMED8',
    'GPMED9','GPMED10','GPMED11','GPMED12','NUMGIV',
    'NUMDIS','NUMMED',
]
```

```
X_train.drop(med_cols, axis=1, inplace=True)
X_test.drop(med_cols, axis=1, inplace=True)
```

의료 서비스 제공자 정보

이런 정보도 포함돼 있는데, 우리 모델에서는 제외한다.

```
prov_cols = [
    'NOPROVID','ATTPHYS','RESINT','CONSULT','RNLPN',
    'NURSEPR','PHYSASST','EMT','MHPROV','OTHPROV'
]

X_train.drop(prov_cols, axis=1, inplace=True)
X_test.drop(prov_cols, axis=1, inplace=True)
```

퇴실 배치 정보

퇴실 배치 정보 역시 예측하고자 하는 퇴원 형태라는 최종 결과와 직접적으로 연관돼 있기 때문에 이 데이터에서는 제외한다. 앞에서도 타깃 변수를 만들고 나서 바로 퇴실 배치에 대한 변수를 몇 개 제거했었다.

```
disp_cols = [
    'NODISP','NOFU','RETRNED','RETREFFU','LEFTBTRI',
    'LEFTAMA','DOA','DIEDED','TRANNH','OTHDISP',
    'ADMIT','ADMTPHYS','BOARDED','LOS','HDDIAG1',
    'HDDIAG2','HDDIAG3','HDDIAG1R','HDDIAG2R','HDDIAG3R',
    'HDSTAT','ADISP','OBSSTAY','STAY24'
]

X_train.drop(disp_cols, axis=1, inplace=True)
X_test.drop(disp_cols, axis=1, inplace=True)
```

대치된 열들

이 열들은 대치된 데이터를 갖고 있다. 대부분의 경우 대치되지 않은 변수들을 사용할 것이므로 이들 데이터가 필요하지 않다. 그래서 다음과 같이 제거한다.

```
imp_cols = [
    'AGEFL','BDATEFL','SEXFL','ETHNICFL','RACERFL'
]

X_train.drop(imp_cols, axis=1, inplace=True)
X_test.drop(imp_cols, axis=1, inplace=True)
```

아이디 역할을 하는 변수들

결합해 사용하면 각 방문에 대한 아이디 역할을 하는 변수들이 있다. 이런 변수들은 어떤 상황에서는 유용하게 사용된다. 다행히도 판다스 데이터프레임에서는 각 행에 고유한 행 번호를 부여하기 때문에 여기서는 필요하지 않으므로 제외한다.

```
id_cols = [
    'HOSPCODE','PATCODE'
]

X_train.drop(id_cols, axis=1, inplace=True)
X_test.drop(id_cols, axis=1, inplace=True)
```

전자 의무 기록 상태에 대한 열들

이 데이터셋은 환자가 방문한 기관의 기술적 수준과 관련된 열들을 10여 개 갖고 있다. 2장, '헬스케어의 기초'에서는 이 내용을 논의했었다. 우리 모델은 환자의 개별 방문에 기초한 것으로, 개별 병원에 대한 이런 변수는 필요하지 않다.

```
emr_cols = [
    'EBILLANYE','EMRED','HHSMUE','EHRINSE','EDEMOGE',
    'EDEMOGER','EPROLSTE','EPROLSTER','EVITALE','EVITALER',
    'ESMOKEE','ESMOKEER','EPNOTESE','EPNOTESER','EMEDALGE',
    'EMEDALGER','ECPOEE','ECPOEER','ESCRIPE','ESCRIPER',
    'EWARNE','EWARNER','EREMINDE','EREMINDER','ECTOEE',
    'ECTOEER','EORDERE','EORDERER','ERESULTE','ERESULTER',
    'EGRAPHE','EGRAPHER','EIMGRESE','EIMGRESER','EPTEDUE',
    'EPTEDUER','ECQME','ECQMER','EGENLISTE','EGENLISTER',
    'EIMMREGE','EIMMREGER','ESUME','ESUMER','EMSGE',
    'EMSGER','EHLTHINFOE','EHLTHINFOER','EPTRECE','EPTRECER',
    'EMEDIDE','EMEDIDER','ESHAREE','ESHAREEHRE','ESHAREWEBE',
    'ESHAREOTHE','ESHAREUNKE','ESHAREREFE','LABRESE1','LABRESE2',
    'LABRESE3','LABRESE4','LABRESUNKE','LABRESREFE','IMAGREPE1',
    'IMAGREPE2','IMAGREPE3','IMAGREPE4','IMAGREPUNKE','IMAGREPREFE',
    'PTPROBE1','PTPROBE2','PTPROBE3','PTPROBE4','PTPROBUNKE',
    'PTPROBREFE','MEDLISTE1','MEDLISTE2','MEDLISTE3','MEDLISTE4',
    'MEDLISTUNKE','MEDLISTREFE','ALGLISTE1','ALGLISTE2','ALGLISTE3',
    'ALGLISTE4','ALGLISTUNKE','ALGLISTREFE','EDPRIM','EDINFO',
    'MUINC','MUYEAR'
]

X_train.drop(emr_cols, axis=1, inplace=True)
X_test.drop(emr_cols, axis=1, inplace=True)
```

자세한 약물 정보

약물의 종류, 처방 등에 대한 세부 정보를 갖고 있는 열들이 있다. 이들 역시 예측 시점 기준으로 미래에 관련된 정보이므로 모델에서는 제외한다. 다른 목적이 모델이라면 아주 유용하게 사용될 것이다.

```
drug_id_cols = [
    'DRUGID1','DRUGID2','DRUGID3','DRUGID4','DRUGID5',
    'DRUGID6','DRUGID7','DRUGID8','DRUGID9','DRUGID10',
    'DRUGID11','DRUGID12'
```

```python
]

drug_lev1_cols = [
    'RX1V1C1','RX1V1C2','RX1V1C3','RX1V1C4',
    'RX2V1C1','RX2V1C2','RX2V1C3','RX2V1C4',
    'RX3V1C1','RX3V1C2','RX3V1C3','RX3V1C4',
    'RX4V1C1','RX4V1C2','RX4V1C3','RX4V1C4',
    'RX5V1C1','RX5V1C2','RX5V1C3','RX5V1C4',
    'RX6V1C1','RX6V1C2','RX6V1C3','RX6V1C4',
    'RX7V1C1','RX7V1C2','RX7V1C3','RX7V1C4',
    'RX8V1C1','RX8V1C2','RX8V1C3','RX8V1C4',
    'RX9V1C1','RX9V1C2','RX9V1C3','RX9V1C4',
    'RX10V1C1','RX10V1C2','RX10V1C3','RX10V1C4',
    'RX11V1C1','RX11V1C2','RX11V1C3','RX11V1C4',
    'RX12V1C1','RX12V1C2','RX12V1C3','RX12V1C4'
]

drug_lev2_cols = [
    'RX1V2C1','RX1V2C2','RX1V2C3','RX1V2C4',
    'RX2V2C1','RX2V2C2','RX2V2C3','RX2V2C4',
    'RX3V2C1','RX3V2C2','RX3V2C3','RX3V2C4',
    'RX4V2C1','RX4V2C2','RX4V2C3','RX4V2C4',
    'RX5V2C1','RX5V2C2','RX5V2C3','RX5V2C4',
    'RX6V2C1','RX6V2C2','RX6V2C3','RX6V2C4',
    'RX7V2C1','RX7V2C2','RX7V2C3','RX7V2C4',
    'RX8V2C1','RX8V2C2','RX8V2C3','RX8V2C4',
    'RX9V2C1','RX9V2C2','RX9V2C3','RX9V2C4',
    'RX10V2C1','RX10V2C2','RX10V2C3','RX10V2C4',
    'RX11V2C1','RX11V2C2','RX11V2C3','RX11V2C4',
    'RX12V2C1','RX12V2C2','RX12V2C3','RX12V2C4'
]

drug_lev3_cols = [
    'RX1V3C1','RX1V3C2','RX1V3C3','RX1V3C4',
    'RX2V3C1','RX2V3C2','RX2V3C3','RX2V3C4',
    'RX3V3C1','RX3V3C2','RX3V3C3','RX3V3C4',
    'RX4V3C1','RX4V3C2','RX4V3C3','RX4V3C4',
    'RX5V3C1','RX5V3C2','RX5V3C3','RX5V3C4',
    'RX6V3C1','RX6V3C2','RX6V3C3','RX6V3C4',
    'RX7V3C1','RX7V3C2','RX7V3C3','RX7V3C4',
```

```
        'RX8V3C1','RX8V3C2','RX8V3C3','RX8V3C4',
        'RX9V3C1','RX9V3C2','RX9V3C3','RX9V3C4',
        'RX10V3C1','RX10V3C2','RX10V3C3','RX10V3C4',
        'RX11V3C1','RX11V3C2','RX11V3C3','RX11V3C4',
        'RX12V3C1','RX12V3C2','RX12V3C3','RX12V3C4'
]

addl_drug_cols = [
        'PRESCR1','CONTSUB1','COMSTAT1','RX1CAT1','RX1CAT2',
        'RX1CAT3','RX1CAT4','PRESCR2','CONTSUB2','COMSTAT2',
        'RX2CAT1','RX2CAT2','RX2CAT3','RX2CAT4','PRESCR3','CONTSUB3',
        'COMSTAT3','RX3CAT1','RX3CAT2','RX3CAT3','RX3CAT4','PRESCR4',
        'CONTSUB4','COMSTAT4','RX4CAT1','RX4CAT2','RX4CAT3',
        'RX4CAT4','PRESCR5','CONTSUB5','COMSTAT5','RX5CAT1',
        'RX5CAT2','RX5CAT3','RX5CAT4','PRESCR6','CONTSUB6',
        'COMSTAT6','RX6CAT1','RX6CAT2','RX6CAT3','RX6CAT4','PRESCR7',
        'CONTSUB7','COMSTAT7','RX7CAT1','RX7CAT2','RX7CAT3',
        'RX7CAT4','PRESCR8','CONTSUB8','COMSTAT8','RX8CAT1',
        'RX8CAT2','RX8CAT3','RX8CAT4','PRESCR9','CONTSUB9',
        'COMSTAT9','RX9CAT1','RX9CAT2','RX9CAT3','RX9CAT4',
        'PRESCR10','CONTSUB10','COMSTAT10','RX10CAT1','RX10CAT2',
        'RX10CAT3','RX10CAT4','PRESCR11','CONTSUB11','COMSTAT11',
        'RX11CAT1','RX11CAT2','RX11CAT3','RX11CAT4','PRESCR12',
        'CONTSUB12','COMSTAT12','RX12CAT1','RX12CAT2','RX12CAT3',
        'RX12CAT4'
]

X_train.drop(drug_id_cols, axis=1, inplace=True)
X_train.drop(drug_lev1_cols, axis=1, inplace=True)
X_train.drop(drug_lev2_cols, axis=1, inplace=True)
X_train.drop(drug_lev3_cols, axis=1, inplace=True)
X_train.drop(addl_drug_cols, axis=1, inplace=True)

X_test.drop(drug_id_cols, axis=1, inplace=True)
X_test.drop(drug_lev1_cols, axis=1, inplace=True)
X_test.drop(drug_lev2_cols, axis=1, inplace=True)
X_test.drop(drug_lev3_cols, axis=1, inplace=True)
X_test.drop(addl_drug_cols, axis=1, inplace=True)
```

기타 정보

기타 불필요한 열들을 제거한다.

```
design_cols = ['CSTRATM','CPSUM','PATWT','EDWT']

X_train.drop(design_cols, axis=1, inplace=True)
X_test.drop(design_cols, axis=1, inplace=True)
```

▌마지막 전처리 작업

변수들에 대한 작업을 모두 마쳤으므로, 이제 예측 모델을 만들 준비가 거의 끝났다. 그렇지만 그에 앞서 우리의 카테고리형 변수들을 이진 변수로 변환할 필요가 있다. 이런 작업을 원핫 인코딩 또는 1-of-K 표현법^{1-of-K representation}이라고 하는데, 카테고리형 변수를 머신러닝에 사용할 수 있게 포맷을 바꾸는 것을 말한다. 이 작업을 해보자.

원핫 인코딩

사이킷런 라이브러리에 있는 여러 분류자^{classifier}를 사용하려면 카테고리형 변수가 원핫 인코딩돼 있어야 한다. 원핫 인코딩은 어떤 카테고리형 변수가 두 개 이상의 값을 갖고 있을 때, 이것을 여러 개의 변수로 만들어 해당되는 값을 갖는 변수에 대해 1을 부여하고 나머지에는 0 값을 주는 방법이다. 간단히 말해서 카테고리형 변수의 값에 대한 정보를 이진 조합으로 만드는 것을 말한다. 아래 예를 보자.

다섯 명의 환자가 있고 진단 값이 있는 열이 있다고 가정해보자. 원핫 인코딩 전에는 다음과 같이 기록될 수 있다.

patient_id	primary_dx
1	copd
2	hypertension
3	copd
4	chf
5	asthma

원핫 인코딩을 하고 나면, 카테고리형 변수가 K개의 값을 가질 수 있을 때 K개의 열이 만들어진다. 각 열의 관찰값에 따라 0 또는 1 값이 부여되는데, 이를 조합하면 원래 열의 정보와 같게 된다.

patient_id	primary_dx_copd	primary_dx_hypertension	primary_dx_chf	primary_dx_asthma
1	1	0	0	0
2	0	1	0	0
3	1	0	0	0
4	0	0	1	0
5	0	0	0	1

이전 열의 문자열이 정수로 표현된 것을 확인할 수 있다. 일반적으로 머신러닝 알고리즘은 단어가 아닌 숫자로 훈련된다. 그래서 이와 같은 원핫 인코딩이 필요한 것이다.

사이킷런에는 preprocessing 모듈에 OneHotEncoder라는 클래스가 준비돼 있다. 그런데 판다스 패키지의 get_dummies() 함수를 사용하면 한 줄로 원핫 인코딩을 시행할 수 있다. 판다스 함수를 사용하기로 하자. 그 전에 함수로 전달한 카테고리형 열을 파악해야 한다. 이렇게 하기 위해 메타데이터 정보를 담고 있는 문서에서 어느 열이 카테고리형 변수인지 확인하고, 어느 열이 우리 데이터셋에 남아 있는지 알 필요가 있다.

```
categ_cols = df_helper.loc[
    df_helper['variable_type'] == 'CATEGORICAL', 'column_name'
]

one_hot_cols = list(set(categ_cols) & set(X_train.columns))

X_train = pd.get_dummies(X_train, columns=one_hot_cols)
```

테스트셋에도 이런 원핫 인코딩을 적용해야 한다.

```
X_test = pd.get_dummies(X_test, columns=one_hot_cols)
```

마지막으로 주의할 점은 테스트셋에 훈련셋 데이터에서 보지 못했던 카테고리형 값이 있을 수 있다는 것이다. 이렇게 되면 테스트셋을 갖고 모델의 성능을 평가할 때 오류를 일으킨다. 이것을 예방하려면 테스트셋에 있는 결측값들을 모두 0으로 처리하는 추가 코드가 필요할지도 모른다. 다행히도 우리 데이터셋에서는 그것을 걱정할 필요가 없다.

숫자형 변환

이제 모든 열을 숫자형 포맷으로 바꾸자.

```
X_train.loc[:,X_train.columns] = X_train.loc[:,X_train.columns].apply(pd.to_numeric)
X_test.loc[:,X_test.columns] = X_test.loc[:,X_test.columns].apply(pd.to_numeric)
```

넘파이 배열 변환

마지막 단계는 판다스 데이터프레임에서 넘파이 배열을 얻는 것이다. 이것을 머신러닝 알고리즘에 직접 전달할 것이다. 먼저 마지막 열들을 변수로 저장하자. 나중에 변수의 중요성을 확인할 때 도움이 될 것이다.

```
X_train_cols = X_train.columns
X_test_cols = X_test.columns
```

이제 판다스 데이터프레임의 values 속성을 사용해 각 데이터프레임의 데이터 값에 접근한다.

```
X_train = X_train.values
X_test = X_test.values
```

이제 모델을 만들 준비를 마쳤다.

▌ 모델 만들기

이 절에서는 로지스틱 회귀 분류자, 랜덤 포레스트, 신경망 모델이라는 세 가지 분류자를 만들고 그 성능을 평가해볼 것이다.

로지스틱 회귀

3장, '머신러닝의 기초'에서는 로지스틱 모델에 관한 기초 내용을 다뤘다. 다음과 같은 코드를 사용해 훈련셋 기반의 모델을 만든다.

```
from sklearn.linear_model import LogisticRegression

clfs = [LogisticRegression(solver="newton-cg")]

for clf in clfs:
    clf.fit(X_train, y_train.values.ravel())
```

```
print(type(clf))
print('Training accuracy: ' + str(clf.score(X_train, y_train)))
print('Validation accuracy: ' + str(clf.score(X_test, y_test)))

coefs = {
    'column': [X_train_cols[i] for i in range(len(X_train_cols))],
    'coef': [clf.coef_[0,i] for i in range(len(X_train_cols))]
}
df_coefs = pd.DataFrame(coefs)
print(df_coefs.sort_values('coef', axis=0, ascending=False))
```

for 문을 사용하기 이전에[2] LogisticRegression 클래스를 임포트하고, clf는 이 클래스의 한 인스턴스로 할당했다. 훈련과 테스팅은 for 문 안에서 이뤄진다. 먼저 훈련 데이터에 fit() 메서드를 사용해 모델을 훈련(적합)시킨다. 그리고 훈련 및 테스팅 데이터에 대해 score() 메서드를 사용해 모델의 성능을 계산한다.

for 루프 중간 이후에는 각 특징의 계수를 출력한다. 일반적으로 이 계수값은 0에서 멀어질수록 음으로든 양으로든 타깃 변수와 더 크게 상관관계를 갖는다. 그렇지만 우리는 데이터에 스케일링^{scaling}(표준화)하지 않았다. 그러므로 더 중요한 변수인데 스케일링되지 않아 더 낮은 계수를 가질 수도 있다는 점에 주의한다.

결과는 다음과 같이 나온다.

```
#> LogisticRegression(solver='newton-cg')
#> <class 'sklearn.linear_model._logistic.LogisticRegression'>
#> Training accuracy: 0.891400279840706
#> Validation accuracy: 0.8837772397094431
#>                               column      coef
#> 346      rfv_Symptoms_of_onset_of_labor  3.048737
#> 278                      rfv_Jaundice  2.465138
#> 688                 rfv_Suicide_attempt  2.012085
```

---

2   여기서 분류자 클래스를 파이썬 리스트에 넣고 나중에 for 문으로 순회하도록 코딩한 것은 실제 머신러닝 작업을 할 때 여러 종류의 분류자를 만들고, 한꺼번에 훈련하고, 성능을 확인하고, 서로 비교하는 경우가 많기 때문이다. 이 책에서는 설명을 위해 로지스틱 회귀와 랜덤 포레스트를 나눴지만, 한꺼번에 놓고 작업할 수 있다. - 옮긴이

```
#> 312          rfv_Swelling_inflammation   1.771394
#> 696  rfv_Adverse_effect_of_drug_abuse   1.732075
#> ..                               ...        ...
#> 679                 rfv_Cardiac_arrest  -1.381926
#> 235                      rfv_Toothache  -1.533217
#> 892                        BEDDATA_03   -1.647740
#> 604    rfv_Suture__insertion_removal   -1.803210
#> 30                          LEFTATRI    -2.324343
#>
#> [941 rows x 2 columns]
```

먼저 훈련셋과 테스트셋의 성능에 대해 논의해보자. 이 두 값은 비슷하게 나왔으며, 이는 이 모델이 훈련셋에 대해 과적합되지 않았다는 것을 의미한다. 이 값은 약 88%로, 응급실에 대한 예측 모델을 연구한 다른 사례와 거의 비슷하다(Cameron et al., 2015).

회귀의 계수를 보면, 직관적으로 알 수 있는 내용이 실제로도 그러함을 느낄 수 있다. 출산, 정신과적 질환, 응급실 중증도 분류^{triage} IMMEDR_1 같은 특징이 높은 계수값을 가진다.

이와 반대로, 아래로 스크롤해서 보면 입원과 음의 상관관계를 갖는 특징들이 나타난다. 치통, 간단한 상처 등은 거의 입원으로 이어지지 않는다.

첫 번째 모델을 만들어봤다. 좀 더 복잡한 모델로 성능이 개선되는지 살펴보자.

랜덤 포레스트

사이킷런의 편리한 점은 여러 가지 분류자가 서로 같은 메서드를 갖고 있다는 것이다. 다음 코드는 RandomForestClassifier 클래스에서도 fit(), score() 함수를 사용하고 있다는 것을 보여주며, 마찬가지로 이 함수들은 훈련과 평가를 하는 데 사용된다.

```
from sklearn.ensemble import RandomForestClassifier
clfs_rf = [RandomForestClassifier(n_estimators=100)]
for clf in clfs_rf:
    clf.fit(X_train, y_train.values.ravel())
    print(type(clf))
    print('Training accuracy: ' + str(clf.score(X_train, y_train)))
    print('Validation accuracy: ' + str(clf.score(X_test, y_test)))

    imps = {
        'column': [X_train_cols[i] for i in range(len(X_train_cols))],
        'imp': [clf.feature_importances_[i] for i in range(len(X_train_cols))]
    }
    df_imps = pd.DataFrame(imps)
    print(df_imps.sort_values('imp', axis=0, ascending=False))
```

결과는 다음과 비슷할 것이다(똑같지 않을 수는 있다).

```
#> RandomForestClassifier()
#> <class 'sklearn.ensemble._forest.RandomForestClassifier'>
#> Training accuracy: 1.0
#> Validation accuracy: 0.8839386602098467
#>                                                      column        imp
#> 1                                                       AGE   0.039165
#> 13                                                    PULSE   0.028406
#> 15                                                    BPSYS   0.027368
#> 16                                                   BPDIAS   0.026314
#> 12                                                    TEMPF   0.024925
#> ..                                                      ...        ...
#> 620                            rfv_Social_adjustment_problems   0.000000
#> 465   rfv_Rheumatic_fever_and_chronic_rheumatic_hear...   0.000000
#> 466   rfv_Hypertension_with_involvement_of_target_or...   0.000000
#> 324                           rfv_Scanty_flow_oligomenorrhea_   0.000000
#> 506                                rfv_Seborrheic_dermatitis   0.000000
#>
#> [941 rows x 2 columns]
```

이번 테스트 데이터셋에 대한 검증 정확도는 로지스틱 회귀와 비슷한 88% 정도다. 그렇지만 훈련 데이터에 대한 정확도는 100%이다. 이것은 훈련 데이터셋에 대해 모델이 과적합됐다는 것을 나타낸다. 이 장의 끝에서는 우리 모델을 개선시킬 수 있는 잠재적 방법들을 논의할 것이다.

특징의 중요성을 보면 결과가 이해될 것이다. 이번에는 활력 징후가 가장 중요한 예측 인자로 나타나 나이가 가장 중요하게 평가됐다. 아래쪽으로 스크롤해서 보면, 입원 예 측과 상관없는 특징들을 확인할 수 있다. 회귀에서의 계수들과 대조적으로 랜덤 포레 스트의 변수 중요도는 변수가 양성일 빈도가 높은 쪽이 중요하게 평가된다. 그런 이유 때문에 IMMEDR_02가 IMMEDR_01보다 높게 평가됐다.

신경망

마지막으로 신경망에 도착했다. 우리 데이터셋은 단지 18,000개의 관측값을 갖고 있 다. 대부분의 성공적인 신경망('딥러닝' 모델과 같은)은 수백만, 수십억 개에 달하는 관측 값을 갖고 만들어진다. 그럼에도 불구하고 우리의 신경망이 어느 정도 작동하는지 확 인해보자. 신경망 모델을 만들 때는 데이터를 적절한 방법으로 스케일링하는 것이 권 장된다. 스케일 방법에는 평균이 0, 표준편차가 1인 표준화 방법 등이 있다. 우리는 StandardScaler 클래스를 사용한다.

```
from sklearn.preprocessing import StandardScaler
from sklearn.neural_network import MLPClassifier

# 데이터 스케일링
scaler = StandardScaler()
scaler.fit(X_train)
X_train_Tx = scaler.transform(X_train)
X_test_Tx = scaler.transform(X_test)

# 모델 훈련
hl_sizes = [150,100,80,60,40,20]
nn_clfs = [MLPClassifier(hidden_layer_sizes=(size,), random_state=2345, verbose=True)
```

```
for size in hl_sizes]

for num, nn_clf in enumerate(nn_clfs):
    print(str(hl_sizes[num]) + '-unit network:')
    nn_clf.fit(X_train_Tx, y_train.values.ravel())
    print('Training accuracy: ' + str(nn_clf.score(X_train_Tx, y_train)))
    print('Validation accuracy: ' + str(nn_clf.score(X_test_Tx, y_test)))
```

앞의 셀을 실행하면 여러 번의 순회가 실행되는 것을 볼 수 있다. 이런 순회는 더 이상 모델에 개선이 없을 때 훈련이 중단되고, 그 정확도가 출력된다. 이 경우 은닉층에 150개 뉴런을 가진 모델이 검증 정확도나 과적합 등을 고려해봤을 때 가장 적절한 모델로 판단된다.

▍ 모델을 사용한 예측

데이터 프로세싱을 마치고, 모델을 만든 후 평가했다. 우리 모델의 AUC는 응급실 환자 예측에 대한 이전의 학술 연구 결과와 거의 비슷했다(Cameron et al., 2015).

다음 단계는 모델을 저장하고 배치해 실제 예측에 사용하는 것이다. 사이킷런 라이브러리의 모든 분류자는 이런 예측 작업을 하는 몇 개의 함수를 갖고 있다.

- 대부분의 분류자의 predict() 함수는 행렬 X를 취한다. 이 행렬에는 레이블되지 않은 데이터가 입력으로 사용된다. 그러면 이 함수는 클래스에 대한 예측값을 반환한다.

- predict_proba() 함수는 레이블되지 않은 데이터가 들어 있는 행렬 X를 입력받아서 해당 관측값이 클래스에 속하게 될 확률값을 반환한다. 이들 값을 모두 더하면 1이 된다.

- predict_log_proba() 함수는 predict_proba() 함수와 비슷한데, 관측값이 클래스에 속할 로그 확률값을 반환한다.

다음과 같이 중요한 사실을 염두에 두길 바란다. 예측을 할 때, 훈련 데이터의 전처리와 동일한 방식으로 레이블되지 않은 데이터가 처리돼야 한다는 점이다. 전처리에는 다음과 같은 작업들이 있다.

- 열 추가와 삭제
- 열 변환
- 결측값 대치
- 스케일링과 센터
- 원핫 인코딩

하나의 열이라도 제대로 전처리되지 않으면 모델의 예측에 극히 부정적인 영향을 미칠 수 있음을 명심한다.

▌ 모델의 개선

비록 여기서 학술적인 연구 수준에 비견되는 초보적인 모델을 만들기는 했지만, 개선시킬 여지는 분명히 존재한다. 다음은 모델을 개선시키는 방법에 대한 몇 가지 아이디어로, 실제 구현은 독자에게 맡기는데 일부는 독자들이 이미 알고 있을 수도 있다. 성능이 얼마만큼 개선될 수 있을까?

무엇보다 현재 갖고 있는 훈련 데이터는 많은 수의 열을 갖고 있다. 이런 경우 꼭 필요한 특징(열)을 골라내는 특징 선택이 추천된다. 특히 로지스틱 회귀나 랜덤 포레스트인 경우 그런 작업이 큰 도움이 된다. 로지스틱 회귀에 사용되는 특징 선택 방법에는 다음과 같은 것들이 있다.

- 계수가 큰 예측 변수들을 사용한다.
- 가장 낮은 p-값을 가진 예측 변수들을 사용한다.

- 라쏘 규제를 사용해 계수가 0에 가까이 가는 변수들을 제거한다.
- 전진forward- 또는 후진backward- 탐욕 알고리즘greedy algorithm을 사용해 규칙에 맞게 체계적으로 변수를 추가하거나 뺀다.
- 서브셋 로지스틱 회귀와 같은 강제 알고리즘을 사용해 주어진 예측 인자들에 대한 순열/조합 모델을 비교한다.

랜덤 포레스트에서는 변수 중요도를 기반으로 해서 가장 높은 값을 보이는 변수들을 선택하는 방법이 일반적이다.

신경망에는 그 자체로 개선 기술이 있다.

- 신경망에는 데이터가 많을수록 좋은 것이 일반적이다.
- 특수한 최적화 알고리즘을 적용할 수 있다.
- 우리 예에서는 은닉층을 하나만 뒀는데, 산업에서는 복수의 은닉층을 사용하는 것이 일반적이다. 은닉층을 늘릴수록 훈련 시간은 늘어난다.
- 선택하는 비선형 함수가 모델의 성능에 영향을 주기도 한다.

❙ 요약

이 장에서는 응급실 방문 환자의 결과를 예측하는 예측 모델을 만들어봤다. 헬스케어에서 사용되는 머신러닝 문제는 많이 있는데, 여기서는 이 분야에서 전형적으로 볼 수 있는 작업으로서 데이터를 전처리하고, 모델을 훈련하거나 평가하고, 레이블이 없는 데이터에 대해 예측하는 연습을 해봤다. 코딩이 필요한 장은 더 이상 없다.

이제 실제로 예측 모델을 만드는 연습을 해본 셈이다. 다음에 떠오를 만한 논리적인 질문은 '머신러닝 예측 모델이 전통적인 통계 위험도 방법과 비교해 임상 결과를 예측하는 데 어느 정도의 성적을 보여주는가?'라는 점이다. 다음 장에서 이 내용을 다룬다.

▌참고 자료와 더 읽을거리

- Cameron A, Rodgers K, Ireland A, et al. (2015). A simple tool to predict admission at the time of triage. *Emerg Med J* 2015;32:174−179.

- Futoma J, Morris J, Lucas J (2015). A comparison of models for predicting early hospital readmissions. Journal of Biomedical Informatics 56: 229−238.

8

헬스케어 예측 모델 리뷰

이 장은 모든 독자를 대상으로 한다. 헬스케어 커뮤니티에서 전통적으로 사용해 왔던 질환 위험도 모델과 7장, '헬스케어 예측 모델 만들기'에서 개발했던 것들과 비슷한 머신러닝 모델에 내재돼 있는 이론과 특징을 서로 비교해보려고 한다. 여러분이 데이터 과학 전공자라면 이 장의 내용은 광범위하게 몇 개의 질환 위험도에 대한 좋은 가이드가 될 것이며, 이런 내용을 알고 있으면 머신러닝 모델에 어떤 특징들을 추가해야 하는지 감을 잡는 데 도움이 될 것이다. 여러분이 헬스케어 전공자라면 이 장에서 질환 위험도를 리뷰하고 머신러닝 알고리즘이 전통적인 위험도 평가를 개선시킬 수 있다는 점을 알게 될 것이다.

❚ 예측 헬스케어 애널리틱스 최신 지견

3장, '머신러닝의 기초'에서 다뤘듯이, 헬스케어에는 복잡한 위험 인자에 대한 평가가 항상 뒤따른다. 거의 모든 주요 질환에서 의사들이 어떤 질환에 대한 위험도를 평가하고 그런 질환의 중증도와 사망률을 평가하는 데 자주 사용되는 질병 위험도 평가 모델 clinical risk-scoring model들을 쉽게 찾을 수 있다. 위험도risk score라고 말하는 것은 어떤 기준표criterion table를 의미한다. 여기서는 위험 인자에 대해 점수를 부여한 다음 모든 위험 인자에 대한 위험도를 합산해 전체적인 위험도를 계산한다. 이런 질병 위험도는 의학에서 많이 사용되고 있다. 흥미롭게도 이들 가운데 많은 것은 7장, '헬스케어 예측 모델 만들기'에서 살펴본 로지스틱 회귀 모델에 기반한 연구를 바탕으로 하고 있다. 최근 핵심 주제로 떠오른 문제들은 머신러닝이 '어떤 개인이 질병에 걸릴 것인가?', '그 질환이 얼마만큼의 케어를 필요로 하는가?', '환자가 특정 기간 동안에 사망할 것인가?' 등과 같은 예측 능력을 향상시킬 수 있는지에 관한 질문들이다.

이 장에서는 그런 질문들을 짚어볼 것이다. 질병 위험도가 개발돼 있고 선진국에서 높은 유병률과 사망률을 보이는 핵심 질환들을 중심으로 내용을 구성했으며, 여기서는 전체심혈관 위험도, 심부전, 암, 재입원을 다룬다. 앞의 세 가지 주제는 가장 높은 사망률과 관련된 것이고, 네 번째 주제는 헬스케어에서 질을 평가할 때 흔히 사용되는 지표다. 그런 다음 머신러닝이 이런 질환들에서 사용되는 전통적인 질병 위험도를 개선시킨 사례를 다룬 논문들을 살펴볼 것이다. 이 장의 내용을 모두 읽고 나면 머신러닝이 질병 예측을 어떻게 개선시키는지 자세히 이해할 수 있을 것이다.

❚ 전체 심혈관 질환 위험도

전체 심혈관 질환 위험도부터 시작한다. 이것은 개인 건강에서 가장 중요한 영역의 하나이며 심혈관 질환 위험 인자에 대한 연구는 아주 오랜 역사를 갖고 있기 때문이다.

심혈관 질환 위험도란 심혈관 질환$^{Cardiovascular\ Disease}$(CVD)이 발생할 위험을 나타낸다. 심혈관 질환은 동맥경화 때문에 조직에 혈액을 공급하는 동맥이 좁아지거나 막혀서 생기는 순환기계 장애를 말한다. 여기에는 다음과 같은 질환들이 포함된다.

- **관상동맥질환**$^{Coronary\ Artery\ Disease}$(CAD): 이 질환은 심장으로 혈액을 공급하는 혈관의 동맥경화 때문에 발생한다. 심장의 관상 동맥을 갑자기 막아 생명을 위협하는 심근경색이나 심장 마비를 일으킬 수 있기 때문에 매우 중요하다.

- **울혈성심부전**$^{Congestive\ Heart\ Failure}$(CHF): 전신에 혈액을 보내야 하는 심장의 펌프 기능이 떨어진 것을 말한다. 주로 심장의 관상동맥질환으로 인한 장기간 효과에 의해 발생한다. 심근경색보다는 서서히 발생하지만 갑자기 악화돼 입원하게 되고, 급기야 사망에 이를 수 있다.

- **말초혈관질환**$^{Peripheral\ Vascular\ Disease}$(PVD): 팔, 다리 등으로 가는 혈관이 좁아지거나 막혀서 발생하는 질환으로, 심한 통증이 발생하기도 하고 어떤 경우에는 절단이 필요하기도 하다.

- **뇌혈관질환**$^{Cerebrovascular\ disease}$: 뇌로 가는 혈관에 동맥경화가 발생하는 것으로, 허혈성 또는 출혈성 뇌졸중의 위험을 높인다. 뇌졸중은 뇌로 가는 혈액의 공급이 차단됐을 때 발생하고, 사망하거나 심한 장애를 남긴다.

이제 심혈관 질환이 무엇인지 알았다. 이제 이 질환이 인간에게 치명적인 영향을 미친다는 것을 이해할 필요도 있다. 전 세계적으로 이 질환은 이환률과 사망률에서 가장 큰 비중을 차지하는 원인이다(Weng et al., 2017). 선진국에서는 울혈성심부전 하나가 전체 입원의 3-5%를 차지하고 입원의 핵심 사유가 되며, 여기에 국가 전체 헬스케어 비용의 2%가 소요되고 있다(Tripoliti et al., 2016).

미국에서는 20세기 초부터 이런 심혈관 질환이 이환과 사망의 핵심 요인이었지만, 1940년대까지만 해도 사람들은 무엇이 그런 질환을 일으키는지에 대해 모르고 있었다. 사실 그때까지는 심혈관 질환의 위험과 예방법에 대한 이해가 없었다. 그 당시에 심혈관 질환은 생활습관에 관계없이 누구나 걸릴 수 있는 '운명적인 불행'으로 여겨졌다.

프레이밍햄 위험도

1948년 미국 국립심장연구소^{National Heart Institute}는 보스톤 대학교와 협력해 '프레이밍햄 심장 연구^{Framingham Heart Study}'라는 야심찬 프로젝트를 시작했다. 연구의 목적은 심혈관 질환의 위험 인자를 찾아내는 것이었다. 1948년에는 매사추세츠주 프레이밍햄에서 심혈관 질환에 이환되지 않은 5,209명의 남여가 연구에 포함됐다(Framingham Heart Study, 2018a). 이후 2년마다 이들에 대해 자세한 의학적 과거력 조사, 신체검사, 혈액검사가 진행됐다. 수년에 걸쳐 새로운 세대의 환자들이 모집됐으며 2년 주기로 지금까지 검사가 계속됐다.

이러한 장기간에 걸친 전향적 연구를 통해 심혈관 질환에 대한 위험 인자가 처음으로 밝혀졌다. 흡연과 심혈관의 연관성이 1960년 처음으로 보고됐다(Framingham Heart Study, 2018b). 그다음에는 콜레스테롤, 고혈압, 당뇨병 역시 심혈관 질환과 궁극적으로 연관돼 있다는 사실이 밝혀졌다. 1990년부터 심근경색, 말초혈관질환, 울혈성심부전과 같은 특정 심혈관 질환에 대한 위험도가 발표되기 시작했다. 2008년에는 일반적인 프레이밍햄 위험도가 발표됐다. 이 위험도는 10년 이내에 심혈관 질환이 발생할 위험도를 나이, 고혈압, 콜레스테롤 수치, 흡연, 당뇨병이라는 다섯 개 주요 위험 인자에 기반해 계산된다. 다음은 여성에 대한 심혈관 위험도를 요약한 것이다(D'Agostino et al., 2008).

남성도 유사한 기준을 사용하는 데 점수가 약간 다르다.

포인트	나이(연)	HDL 콜레스테롤	총 콜레스테롤	치료하지 않은 수축기 혈압	치료한 수축기 혈압	흡연	당뇨
−3				<120			
−2		60+					
−1		50–59			<120		
0	30–34	45–49	<160	120–129		No	No
1		35–44	160–190	130–139			

(이어짐)

포인트	나이(연)	HDL 콜레스테롤	총 콜레스테롤	치료하지 않은 수축기 혈압	치료한 수축기 혈압	흡연	당뇨
2	35–39	<35		140–149	120–129		
3			200–239		130–139	Yes	
4	40–44		240–279	150–159			Yes
5	45–49		280+	160+	140–149		
6					150–159		
7	50–54				160+		
8	55–59						
9	60–64						
10	65–69						
11	70–74						
12	75+						

오늘날 이 다섯 가지 위험 인자(그 가운데 네 개는 예방 가능하다.)는 우리가 진료실을 방문할 때마다 의사로부터 계속해서 주의할 것을 권고받는 내용이다.

총 스코어는 위 여섯 가지 위험 인자(나이, HDL 수치, 총 콜레스테롤, 치료하지 않은 수축기 혈압, 치료한 수축기 혈압, 흡연, 당뇨)의 값을 모두 더해서 계산된다. 다음은 총 스코어에 따른 10년 위험도를 보여준다(D'Agostino et al., 2008).

포인트	리스크(%)	포인트	리스크(%)	포인트	리스크(%)
<−2	<1	6	3.3	14	11.7
−1	1.0	7	3.9	15	13.7
0	1.2	8	4.5	16	15.9
1	1.5	9	5.3	17	18.5
2	1.7	10	6.3	18	21.5
3	2.0	11	7.3	19	24.8
4	2.4	12	8.6	20	28.5

(이어짐)

포인트	리스크(%)	포인트	리스크(%)	포인트	리스크(%)
5	2.8	13	10.0	21+	>30

아마도 여러분은 "도대체 이런 것은 어떤 방법으로 만든 거야?"라는 의심을 가질 수 있다. 이런 값을 계산하기 위해 연구자들은 콕스 비례위험회귀^{Cox proportional hazards}^{regression}를 사용했다. 이것은 로지스틱 회귀와 유사한데, 좀 다른 점은 이진 결과를 결정하는 대신에 변수들이 어떤 이벤트가 일어날 때까지의 시간적 양과 어떻게 관련되는지를 따진다는 것이다. 그래서 (3장, '머신러닝의 기초'에서 본 AUC 값과 유사한 값으로) 위험도에 대한 C-통계량을 제시하기도 한다. 이 경우에는 0.76에서 0.79였다. 이것은 환자의 과거력, 신체검사, 단순한 혈액검사에 기반해 얻을 수 있는 수치치고는 상당히 좋은 값이다.

심혈관 질환 위험도와 머신러닝

과학적 발전은 만족을 모른다. 어떤 결과가 얻어지고 나면, 사람들이 그것을 개선시킬 수 있는 방법을 찾아내는 것은 단지 시간의 문제일 뿐이다. 심혈관 위험도 역시 마찬가지다. 다음과 같은 핵심 문제들이 제시됐다.

- 프레이밍햄 위험도의 다섯 가지 위험 요인보다 더 중요한 위험 인자는 무엇일까?

- 새로운 머신러닝 알고리즘이 회귀와 기존 통계학적 모델보다 더 나은 판별력과 예측력을 가질 수 있을까?

잉글랜드 노팅햄 대학교 연구진들은 이런 질문에 대한 연구를 진행했다(Weng et al., 2017). 이 연구는 2005년에서 2015년까지 378,256명 환자의 전자 의무 기록을 전향적으로 모니터링했다. 각 환자에 대해 프레이밍 위험도에 포함된 여덟 개의 위험 인자뿐만 아니라 이전 논문들과 의사들의 조언을 바탕으로 22개의 변수를 더 추가했다. 이

22개의 추가 변수에는 사회경제학적 상태, 신장병, 관절염, 심방잔떨림과 같은 다른 질환의 과거력, C 반응성 단백^{C-reative protein}과 r-GTP 같은 새로운 혈액 검사 결과, 인종^{ethnicity} 등이 들어 있었다. 연구자들은 환자의 데이터를 갖고 로지스틱 회귀, 랜덤 포레스트, 신경망, 그라디언트 부스팅^{gradient-boosting} 등 네 종류의 머신러닝 알고리즘을 학습시켰다. 이 네 가지 학습 알고리즘 모두 기초 위험도 예측 알고리즘을 능가하는 성능을 보여줬다. 신경망 알고리즘은 기존 알고리즘보다 355개 더 많은 심혈관계 이벤트 케이스를 예측했다. 가장 중요한 인자들을 조사해봤는데, 많은 경우 프레이밍햄 기준과 거의 비슷했지만 여러 가지 새로운 인자들이 대두됐다. 인종은 모든 알고리즘에서 상위 3위 안에 드는 변수로 나타났다. 사회경제학적 상태(타운젠트 통합결핍지수 Townsend Deprivation Index)는 네 개 알고리즘 모두에서 상위 10위 안에 드는 변수로 밝혀졌다. 만성 신장 질환 역시 심혈관 위험도와 관련이 높은 것으로 나타났다. 이를 통해 심혈관 위험도에서 머신러닝이 심장 이벤트를 예측하는 우리의 지식을 강화한다는 점을 분명히 알 수 있다.

▌울혈성심부전

앞의 전체 심혈관 질환 위험도에서 언급한 모든 심장 질환 가운데 울혈성심부전은 그 자체만으로도 별도로 살펴볼 가치가 있다. 다음 세 가지 이유에서 그렇다.

- 울혈성심부전은 선진국에서 가장 흔한 입원 사유다.
- 관리 비용이 매우 높아 전체 보건의료 재정의 2%를 차지한다.
- 진단 비용 역시 매우 높다. 진단을 하려면 특별히 훈련된 전문가나 의사가 실행하고 판독해야 하는 값비싼 심장 초음파를 필요로 한다(Tripoliti et al., 2016).

울혈성심부전의 진단

울혈성심부전은 환자의 특별한 증상, 위험 인자, 심전도 소견, 검사실 수치 등으로 진단을 의심해볼 수 있지만, 확진을 위해서는 심장 초음파나 심장 자기공명영상이 필요하다. 훈련된 전문가가 심장 초음파 검사를 해야 하고, 얻어진 소견을 바탕으로 심장 전문의 또는 전문 영상의학과 의사가 심장의 펌핑 기능을 시각적으로 판독해야 한다. 보통 좌심실구출률Ejection Fraction(EF)이라는 수치를 보고 평가하는데, 이것은 왼쪽 심실이 수축할 때 짜보내는 혈액의 비율을 의미한다. 대체로 55% 이상은 정상, 40~54%는 약간 비정상, 35~39%는 중등도 비정상, 35% 이하는 심한 심부전 상태를 말한다. 다음은 심장 초음파 이미지로, 심장에 있는 네 개의 방을 보여준다. 독자들이 보기에는 음파를 통해 얻어지는 이런 희미한 영상을 사용해 심장의 기능을 정량화한다는 점이 다소 부정확할지도 모른다고 생각할 수 있을 것이다.

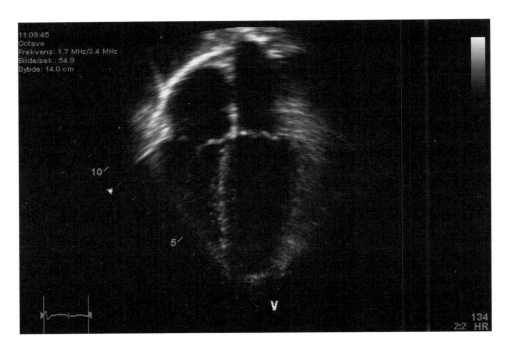

심장 자기공명영상은 더 비싸고 EF를 더 정확히 측정할 수 있어 울혈성심부전 진단의 골드 스탠다드로 평가되고 있다. 그런데 이 검사는 심장 전문의가 판독을 위해 개별 영상에 20분 정도 공을 들여야 한다. 다음은 그 이미지의 예다.

- A) 심장 자기공명영상 촬영에서 기준이 되는 이미지 면을 보여준다.

- B) 심장의 3차원 혈관조영검사다(혈관조영검사는 혈관에 조영제를 주입해 혈관이 잘 보이도록 해서 이미지를 획득하는 방법이다).

- C)는 정상 좌심실, D)는 손상된 좌심실, E)는 허혈성 좌심실 소견이다.

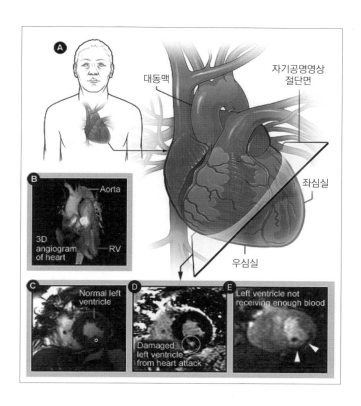

이렇듯 울혈성심부전의 진단이 간단하지 않음을 고려할 때, 이전에 했던 질문과 비슷한 질문을 해볼 수 있다. 머신러닝 알고리즘을 사용해 울혈성심부전의 새로운 위험 인자를 밝혀내거나 기존의 방법보다 더 나은 성능을 보이는 방법을 찾을 수 있지 않을까?

머신러닝으로 울혈성 심부전 진단

머신러닝 방법을 사용해 울혈성심부전을 진단하려는 더 나은 접근법은 비싸고 시간이 많이 소요되는 영상 검사법을 피하려는 의도를 갖고 있다. 최근 한국의 계명대학교 연구진들은 러프셋$^{rough\ set}$, 의사 결정 나무, 로지스틱 회귀 알고리즘을 사용해 골드 스탠다드로 평가되는 심장 전문의에 의한 진단 성능을 비교했다(Son et al., 2012).

러프셋은 베스트 서브셋 로지스틱 회귀$^{best\ subset\ logistic\ regression}$와 유사하다. 이는 변수들의 일부 집합(서브셋)을 갖고 정보제공력을 검증하며, 가장 유용한 서브셋을 선택해 마지막 의사 결정에 사용한다. 알고리즘은 인구학적 특성, 혈액 검사만을 갖고 훈련됐다. 모델은 울혈성심부전에 의한 호흡 곤란과 기타 이유에 의한 호흡 곤란을 감별하는 데 있어 97%의 민감도, 97%의 특이도를 보였다. 이것은 더 적은 데이터, 시간, 리소스를 갖고도 전문가 수준에 거의 근접하는 놀라운 성적이다.

우리가 언급할 두 번째 접근법은 심장 초음파와 심장 자기공명영상 이미지를 자동으로 판독하는 알고리즘의 사용에 대한 것이다. 이 문제는 데이터 과학 경연 웹 사이트인 캐글^{Kaggle}과 컨설팅 회사인 부즈 알렌 해밀턴$^{Booz\ Allen\ Hamilton}$이 협찬했던 2015 Data Science Bowl[1]의 주제였다. 이 경연에 대한 자세한 정보는 https://www.kaggle.com/c/second-annual-data-science-bowl에서 확인할 수 있다. 이런 예는 헬스케어에서 머신러닝에 대한 관심이 커지고 있다는 사실을 보여준다.

---

1   데이터 과학 경연의 하나다. 미식 축구에서 말하는 '슈퍼볼(Super Bowl)'의 그 'Bowl'이다. – 옮긴이

울혈성심부전에서 머신러닝의 다른 응용 사례들

진단은 항상 중요한 문제이지만, 울혈성심부전 관리에서는 머신러닝의 다른 응용 사례들이 존재한다. 이 사례들은 그리스 이오아니아 대학교의 연구자들이 발표한 리뷰 논문에 잘 설명돼 있다(Tripoliti et al., 2017). 울혈성심부전의 진단뿐만 아니라 중증도 예측, 울혈성심부전 세부 진단, 악화 및 병원 재입원 예측, 사망률 예측 등 관리 전반에 걸친 문제들을 살펴볼 수 있다.

▎암

2장. '헬스케어의 기초'에서는 머신러닝을 통한 암과의 전쟁이 중요한 이유들, 전 세계적인 이환률, 사망률, 심리적인 문제 등을 언급했다. 이 절에서는 암에 대한 중요한 개념과 배경, 암과의 전쟁에서 머신러닝의 응용 가능성, 암 위험 인자의 중요한 특성, 생존률 모델링 등을 설명하고, 유방암 영역에서 이미 이뤄진 작업들을 하나의 사례로 살펴볼 것이다.

암이란?

암은 비정상적 세포의 성장과 증식으로 기술할 수 있다. 이런 세포들은 정상 세포와 비교해 공격적인 증식 능력과 정상세포로부터 혈액과 영양분을 빼앗아가는 능력 등을 갖고 있다. 종양은 흔히 양성benign 또는 악성malignant으로 구분되는데, 양성 종양은 신체의 국소적인 영역에서만 머물고 악성 종양은 신체의 다른 조직으로 침투해 들어갈 수 있는 능력을 보유하고 있다. 악성 종양은 치료하지 않으면 대부분 사망에 이르고, 치료하는 경우에도 사망에 이를 수 있다. 사망으로 진행되는 경과는 암의 종류, 발견 당시의 임상적인 상태, 종양의 병리적 악성 정도, 다른 임상적 위험 인자들에 따라 다르다. 양성 종양은 비록 어떤 경우에는 증상을 유발하고 뇌에 발생하는 양성 청신경 종양^{benign acoustic neuroma} 같은 경우 뇌압을 상승시켜 사망에 이르게도 하지만, 대부분의 경우에는 악성 종양과 달리 문제가 되지는 않는다. 암의 치료 방법에는 항암 요법, 방사선 요법, 생물학 제제와 수술 등이 있다.

암은 보통 처음 생긴 장기 위치에 따라 분류된다. 미국에서 가장 흔하고 치명적인 4대 암종은 폐암, 유방암, 전립선암, 대장암이다.

암에 대한 머신러닝 응용

지난 30년 동안 암을 대상으로 한 머신러닝 연구들을 자세히 분석하고 정리한 두 개의 포괄적인 리뷰 논문이 있다. 첫 번째는 캐나다 앨버타 대학교의 연구자들이 2006년 이전에 진행된 연구들을 보고한 리뷰 논문이다(Cruz and Wishart, 2006). 두 번째는 그리스 이오아니아 대학교의 연구자들이 발표한 것이다(Kourou et al., 2015). 두 논문은 암 머신러닝의 분야를 여러 세부 문제로 잘 분류했다. 이 문제들은 2장, '헬스케어의 기초'에서도 설명했는데, 정리하면 다음과 같다.

- **암 조기 발견과 선별**: 머신러닝이 증상이 발현되기 전에 암이 발생할 위험이 높은 사람들을 가려낼 수 있을까?
- **암 진단**: 머신러닝이 암을 확진하고 암 병기^{cancer stage}와 악성 수준을 판별하는데 종양 전문의와 영상의학과 전문의에게 도움을 줄 수 있을까?
- **암 재발**: 암을 처음에 성공적으로 치료하고 나서, 암이 재발할 확률은 어떻게 되는가?
- **생존율과 사망률**: 어떤 환자들이 사망률이 높은가, 5년 혹은 10년 동안 생존율은 어떻게 되는가?
- **약물 민감도**: 항암 치료, 방사선 치료, 생물학 제제, 수술 등 특정 암 치료가 어떤 종양에 효과적인가?

암의 중요한 특징

암 응용 분야에서는 머신러닝에 특히 중요한 변수들이 있는데, 이제 그것을 살펴보자.

일반적인 임상 데이터

전자 의무 기록에 들어 있는 환자에 대한 일반적인 임상 데이터는 특히 중요하다. 이 정보는 저렴하고 후향적 모델링을 할 때 쉽게 포함시킬 수 있기 때문이다. 그와 같은 임상 데이터는 다음과 같은 표로 요약할 수 있다. 그렇지만 예외적인 사실이 늘 있다는 점을 염두에 둘 필요가 있다. 예를 들어 고령은 대부분의 암에서 위험 인자이지만, 뼈에 생기는 골암이나 일부 백혈병은 대부분 어린이에서 발생한다(National Cancer Institute, 2015). 미국 국립 암 연구소The National Cancer Institute는 암에 대한 임상 위험 요인에 대해 자세한 정보를 제공한다.

위험 인자	암 위험을 높힘	암 위험을 낮춤
고령	X	
가족력의 존재	X	
고지방 식사	X	
고섬유 식사		X
과일, 채소 위주의 식사		X
비만	X	
흡연	X	
술	X	
햇빛 노출	X	

암 특이 임상 데이터

암이 원래 발생한 지점을 확인한 다음, 대부분의 암은 임상적인 소견과 병리학적 특징에 따라 더 세부 타입으로 분류된다. 암의 임상 병기clinical stage는 암이 어느 정도까지 진행됐는지를 말한다. 보통 TNM 병기 시스템에 따라 분류하는데, 다음과 같은 세 가지 요소를 보고 결정된다.

- 암의 크기tumor(T)
- 주변 림프절의 침범lymph nodes(N)
- 다른 장기로의 전이metastasis(M)

보통 생존율은 임상 병기에 따라 결정되고, 이 임상 병기는 위 TNM 병기 결정 기준에 따라 정해진다.

암의 병리학적 그레이드grade는 암 세포의 세포 특성에 따라 결정된다. 이런 것을 결정할 때는 암 세포가 정상 세포와 얼마나 유사한지(분화도)와 정상적인 세포 소기관을 갖고 있는지를 고려한다(National Cancer Institute, 2015).

영상 데이터

X-레이, CT, MRI에서 얻어진 영상의학적 소견을 갖고 암의 중증도와 예후 예측 모델에 적용해볼 수 있다. 이 장의 마지막 부분에서는 유방암 조영술 소견에서 미세석회화 소견이나 주변 피부의 특징 데이터를 사용해 신경망을 훈련한 유방암 연구를 살펴볼 것이다(Ayer et al., 2010).

유전체 데이터

전향적 연구나 후향적 연구 모두에서 유전자 검사 결과를 얻기가 항상 쉬운 것은 아니지만, 유전 정보가 있다면 이것은 중요한 예측 인자다. 환자 DNA의 단일염기다형성 Single Nucleotide Polymorphisms(SNP) 분석, 유전성 유방암에서의 BRCA1 유전자와 같은 특정 유전자의 존재들이 여기에 포함된다(Morin et al. Harrison's, 2005).

프로테옴 데이터

암과 관련된 특정한 단백질의 존재 역시 암 위험도에 영향을 준다. 췌장암의 CA 19-9, 유방암에서의 HER-2/neu 같은 것들이 그 예다(Longo et al., 2005).

유방암 예측 사례

이제 머신러닝을 통해 세계에서 가장 흔한 암 중 하나인 유방암의 선별과 진단에서 개선을 이끌어냈는지 살펴보자.

전통적 유방암 선별

유방암 선별은 복잡한 문제이며, 질병 위험도는 일반적으로 거의 들어맞지 않는다. 유방암 위험도를 예측하는 게일 모델Gail Model의 성능에 대한 체계적 문헌 고찰systemic review 논문을 보면 AUC 값이 0.55에서 0.65 사이에 불과한데, 무작위로 분류한다고 했을 때 AUC 값이 0.5인 점을 고려하면 매우 낮다(Wang et al., 2018).

유방암 선별에서 그다음으로 덜 침습적인 방법은 임상적 유방 진찰 또는 자가 검진법이다. 이러한 유방 진찰법의 민감도와 특이도는 나이, 유방 조직의 밀도, 연구 환경 등에 따라 아주 다양하게 나타난다. 어떤 한 연구에서는 민감도가 57%로 낮았는데, 특이도는 88%였다고 보고했다(Baines et al., 1989). 좋은 선별 진단법이란 높은 민감도를 가져야 하기 때문에 유방 신체검사만으로는 유방암을 선별하는 데 적절하지 않다는 것이 일반적인 의견이다.

영상은 그다음으로 덜 침습적인 방법이다. 유방암 선별에 사용되는 이미지 종류에는 유방 조영술, MRI, 초음파 등이 있다. 2016년에 미국 예방 서비스 태스크 포스US Preventive Services Task Force는 50세 이상의 여성은 2년 주기로 유방 조영술을 받을 것을 권고했다. 이 검사는 이 나이 그룹에서 민감도가 77%에서 95%, 특이도가 94%에서 97%를 나타내므로, 큰 위해 없이 진행될 수 있다고 한다(US Preventive Services Task Force,

2016). 다음 그림은 콜로이드성 악성 유방암의 유방 조영술 영상이다.

조직 생검은 유방암 진단에서 가장 침습적인 방법으로, 선별 검사가 양성으로 나온 경우 확진하기 위해 사용한다(US Preventive Services Task Force, 2016).

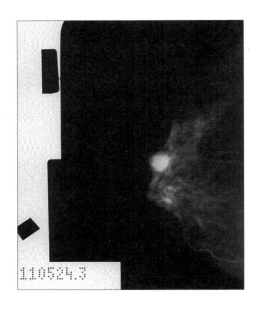

유방암 선별과 머신러닝

유방암 연구와 관련된 머신러닝에 대한 논문은 아주 많다(Cruz and Wishart, 2006; Kourou et al., 2015). 여기서 한 가지 연구를 소개한다. 이 연구에서는 기존 유방 조영술과 의무 기록 데이터를 결합함으로써 머신러닝을 통해 유방암 진단에 도움이 될 수 있는 잠재력을 보여줬다. 이 연구는 메디슨의 위스콘신 대학교 연구자들이 진행한 것으로 48,744개의 유방 조영술 이미지를 사용해 진행됐다(Ayer et al., 2010).

각각의 유방 조영 이미지에서 36개의 카테고리형 변수를 수집했다. 여기에는 나이, 과거력, 가족력과 같은 임상 데이터와 유방 조영술 소견(종양 크기, 주변 피부와 유두의 특징, 림프절 검사, 석회화 특징) 등을 포함시켰다. 1,000개의 은닉층을 가진 인공지능 신경망을 훈련하고, 악성인지 양성인지 가려내도록 훈련시켰다. 여덟 명의 영상의학과 전문의들이 영상을 보고 양성인지 음성인지 분류하도록 했다. 영상의학과 전문의들의 AUC는 0.939였던 반면, 신경망의 총 AUC는 0.965였다. 이 연구는 마지막 장에서 소개할 다른 연구들과 더불어, 머신러닝이 암과의 전쟁에서 효과적인 도구가 될 수 있음을 시사한다.

▌ 재입원 예측

이유를 불문하고 재입원 가능성을 예측하는 것은 전형적인 의사가 지닌 지식 베이스의 범위를 넘어서는 과제다. 이 문제는 특정 기관이나 질병에 국한된 문제가 아니기 때문이다. 그렇지만 재입원은 헬스케어 세계에서 점점 중요해지는 문제 가운데 하나다. 재입원은 미국을 비롯한 여러 국가에서 헬스케어 지출을 상승시키는 주요 원인이기 때문이다. 6장, '헬스케어 질 측정'에서는 재입원 예방에 대한 인센티브와 논리적 이유를 설명했고, 미국의 재입원 감소에 대한 인센티브 제도인 HRRP^Hospital Readmission Reduction Program를 소개했다. 이제 재입원 위험도의 예측에서 머신러닝 응용 사례를 살펴보고자 한다.

LACE 위험도와 HOSPITAL 위험도

가장 잘 알려진 재입원 위험도는 LACE 위험도로, 2010년 캐나다 연구자들에 의해 개발됐다(van Walraven et al., 2010). 'LACE'는 위험도를 계산하는 데 사용되는 네 가지 위험 인자의 첫 글자를 딴 것으로, 총 스코어는 0-19로 다음 표에 나와 있다. 여기서 찰슨 동반 질환 지수^Charlson cormorbidity index는 과거력에서 심근경색, 암, 울혈성심부전, HIV 감염 등의 질환을 앓고 있는지에 따라 측정되는 위험도다.

구성 요소	속성	값	포인트
L(Length of stay)	재원 기간(일)	<1	0
		1	1
		2	2
		3	3
		4–6	4
		7–13	5
		>13	7
A(Acuity)	급성도(입원의 시급성)	Yes	3
C(Cormorbidity)	동반 질환(찰슨 동반 질환 지수)	0	0
		1	1
		2	2
		3	3
		>3	5
E(ED visits during last 6 months)	지난 6개월 동안 응급실 방문 여부	0	0
		1	1
		2	2
		3	3
		<3	4

이 인덱스를 유도하기 위해 연구자들은 2,393명의 환자에 대해 재입원의 위험을 높일 것으로 판단되는 10여 가지 변수를 입력하고, 다변수 로지스틱 회귀 모델multivariable logistic regression model을 사용한 다음, 통계적으로 가장 유의미한 예측 인자로 판명된 네 개의 변수를 골라냈다. 그런 다음 스코어링 시스템을 만들고, 캐나다의 환자 데이터베이스로부터 1,000,000개의 케이스를 사용해 외부적인 검증을 거쳤다. 그들은 30일 이내의 조기 사망 또는 긴급한 재입원에 대한 C-통계량을 0.684라고 보고했다.

또 다른 재입원 위험도는 좀 더 최근에 개발된 HOSPITAL 위험도다(Donze et al., 2013;

Donze et al., 2016). 'HOSPITAL'도 다음 표에 나와 있는 대로 스코어를 줄 때 사용되는 일곱 가지 예측 인자의 앞 글자를 딴 것이다.

구성 요소	속성	값	포인트
H(Hemoglobin)	헤모글로빈 < 12g/dL (퇴원 시)	YES	1
O(Oncology)	종양내과 퇴원	YES	2
S(Sodium)	혈중 나트륨 < 135mmol/L (퇴원 시)	YES	1
P(Procedure)	재원 기간 시술을 받음	YES	1
IT(Index admission Type)	인덱스 입원 타입: 응급	YES	1
A(Admission)	이전 연도 입원 횟수	0–1	0
		2–5	2
		>5	5
L(Length of stay)	5일 초과 재원	Yes	2

HOSPITAL 위험도는 0–13점의 범위를 가진다. 이 스코어는 재입원과 관련된 일곱 가지 독립 요소를 사용해 유도됐으며, 마찬가지로 다변수 로지스틱 회귀 모델이 사용됐다(Donze et al., 2013). 이 스코어는 4개국에서 117,065개의 퇴원 사례를 사용해 외부 검증을 거쳤으며, 저자들이 보고한 C-통계량은 0.72였다(Donze et al., 2016).

재입원 모델링

이제 재입원 위험도 문제에 머신러닝을 적용한 두 개의 최근 연구를 살펴보자.

첫 연구는 듀크 대학교 연구진들이 수행한 것이다(Futoma et al., 2014). 이 연구에서는 뉴질랜드의 330만 개 입원 사례 데이터가 사용됐다. 각 입원에 대해 인구학적 정보, 배경 정보, DRG 코드[Diagnosis-Related Group code], ICD 진단 및 시술 코드 등이 사용됐다. 그런 데이터를 바탕으로 여섯 개의 머신러닝 알고리즘을 적용했다.

- 로지스틱 회귀
- 다단계 변수 선택이 적용된 로지스틱 회귀logistic regression with the multistep variable selection
- 페널티 로지스틱 회귀penalized logistic regression
- 랜덤 포레스트
- 서포트 벡터 머신
- 딥러닝

처음 다섯 개 방법 중에서는 랜덤 포레스트가 가장 좋은 성능을 보였고, 그 AUC는 0.684였다. 딥러닝은 폐렴, 만성폐쇄성폐질환, 울혈성심부전, 심근경색, 인공 고관절/무릎관절 수술에 대한 다섯 개의 환자군에서 재입원을 예측하는 데 사용됐다. 가장 높은 성능을 보인 것은 폐렴으로 AUC가 0.734였다. 앞에서 본 LACE, HOSPITAL 위험도와 직접 비교되지는 않았다.

두 번째 연구는 애드보커드 헬스케어 호스피털 시스템Advocate Health Care hospital system에 의해 수행됐다(Tong et al., 2016). 이 연구는 162,466개의 인덱스 입원[2]을 대상으로 했다. 각각의 인덱스 입원에 대해 LACE 위험도 요소들을 포함해 19개의 변수 및 전자 의무 기록에서 과거력, 이전 외래 방문, 고용 상태, 혈액 검사 등 15개의 변수들이 추가됐다. 연구자들은 세 가지 머신러닝 모델을 훈련시켰다.

- 단계별 후진 변수 선택법을 적용한 로지스틱 회귀logistic regression with the stepwise forward-backward variable selection
- 라쏘 규제를 적용한 로지스틱 회귀logistic regression with lasso regularization
- 부스팅boosting

그들은 80,000개의 인덱스 입원을 훈련셋/검증셋으로 사용했다. LACE 모델에 따르면

---

2   인덱스 입원이란 특정 질환으로 처음 입원한 사건을 말한다. – 옮긴이

AUC는 약 0.65였고, 세 개의 머신러닝 모델 모두 AUC가 약 0.73이었다. 이 결과는 LACE의 네 개 변수 이외의 변수를 추가했을 때 성능이 더 우수했다는 것을 보여주고, 이 경우 역시 머신러닝을 헬스케어에 적용했을 때 성적이 더 좋다는 것을 보여줬다.

▌ 기타 질환들

지금까지 언급한 질환들 외에도 위험도 평가와 예측을 하는 데 머신러닝 알고리즘이 적용되는 질환들이 있다. 예를 들면 만성폐쇄성폐질환(COPD), 폐렴, 패혈증, 뇌졸중, 치매 등이다.

▌ 요약

이 장에서는 여러 종류의 헬스케어 모델과 효율성을 높이는 데 사용되는 특징들을 살펴봤다. 그런데 이번 논의에서 새롭게 떠오르는 트렌드는 제외했다. 이런 트렌드에는 소셜 미디어, 사물 인터넷, 딥러닝 알고리즘과 같은 주제가 포함되며, 이 기술들은 헬스케어 예측 범위를 한층 넓히는 역할을 할 것으로 기대된다. 이 주제들은 다음 장에서 검토하고자 한다.

▌ 참고 자료와 더 읽을거리

- Ayer T, Alagoz O, Chhatwal J, Shavlik JW, Kahn Jr. CE, Burnside ES (2010). Breast Cancer Risk Estimation with Artificial Neural Networks Revisited: Discrimination and Calibration. *Cancer* 116 (14): 3310-3321.

- Baines CJ (1989). Breast self-examination. *Cancer* 64(12 Suppl): 2661-2663.

- Cruz JA, Wishart DS (2006). Applications of Machine Learning in Cancer Prediction and Prognosis. *Cancer Informatics* 2: 59–77.

- D'Agostino RB, Vasan RS, Pencina MJ, Wolf PA, Cobain M, Massaro JM, Kannel WB (2008). *General Cardiovascular Risk Profile for Use in Primary Care: The Framingham Heart Study. Circulation* 117 (6): 743–753.

- Donze J, Aujesky D, Williams D, Schnipper JL (2013). Potentially avoidable 30–day hospital readmissions in medical patients: derivation and validation of a prediction model. *JAMA Intern Med* 173(8): 632–638.

- Donze JD, Williams MV, Robinson EJ et al. (2016). International Validity of the "HOSPITAL" Score to Predict 30–day Potentially Avoidable Readmissions in Medical Patients. *JAMA Intern Med* 176(4): 496–502.

- Framingham Heart Study (2018a). *History of the Framingham Heart Study.* https://www.framinghamheartstudy.org/fhs–about/history/. Accessed June 16, 2018.

- Framingham Heart Study (2018b). *Research Milestones.* https://www.framinghamheartstudy.org/fhs–about/research–milestones/. Accessed June 16, 2018.

- Futoma J, Morris J, Lucas J (2015). A comparison of models for predicting early hospital readmissions. *Journal of Biomedical Informatics* 56: 229–238.

- Kourou K, Exarchos TP, Exarchos KP, Karamouzis MV, Fotiadis DI (2015). Machine learning applications in cancer prognosis and prediction. *Computational and Structural Biotechnology Journal* 13: 8–17.

- Lenes K (2005). *File: Echocardiogram 4chambers.jpg.* https://commons.

wikimedia.org/wiki/File:Echocardiogram_4chambers.jpg. Accessed June 23, 2018.

- Longo DL (2005). *"Approach to the Patient with Cancer."* In Kasper DL, Braunwald E, Fauci AS, Hauser SL, Longo DL, Jameson JL. eds. *Harrison's Principles of Internal Medicine*, 16e. New York, NY: McGraw-Hill.

- Morin PJ, Trent JM, Collins FS, Vogelstein B (2005). "Cancer Genetics." In Kasper DL, Braunwald E, Fauci AS, Hauser SL, Longo DL, Jameson JL. eds. *Harrison's Principles of Internal Medicine*, 16e. New York, NY: McGraw-Hill.

- National Cancer Institute (1990). Mammogram Showing Cancer. Unknown Photographer, American College of Radiology. https://commons.wikimedia.org/wiki/File:Mammogram_showing_cancer.jpg. Accessed June 23, 2018.

- National Cancer Institute (2015a). *Breast Cancer Screening (PDQ®)-Health Professional Version*. https://www.cancer.gov/types/breast/hp/breast-screening-pdq#section/all. Accessed June 23, 2018.

- National Cancer Institute (2015b). *Risk Factors for Cancer*. https://www.cancer.gov/about-cancer/causes-prevention/risk. Accessed June 23, 2018.

- National Heart Lung and Blood Institute (2013). File:Cardiac_Mri.jpg. https://commons.wikimedia.org/wiki/File:Cardiac_mri.jpg. Accessed June 23, 2018.

- Son C, Kim Y, Kim H, Park H, Kim M (2012). Decision-making model for early diagnosis of congestive heart failure using rough set and decision tree approaches. *Journal of Biomedical Informatics* 45: 999-1008.

- Tong L, Erdmann C, Daldalian M, Li J, Esposito T (2016). Comparison of predictive modeling approaches for 30–day all–cause non–elective readmission risk. *BMC Medical Research Methodology* 2016(16): 26.

- Tripoliti EE, Papadopoulos TG, Karanasiou GS, Naka KK, Fotiadis DI (2017). Heart Failure: Diagnosis, Severity Estimation and Prediction of Adverse Events Through Machine Learning Techniques. *Computational and Structural Biotechnology Journal* 15: 26–47.

- US Preventive Services Task Force (2016). *Final Recommendation Statement: Breast Cancer: Screening.* https://www.uspreventiveservicestaskforce.org/Page/Document/RecommendationStatementFinal/breast–cancer–screening1. Accessed June 23, 2018.

- van Walraven C, Dhalla IA, Bell C, Etchells E, Stiell IG, Zarnke K, Austin PC, Forster AJ (2010). Derivation and validation of an index to predict early death or unplanned readmission after discharge from hospital to the community. *Canadian Medical Association Journal* 182(6): 551–557.

- Wang X, Huang Y, Li L, Dai H, Song F, Chen K (2018). Assessment of performance of the Gail model for predicting breast cancer risk: a systematic review and meta–analysis with trial sequential analysis. *Breast Cancer Research* 20: 18.

- Weng SF, Reps J, Kai J, Garibaldi JM, Qureshi N (2017). *Can machine-learning improve cardiovascular risk prediction using routine clinical data? PLOS One* 12(4): e0174944. https://doi.org/10.1371/journal.pone.0174944

9

미래
– 헬스케어와 떠오르는 기술들

지금까지 헬스케어 애널리틱스의 흥미로운 역사와 현재 헬스케어 시스템에 영향을 미치고 있는 측면들을 검토해 왔다. 이 장에서는 이 분야의 최근 발전 모습을 들여다보고, 그리 멀지 않은 미래에 헬스케어 애널리틱스로 어떤 기술들이 들어올지 살펴본다. 헬스케어와 인터넷, 특히 사물 인터넷과 소셜 미디어가 건강을 증진시키는 데 어떤 역할을 할 수 있을지 깊이 들여다보고, 이어서 의학 예측 과제에서 최고의 성능을 보여주고 있는 딥러닝 알고리즘을 설명한다. 또한 비록 이 책에서 헬스케어 애널리틱스의 상황을 희망적으로 설명했지만, 헬스케어 애널리틱스가 우리의 헬스케어 시스템을 혁신적으로 바꿔 더 나은 방향으로 나아가기 위해서는 넘어야 할 장애물이 있다. 마지막으로는 이 문제를 논의하고자 한다.

▍헬스케어 애널리틱스와 인터넷

물리적으로 보면, 인터넷은 전 세계에 걸쳐 있는 수백만 대의 컴퓨터를 연결하는 컴퓨터 네트워크다. 실용적인 측면에서 보면 이메일, 소셜 네트워크, 데이터 저장, 커뮤니케이션을 제공하는 기반 시설이며(Kurose and Ross, 2013), 1990년대에 급속히 퍼져 전 세계 경제를 이루는 모든 산업에 영향을 미쳤다. 헬스케어도 예외는 아니었다. 2장, '헬스케어의 기초'에서 살펴봤듯이 임상 데이터는 점점 더 많이 컴퓨터에 전자적으로 저장되고 있다. 이 데이터를 사용해 분석을 수행하는 제3자는 종종 인터넷을 통해 데이터를 받으며, 클라우드에 이 데이터를 저장한다. 더 나아가 분석의 결과는 API Application Programming Interface라고 불리는 인터넷 기술을 통해 헬스케어 기관으로 보내져 커뮤니케이션된다. API를 통해 헬스케어 기관은 서버에 특정한 정보를 요청하고 그 정보를 받는다.

인터넷에 상당히 의존하고 있는, 이 책 전반에 걸쳐 논의된 전형적인 데이터 교환 방법 외에 인터넷이 헬스케어에 영향을 미치는 좀 특이한 방법이 있다. 다음 두 가지 방법을 들여다보자.

- 사물 인터넷
- 소셜 미디어

헬스케어와 사물 인터넷

비록 전통적으로 인터넷을 컴퓨터들 간의 네트워크라고 생각하지만, 최근 들어 새로운 종류의 디바이스들이 끼어들고 있다. IoT는 센서, 소프트웨어, 인터넷 연결 기능이 내장된 물리적 디바이스들 간의 네트워크로, 이들 디바이스끼리 데이터를 교환할 수 있는 시스템이다(Dimitrov, 2016). 현재까지 헬스케어 영역에 IoT를 사용하는 작업들이 진행돼 왔으며, IoT가 헬스케어 분야에 응용되는 효과는 상당할 것으로 예측되고 있다. IoT 분야에서 떠오르는 기능 가운데 하나는 원격으로 환자의 건강을 모니터링할 수 있는 기능이다(Ma et al., 2017). 전형적인 예는 UCLA 팀이 만든 WANDA라고 하는, 울혈성심부전 환자들의 체중, 활동량, 혈압을 모니터링하는 시스템이다(Suh et al., 2011). 체액 보존으로 인한 체중 증가, 감소된 활동량, 조절되지 않는 혈압은 울혈성심부전을 악화하는 위협적인 마커다. WANDA는 블루투스를 통해 체중계, 혈압계를 환자의 스마트폰에 연결되게 했다. 스마트폰은 환자의 활동량 및 환자 증상에 대한 정보와 함께 블루투스를 통해 들어온 혈압, 체중 데이터를 클라우드에 있는 데이터베이스로 보낸다. 이 데이터는 2장, '헬스케어의 기초'와 7장, '헬스케어 예측 모델 만들기'에서 설명한 로지스틱 회귀 분석을 하는 데 사용될 수 있으며, 환자가 울혈성심부전이 악화될 위험이 있는 경우 의사에게 경고 신호를 보낸다. 이런 과정에서 개인정보는 안전하게 보호된다. 이것은 IoT를 사용해 치명적이고 가장 문제를 많이 유발하는 만성 질환의 하나를 관리하는 전형적인 사례다.

비록 IoT와 헬스케어 간의 파트너십이 유망하기는 하지만, 이를 적용하는 데 장애가 되는 것들도 있다. 효율적인 디바이스 간 커뮤니케이션(디바이스 회사들은 자기 자신만의 언어를 사용하는 경향이 있다.), 환자의 사생활과 보안 유지, 환자의 사용 편의성 등이다(Dimitrov, 2016). 분명 IoT 공간은 우리가 미래를 바라보면서 반드시 들여다봐야 할 중요한 대상이다.

헬스케어 애널리틱스와 소셜 미디어

헬스케어 개선을 위한 인터넷 응용의 또 다른 타입은 페이스북, 트위터와 같은 소셜 미디어를 사용해 질병의 유행epidemic을 모니터링하고 예측하는 것이다. 유행은 어떤 질환이 사회에 갑자기 광범위하게 나타나는 것을 말한다.

소셜 미디어는 개인의 감정과 정보를 자유롭게 표현할 수 있는 자유와 익명성을 느끼게 해주므로 유행을 추적하는 데 꽤 적합하다(Charles-Smith et al., 2015). 소셜 미디어에서 사용되는 언어의 분석은 알코올, 약물 남용, 울혈성심부전, 감염성 질환 등과 같은 다양한 질병들의 역학에서 응용될 수 있는 가능성을 보여주고 있다(Brathwaite et al.,

2016). 여기서는 소셜 미디어를 사용해 독감^{influenza}과 자살^{suicide}이라는 두 질환에 사용되는 예를 살펴본다.

독감 감시와 예측

메릴랜드 존스홉킨스 대학교의 연구자들은 트위터의 사용자 메시지인 '트윗^{tweet}'을 사용해 수주 이내의 독감 발병률을 예측할 수 있는지에 대해 연구한 결과를 최근 발표했다(Paul et al., 2014). 그들은 기초 선형 자기회귀 모델^{basic linear autoregressive model}을 사용했다. 이 방법은 로지스틱 회귀와 유사한데, 지난 몇 주 동안의 독감 발병률이 특징^{feature}이 되고, 계수^{coefficient}가 최소 제곱 회귀^{least squres regression}로 결정된다는 점이 다르다. 연구자들은 미국 질병관리본부가 매주 보고하는 발병률 정보만 사용한 모델과 독감 감염에 대한 트윗인지를 분석하는 트위터 독감 감시 시스템^{Twitter influenza surveillance system}을 함께 사용한 모델을 비교했다. 연구에 따르면, 트위터 데이터를 포함시켰을 경우 향후 10주 이내에 독감 발병률 예측에서 15-30%가량 오류를 줄이는 데 도움이 됐다. 또한 소셜 미디어를 사용해 질환을 모니터링하는 것에 대한 체계적 문헌 고찰 연구에서도 소셜 미디어 사이트와 국가 보건 통계를 결합했을 때 일반적인 발병 감시 시스템보다 앞서서 유행 발생을 예측한다는 것을 보였다(Charles-Smith et al., 2015).

머신러닝을 사용한 자살 예측

자살은 미국에서 열 번째로 높은 사망 원인으로, 발생률이 증가하고 있으며 가족에게 전례없는 감정적, 재정적 부담을 지우고 있다(Brathwaite et al., 2016). 앞에서 언급한 연구에서 브리검영 대학교 연구자들은 아마존 메커니컬 터크^{Amazon Mechanical Turk}(www.mturk.com)에서 135명의 참가자를 모집해 자살 위험도를 평가하는 임상적으로 검증된 세 종류의 설문지에 대해 답하도록 했다. 더불어 연구자들은 텍스트에서 특징을 추출하는 언어 분석 툴을 사용해 각 참가자의 트윗을 분석했다. 이런 특징은 '가족', '분노', '슬픔'과 같은 특정 카테고리에 속한 단어의 빈도 등에 대한 정보를 담고 있다. 그들은 파이썬의 사이킷런^{scikit-learn} 라이브러리를 사용해 '훈련셋' 참가자들을 '자살' 또는 '자살

아님'으로 분류하도록 했다. 이전에 보지 못한 데이터에 대한 모델을 테스트하기 위해 연구자들은 Leave-One-Out 교차 검증법Leave-One-Out Cross Validation(LOOCV)을 사용했다. 이 방법에서는 한 명의 참가자를 테스트 데이터로 두고서 검증하고, 이런 과정을 135번 반복하게 된다. 그들이 개발한 의사 결정 나무 모델은 정확도 91.9%, 민감도 53%, 특이도 97%를 보였다. 분명 이와 같은 결과는 자살 가능성이 있는 환자가 자살을 시도하기 전에 확인하는 데 도움이 되는 것을 의미한다. 하지만 그와 같은 자살 모니터링 시스템을 구성할 때 어떻게 프라이버시를 지킬 수 있는지는 숙제로 남는다.

▌ 헬스케어와 딥러닝

헬스케어 애널리틱스를 설명하는 책에서 딥러닝에 대한 논의를 포함시키지 않는다면 온전히 설명했다고 할 수 없을 것이다. 최근 몇 년 동안 딥러닝 알고리즘을 이용한 음성 인식, 얼굴 인식, 언어 이해, 사물 인지 등의 영역에서는 전례없는 좋은 발전이 이뤄지고 있다(Goodfellow et al., 2016). 그와 동시에 헬스케어 영역에서도 큰 진전이 있었다. 병리 슬라이드와 영상 이미지를 이용해 암을 찾아내는 것에서 사망률, 재입원 예측 등에 이르기까지 기존의 전문의 그룹과 비교해 비슷하거나 어떤 경우에는 더 우월한 성적을 내고 있다.

우리는 이미 딥러닝과 관련된 내용을 일부 설명했다. 1장, '헬스케어 애널리틱스 개론'에서는 딥러닝이 하나의 분야로 자리 잡는 데 핵심적인 역할을 한 역사적인 논문을 언급했고, 3장, '머신러닝의 기초'에서는 의학적인 의사 결정 프레임워크의 하나로 딥러닝을 논의했으며, 8장, '헬스케어 예측 모델 리뷰'에서는 딥러닝을 사용해 원하는 결과를 얻었던 연구들을 소개했다. 이제 딥러닝이 무엇인지 간략하게 설명하고, 전통적인 머신러닝 및 신경망과 어떻게 다른지 알아보자. 그러고 나서 다음과 같은 딥러닝 종류를 사용해 원하는 결과를 얻었던 기대되는 연구들을 설명할 것이다.

- 딥 피드 포워드 네트워크^{Deep feed-forward network}
- 컨볼루션 신경망^{Convolutional Neural Network}(CNN)
- 순환 신경망^{Recurrent Neural Network}(RNN)

이 책에서는 딥러닝 이론을 자세히 설명하지 않기로 했다. 이론을 짧고 간단하게 다룬 하나의 장만으로는 딥러닝 이론을 충분히 설명할 수 없기 때문이다. 그러나 코세라 (www.coursera.org)에는 딥러닝이 무엇인지 수학적으로 매우 쉽게 설명하는 우수한 과정이 있으니 참고해볼 것을 권한다.

딥러닝에 대한 간단한 소개

딥러닝은 고수준의 이해를 더 간단하고 낮은 수준의 표상^{representation}의 조합이나 표현을 통해 얻는 인공지능에 대한 한 가지 접근법으로 정의돼 왔다(Goodfellow et al., 2016).

오늘날 딥러닝이라는 용어는 보통 다음과 같은 의미를 갖는 머신러닝의 한 방법이나 알고리즘으로 사용된다.

- 알고리즘은 인간의 뉴런을 모방한 인공 뉴런을 사용해 모델링된다. 다른 말로 표현해보자면, 딥 신경망을 구성하는 기초 요소는 하나의 인공 뉴런이다. 이 인공 뉴런은 들어오는 입력들에 대해 가중치를 곱하고 이를 모두 합산한 값을 최종 입력으로 받아들인 다음, 이 합에 비선형 변형을 적용한다.
- 회귀와 다른 점은 딥 신경망은 일반적으로 여러 뉴런으로 이뤄진 레이어들로 구성되는 것이다. 입력 레이어^{input layer}는 모델이 시작되는 레이어이고, 출력 레이어^{output layer}는 모델의 끝에 있는 레이어다. 그리고 그 중간에 적어도 하나의 은닉 레이어^{hidden layer}가 존재한다. 하나의 레이어의 출력은 다음 레이어로 값을 제공하고, 이 과정은 출력 레이어에 이르기까지 계속된다.
- 출력을 정확하게 예측하기 위해 모델의 가중치를 훈련하려면 수많은 가중치

가 존재하기 때문에 우리는 상당히 많은 사례가 필요하다. 이렇듯 딥러닝이라는 말에는 많은 수의 훈련 예제가 필요하다는 뜻이 내재돼 있다. 망이 깊어지고 더 복잡해질수록 더 많은 훈련 예제가 필요해진다.

- 딥러닝은 역전파 알고리즘backpropagation algorithm이라는 방식을 통해 가중치를 훈련시킨다. 이 역전파 알고리즘은 선형 대수와 미적분 방법으로 계산된다.

헬스케어에서의 딥러닝

이 새로운 알고리즘을 헬스케어 문제에 적용한 여러 연구가 있었다. 이들을 살펴보자.

딥 피드 포워드 네트워크

8장, '헬스케어 예측 모델 리뷰'에서는 다양한 알고리즘을 사용해 병원 재입원을 예측한 듀크 대학교의 연구를 논의한 바 있다(Futoma et al., 2015). 이 연구의 두 번째 부분에서 연구자들은 세 개의 은닉층을 가진 딥 피드 포워드 네트워크를 사용했다. 각각의 레이어는 조건에 따라 200-700개의 뉴런으로 구성했다. 비선형 활성 함수로 출력층을 제외한 모든 층에서 시그모이드 함수sigmoid function를 사용하고, 출력층에서는 소프트맥스 함수softmax function를 사용했다(이런 방식은 딥러닝에서 아주 흔히 사용된다). 연구자들은 메디케어 메디케이드 서비스 센터에서 인센티브를 부여하는 다섯 가지 질환인 울혈성 심부전, 폐렴, 만성폐쇄성폐질환, 심근경색, 고관절/무릎관절 인공관절치환술 각각에 대해 하나의 모델을 구성하고, 각 질환에 해당되는 모든 관측값을 사용해 네트워크를 훈련했다(이 연구에는 약 300만 개 정도의 관측값이 있었다).

그들은 최상의 성적을 얻기 위해 여러 종류의 인공지능 기술을 적용했다. 리지 회귀 페널티ridge regression penalization, 드롭아웃dropout, 조기 종료early stopping 등이 그것이다(이 기술에 대한 내용은 Goodfellow et al., 2016 등을 참고한다). 연구자들은 다섯 개 질환 모두에서 딥러닝을 적용하지 않은 알고리즘보다 더 나은 결과를 얻을 수 있었다(통계적으로 유의미한 개선은 다섯 개 질환 가운데 세 개뿐이었다). 그들은 LACE, HOSPITAL 재입원 위험도보다 더 나은 AUC 값을 보고했다. 이는 모델을 훈련시키는 데 복잡성과 어려움이 따르기는 하지만, 딥러닝이 헬스케어 영역의 복잡한 문제를 해결하는 데 사용될 수 있다는 것을 보여주는 사례다.

이미지에 대한 컨볼루션 신경망

보통의 신경망의 한 레이어는 이전 레이어의 입력값들을 받아서 이것들에 대한 가중합계 값을 계산하고, 이 값을 비선형 변형한 값들을 출력으로 내보내며, 이는 다음 레이어의 입력값이 된다. 이는 피드 포워드 네트워크에서 일반적으로 적용되지만, 모든 네트워크에 적용될 필요는 없다. 다음 레이어에 대한 입력으로 가중 합계 외에도 다른 값을 사용할 수 있다. 컨볼루션 신경망(CNN)이라 불리는 신경망에서는 컨볼루션 연산 값이 다음 레이어에 대한 입력값으로 사용된다. 보통 이러한 컨볼루션 연산 후에는 풀링 연산pooling operation이 따라온다. 이 가운데 하나인 맥스 풀링max pooling에서는 정해진 영역에 대해 가장 큰 값을 다른 레이어에 입력한다.

이런 타입의 연산을 적용하는 네트워크는 규칙적으로 값들이 배열되는 이미지나 시계열 데이터에 적합하다. 따라서 이런 컨볼루션 신경망은 헬스케어에서 병리학 슬라이드, 영상 이미지나 기타 이미지들에서 얻어진 데이터를 갖고 다양한 병변을 찾는 문제에 흔히 사용된다.

병리학은 전통적으로 사람의 조직 샘플을 절단해 만든 현미경 슬라이드를 평가하는 의학의 한 분과이며, 슬라이드 검사를 통해 해당 조직이 암인지 아닌지 등을 가려낸다. 병리학자는 때로는 암을 진단하기 위해 상당히 많은 슬라이드를 봐야 하는데, 이것은 시간이 많이 소요되고 오류가 발생할 가능성도 높다. 구글은 최근 연구에서 림프 조직에서 유방암을 찾아내는 문제와 관련해 컨볼루션 네트워크 판독과 병리학자 판독의 성적을 비교했다(Liu et al., 2017). 이 연구에는 100,000×100,000픽셀 크기의 슬라이드가 사용됐다. 병리학자들의 AUC는 0.966인데 반해, 모델의 AUC는 0.965에서 0.986 사이의 값을 보였다. 더 의미 있었던 것은 모델은 분류하는 데 거의 시간이 소요되지 않았지만, 병리학자들은 보통 30시간이 걸렸다는 점이다. 이 사례는 인공지능이 병리 이미지에서 암을 찾아내는 데 있어서 사람의 능력 및 지식의 깊이와 결합할 수 있다는 사실을 보여준다. 비슷한 방법이 영상 이미지에도 똑같이 적용될 수 있다.

순서를 가진 데이터에 대한 순환 신경망

딥 신경망 종류 가운데 순환 신경망은 순서를 가진 데이터에 특히 적합하다. 이런 순환 신경망의 한 종류로 장단기 메모리 네트워크^{Long Short-Term Memory network}(LSTM)가 있다 (Hochreiter and Schmidhuber, 1997). LSTM 네트워크는 LSTM 셀을 갖는데, 이 셀들은 입력 벡터를 받아서 출력 벡터를 내보낸다. LSTM 셀들은 복잡한데, 여러 개의 게이트로 구성돼 있다. 입력 게이트, 출력 게이트, 망각 게이트^{forget gate} 등이 있어서 셀의 출력을 조절하고, 이런 게이트들은 지난 번 시간 단계^{time step}의 입력에 따라 조절된다. LSTM은 손글씨 인식, 음성 언어 인식, 번역, 이미지에 캡션 달기 등에 성공적으로 사용돼 왔다(Goodfellow et al., 2016).

최근 구글이 수행한 연구에서는 이런 LSTM 구조를 포함시킨 딥러닝을 사용해 재원 사망률, 재입원, 장기 입원, 마지막 퇴원 진단 등을 예측하도록 시도했다(Rajkomar et al., 2018). 그들은 지금까지 그 어떤 방법보다 더 나은 성적을 보여줬다.

▌ 장애물, 윤리적 문제, 한계

이 책 전반에 걸쳐 최근의 애널리틱스와 머신러닝 결과들을 칭찬해 왔다는 점을 고려할 때, 다음과 같은 질문이 생길 수 있다. '왜 아직 의사가 컴퓨터로 대체되지 않는 것일까?' 실제로 헬스케어에 이런 애널리틱스를 적용할 수 있으려면 중간에 해결해야 할 장애물이 많다. 이런 기술을 사용하는 것에 대한 윤리적 문제 역시도 치열하게 논쟁되고 있으며, 이를 고려해야 한다. 마지막으로 장애물이라는 단어는 극복될 가능성이 있음을 시사한다. 그런데 이 기술에는 짧은 시간 내에 해결될 것 같지 않은 한계도 있다.

이 절에서는 이 세 가지 주제를 논의해본다.

장애물

헬스케어 개선을 목적으로 애널리틱스가 광범위하게 사용되려면 어떤 장애물들을 극복해야 할까?

- 헬스케어는 전통적으로 새로운 기술을 받아들이는 데 더딘 모습을 보여왔는데, 이것은 극복해야 할 과제임이 분명하다. 헬스케어는 보수적인 영역으로 알려져 왔으며, 사람들이 변화를 포용하는 속도가 느리다. 한 예로, 병원에서 전자 혈압기를 처음으로 채용하는 데 어느 정도 저항이 있었다. 전자 의무 기록을 도입하는 문제도 전자 의무 기록이 의무 기록을 작성하는 데 많은 시간이 소요돼 환자와 의사 간의 상호 작용에 방해가 된다는 염려 때문에 비판과 저항이 있었다. 애널리틱스와 머신러닝 역시 예외는 아니다. 이것은 또 하나의 새롭고 익숙하지 않은 기술이다. 이런 기술이 자율주행 자동차와 제조 분야에 적용될 때는 아무 문제가 없었지만 헬스케어는 다르다.

- 의사들이 애널리틱스와 머신러닝을 거부하는 내재적인 이유에는 컴퓨터가 의사들의 일을 대체할 것이라는 두려움이 자리 잡고 있다. 분명 돈, 기술, 시간이라는 측면에서 이를 말하는 것은 아직 머나먼 이야기다. 이 책에서 논의한 머신러닝 연구들을 보면, 머신러닝은 훈련과 해석에서 인간의 직감과 판단에 의지한다. 헬스케어 애널리틱스와 머신러닝은 팀 접근법을 사용해 인간의 강점(일반화와 지식의 폭)이 계산 능력(속도, 계산의 정확성)과 결부돼 최상의 결과를 만들어낼 때 성공적으로 수행된다. 그럼에도 얼마나 먼 미래인지는 모르지만, 의사가 컴퓨터로 대체될 수 있는 실제 가능성이 존재한다. 따라서 서로 대립하는 것이 아니라, 인공지능과 의사가 서로 협력해 문제를 풀어가는 방식을 찾아야만 한다.

- 애널리틱스에 대한 비판의 또 다른 이유는 '희망 대 사기hope vs. hype' 논쟁이다.

'빅데이터', '딥러닝'과 같은 유행어들은 때로는 그것들과 관련된 사기로 인해 부정적인 인상을 풍긴다. 어떤 사람들은 이 분야가 상당히 과장됐다고 생각한다. 애널리틱스와 머신러닝 비판자들은 대부분의 빅데이터 애플리케이션이 그럴싸하게 들리기는 하지만 실제 비용을 줄이고 생명을 구하는 일은 거의 없다고 비판한다. 분명 이러한 논쟁은 유효하다. 어떤 것을 할 수 있음을 단순히 보여주는 대신, 사회에 긍정적인 기여를 하고자 하는 것이 머신러닝이 추구해야 할 바다.

윤리적 문제들

새로운 기술을 고려할 때 윤리는 항상 중요한 고려 사항이었다. 컴퓨터 과학 역시 마찬가지이고 이 윤리적 문제를 피해가지 못한다. 헬스케어 애널리틱스를 도입할 때 고려해야 하는 윤리적인 문제는 어떤 것이 있을까?

- 내 개인적인 의견으로, 무엇보다 중요한 것은 애널리틱스는 가치를 부여하거나 사람의 감정과 고통을 느낄 수 없다는 점이다. 많은 머신러닝 모델은 비용 함수를 사용해 훈련된다. 그러면 어떤 기준으로 이 비용 함수가 결정돼야 하는가? 비용을 낮추는 목적과 케어의 질과 건강 결과를 호전시키고 통증과 심장 마비를 줄이는 목적은 서로 충돌할 수 있다. 누가 이와 같은 서로 반대되는 목적에 대해 어떤 비율로 비용 함수를 결정하는가?

- 인공지능의 또 다른 윤리적인 문제는 책임 소재와 관련돼 있다. 머신러닝 모델이 잘못된 예측을 하는 경우 누가 책임을 져야 하는가? 환자를 보는 의사의 책임인가, 아니면 모델을 만든 데이터 과학 팀의 문제인가?

- 세 번째 문제는 환자 프라이버시의 영역이다. 2장. '헬스케어의 기초'에서는 HIPPA를 설명했다. 환자 데이터를 사용해 모델을 훈련하는 것이 옳은가? 동의서를 받아야 하는가, 아니면 그럴 필요가 없는가? 어떤 데이터를 사용하고 어떤 데이터를 사용하지 말아야 하는가?

- 마지막으로 편향의 문제가 있다. 이는 인종, 성별, 나이 등에 의존하는 어떤 결과를 예측할 때 문제가 된다. 편향은 환자 차별로 이어질 수 있다.

한계점

여기서 헬스케어 애널리틱스의 한계점이란 극복될 가능성이 없어 보이는 측면을 말한다. 그럼 헬스케어 애널리틱스의 한계는 무엇일까?

- 로봇과 컴퓨터는 사람이 아니다. 그것들은 현재 사람이 제공하는 편안함과 통증, 질병, 사망에 대한 공감 능력을 제공하지 못한다.
- 신경망과 같은 기술들은 비록 정확한 예측을 제공하지만 블랙박스 문제를 안고 있다. 그들은 환자에 대해 왜 그렇게 판단했는지 알 수 있는 판단에 대한 추론과 논거를 설명해주지 못한다. 따라서 환자가 좋은 의사를 신뢰하는 것과 달리 신경망에 대해서는 신뢰하지 않을 수 있다.
- 머신러닝 분야가 지속적으로 변화하고 있지만 시계열과 자연어 처리는 헬스케어에서 특히 중요한 분야이며, 다른 정형적 임상 데이터와 달리 이 분야에서는 머신러닝이 약점을 갖고 있다. 언젠가는 사람이 하는 것과 같이 알고리즘이 텍스트를 읽고, 일반화하고, 관련된 질문을 할 수 있는 날이 올 것이다.

▌ 이 책을 마치며

이 책에서는 비용 절감, 건강 결과 호전, 케어 질 향상이라는 세 가지 주요 목적을 위한 헬스케어 애널리틱스에 초점을 맞췄다. 이제 책을 모두 마친 상태에서 독자가 헬스케어 애널리틱스가 어떻게 그런 목적에 다가갈 수 있는지 좀 더 분명히 이해할 수 있게 됐길 바란다. 헬스케어 애널리틱스는 저렴한 머신러닝 알고리즘을 사용해 진단을 정확히 하고 불필요한 검사를 줄여 헬스케어 비용을 줄일 수 있다. 그리고 늦지 않게 진단함으로써 그 문제에 대한 조치를 빨리 할 수 있도록 해준다. 마지막으로, 어느 병원이 적절한 케어를 제공하는지 판단하고 그런 병원에 보상할 수 있도록 함으로써 케어의 질을 향상시키는 데 도움이 된다.

전 세계의 헬스케어를 증진시키고자 하는 목적과 함께 이 책은 이런 과제들을 수행하는 데 도움이 되는 여러 친구를 소개했다.

- 파이썬 언어와 판다스, 사이킷런 같은 외부 라이브러리
- SQL 언어
- 머신러닝 알고리즘
- 헬스케어 도메인 지식
- 약간의 수학

내 삶의 중심 목표이자 임무가 된 주제를 읽어준 것에 감사한다. 이제 헬스케어를 향상시키자. 한 번에 하나의 모델을 적용해보자.

▌ 참고 자료와 더 읽을거리

- Brathwaite SR, Giraud-Carrier C, West J, Barnes MD, Hanson CL (2016). Validating Machine Learning Algorithms for Twitter Data Against Established Measures of Suicidality. *JMIR Ment Health* 3(2): e21.

- Charles-Smith LE, Reynolds TL, Cameron MA, Conway M, Lau EHY, Olsen JM, Pavlin JA, Shigematsu M, Streichert LC, Suda KJ, Corley CD (2015). Using Social Media for Actionable Disease Surveillance and Outbreak Management: A Systematic Literature Review. *PLoS ONE* 10(10): e0139701.

- Dimitrov DV (2016). Medical Internet of Things and Big Data in Health care. *Healthcare Inform Res* 22(3): 156-163.

- Futoma J, Morris J, Lucas J (2015). A comparison of models for predicting early hospital readmissions. *J Biomedical Informatics* 56: 229–238.

- Goodfellow I, Bengio Y, Courville A (2016). Deep Learning. Boston, MA: MIT Press.

- Liu Y, Gaepalli K, Norouzi M, Dahl GE, Kohlberger T, Boyko A, Venugopalan S, Timofeev A, Nelson PQ, Corrado GS, Hipp JD, Peng L, Stumpe MC (2017). Detecting Cancer Metastases on Gigapixel Pathology Images. arXiv:1703.02442 [cs.CV]

- Ma J, Nguyen H, Mirza F, Neuland O (2017). Two Way Architecture Between IoT Sensors and Cloud Computing for Remote Health Care Monitoring Applications. In Proceedings of the 25th European Conference on Information systems (ECIS), Guimaraes, Portugal, June 5–10, 2017 (pp. 2834–2841). Research–in–Progress Papers.

- Paul MJ, Dredze M, Broniatowski D (2014). Twitter Improves Influenza Forecasting. *PLoS Curr* October 28; 6. PubMed PMID: 25642377.

- Rajkomar A, Oren E, Chen K, Dai AM, Hajaj N, Hardt M, et al. (2018). Scalable and accurate deep learning with electronic health records. *npj Digital Medicine* 1:18; doi:10.1038/s41746–018–0029–1.

- Suh M, Chen C, Woodbridge J, Tu MK, Kim JI, Nahapetian A, Evangelista LS, Sarrafzadeh M (2011). A Remote Patient Monitoring System for Congestive Heart Failure. *J Med Syst* 35(5): 1165–1179.

찾아보기

ㅈ

ㅊ

ㅋ

지능 기반 의료를 위한 헬스케어 애널리틱스

발 행 | 2022년 1월 3일

지은이 | 비카스 쿠마르
옮긴이 | 고 석 범

펴낸이 | 권 성 준
편집장 | 황 영 주
편 집 | 조 유 나
　　　　김 진 아
디자인 | 윤 서 빈

에이콘출판주식회사
서울특별시 양천구 국회대로 287 (목동)
전화 02-2653-7600, 팩스 02-2653-0433
www.acornpub.co.kr / editor@acornpub.co.kr

한국어판 ⓒ 에이콘출판주식회사, 2022, Printed in Korea.
ISBN 979-11-6175-588-5
http://www.acornpub.co.kr/book/healthcare-analytics

책값은 뒤표지에 있습니다.